이 책은 창업이라는 가설을 설정하고 그 가설을 검증하며 찾아가는 여행입니다. 예를 들어 우리가 여행을 한다고 하면 최종의 목적지를 향해 여행의 일정을 계획하고 출발합니다. 창업 역시 창업이라는 최종의 목적지를 향한 각각의 단계를 거치면서 계획된 종착지에 도착합니다. 그리고 여행의 긴 여정에는 작은 목적지에 해당하는 마일스톤이 있습니다. 이 마일스톤 하나 하나를 지나고 종착지에 도착하게 되면서 얻게 되는 성취와 보상으로 계획된 여행은 끝납니다. 이 창업의 여행을 IF-ABCMVP 모델로 계획하였습니다.

IF-ABCMVP 모델은 성공 창업을 위한 가치 있는 아이디어(Idea)나 아이템(Item)을 구하고 사업성(Feasibility) 분석을 통해 평가(Assessment)합니다. 그 평가는 비즈니스 모델(BIZ Model)로 구체화(Clarify)하며 그 결과 가장 가치 있는 창업자(Most Valuable Person)로 탄생한다는 내용입니다.

이 책의 특징은 첫째 기존의 개념 중심적인 창업책과 달리 실용적인 창업 컨설팅 기법들을 사용하였습니다. 둘째는 각 Chapter 마다 누구나 사용하기 쉬운 검증된 컨설팅 분석 도구(Tool)를 추가하여 논리성과 합리성을 확보하면서 신뢰감을 높였습니다. 마지막으로는 예비 창업자부터 실무자에 이르기까지 손쉽게 이해하고 사용할 수 있도록 각 장(章)마다 사례 중심의 실용적인 사용 사례를 소개하였습니다.

이 책의 구성은 창업의 전체적인 이해와 흐름을 위해 사례와 이론의 균형적인 구성으로 이루어져 있으며 사례 또는 이론 내용을 나눠서 읽어보는 것도 전체를 이해하는 데 도움이 될 것입니다. 구성 내용이 개념적인 내용을 손쉽게 이해할 수 있도록 사례를 제공하였기 때문에 순서대로 사례 중심 으로 따라만 해도 누구나 손쉽게 사업계획서를 작성할 수 있습니다.

이 책의 활용 방법은 목차를 살펴보고 궁금한 부분이나 관심 가는 부분을 먼저 읽어 보아도 무방합니다. 각 Chapter 내용이 뫼비우스 띠처럼 또는 MECE처럼 부분의 내용이 전체 중 일부 내용이기 때문에 중복되지 않고 독립적입니다.

끝으로 출판을 위해 아낌없이 지원해 준 이종구 대표님, 디자인에 정성을 다해준 김인란 본부장님에게도 감사함을 드립니다. 그리고 지면을 통해 미처 옮기지 못한 부분에 대해 서는 지속적인 보완의 노력으로 이어 나가겠습니다.

저자 드림

목차

01

창업 이해 :
창업의 본질을 이해하라

02

창업가 정신 :
위대한 창업가는 문제 해결사이다

03

거시환경과 미시환경 :
시장 환경을 지배하는 자가 승리한다

11

디지털 마케팅 :
최소의 자원으로
디지털 마케팅 시장에 진입하라

12

창업 회계와 세무 :
창업자라면 반드시 알아야 할
회계와 세무 지식을 익혀라

13

창업 재무 전략 :
재무전략과 자금 조달방법으로
자금 부족을 극복하라

14

창업 사업계획서 :
설득력 있는 사업계획서로
투자자와 파트너에게 신뢰를 준다

1장 _ 창업 이해 : 창업의 본질을 이해하라

01 창업 이해

❶ 창업이란 무엇인가

사회의 발전과 기술의 발달에 의해 사회는 더욱더 다양화되고 정교해지면서 적응 또는 반항이 교차하면서 직업에 대한 가치관도 큰 변화를 이루었다. 특히 급격한 사회 변화에 따른 심리적 변화는 불안과 긍정적 감정이라는 양면적인 감정이 존재하면서 기존의 생활 양식과는 다른 방법을 모색하게 되었다. 그 대표적인 것이 본업 이외의 N잡이나 부업 등과 같은 활동일 것이다. 다시 말해서 본업 이외의 다른 직업의 활동으로 프리랜서나 안정적인 경제 활동을 지향하는 행태이다.

일반적으로 창업에 대한 생각을 단순히 자영업처럼 가게를 개업하거나 자신의 기술이나 전문성을 갖고 사업을 시작하는 것으로 생각한다. 물론 틀린 생각은 아니지만 좀 더 확장된 사고로 전문적인 이해를 할 필요가 있으며 특히 법률적 개념으로 접근할 필요가 있다[1]. 왜냐하면 창업에 대한 법률적 정의를 이해하는 것은 정부나 공공기관의 창업지원 사업이 법률적 근거에 바탕을 두고 있기 때문이다.

[표-1] 법률에 의한 창업 기업의 정의

창업 기업 유형	특　성
중소기업 창업	· 중소기업 창업 지원법에서 정의하는 "창업"이나 "창업자" · 창업자는 중소기업을 창업하여 사업을 개시한 날부터 7년이 지나지 않은 자를 말함
벤처기업	· 벤처기업 육성에 관한 특별조치법에서 "벤처기업 요건"을 정의 · 법 제2조 2항의 요건을 갖춘 기업
소기업/ 소상공인	· 소기업 및 소상공인 지원을 위한 특별조치법에서 "소상공인" 정의 · 소상공이란 소기업 중 상시 근로자가 10명 미만인 사업자로서 업종별 상시 근로자 수 등의 기준에 해당하는 자
사회적 기업	· 사회적 기업 육성법에서 "사회적 기업"을 정의 · 사회적 목적을 추구하면서 재화 및 서비스의 생산 · 판매 등의 영업활동을 하는 기업
1인 창조기업	· 1인 창조기업 육성에 관한 법률에서 "1인 창조기업"을 정의 · 창의성과 전문성을 갖춘 1인이 상시 근로자 없이 지식 서비스업, 제조업 등을 영위하는 자

출처: 김진수 외(2017), 4차 산업혁명시대의 기술창업론

---

1 김진수 외, 4차 산업혁명시대의 기술창업론, 탑북스, 2017, p22

② 성공한 창업가 특성

창업은 개인적 동기나 환경적인 영향을 받아서 시작을 하지만 많은 경우가 자신의 경험이나 직업으로부터 아이디어를 얻어서 시작한다. 또한 창업하는데 많은 오해를 하는 부분 중의 하나가 창업자는 선천적으로 타고났다고 이야기한다. 그러나 초기 창업 연구 과정에서 행동 심리학에 근거를 두고 창업 자질 테스트를 진단하며 창업자와 비창업자의 차이를 규정하였다. 즉 창업자가 되기에 자질이 있거나 정형화된 행동 특성이 있는 것이 아니며 누구나 창업자로서 활동하여 성공할 수 있다는 것이다[2].

[표-2] 성공한 기업가의 특성

꿈(Dream)	기업가들은 미래 모습에 대한 비전을 가지고 있다. 그들에게는 이 꿈을 실현할 만한 능력이 있다.
결단력(Decisiveness)	기업가들은 일을 미루지 않고 신속한 결정을 내린다. 결단의 신속함은 그들의 성공에 있어서 핵심 요소이다.
실행(Doers)	기업가들은 일단 결심하면 바로 실행에 옮긴다.
결정(Determination)	기업가들은 사업에 어려움이 있거나 중도에 포기하는 경우가 있으나 자신의 사업에 최대한 몰입을 하여 어려움에 맞서 자기 결정에 책임을 다한다.
전념(Dedication)	기업가들은 가족이나 친구들과 멀어질 정도로 자신의 사업에 전념한다. 창업 초기 휴일도 없이 지칠 줄 모르고 매일 12시간씩 일하는 것이 다반사다.
헌신(Devotion)	기업가들은 자신의 일을 사랑하기 때문에 힘들어도 버틴다. 그리고 그 이유 때문에 자신의 제품이나 서비스를 잘 판다.
꼼꼼함(Details)	사업을 일으키고 키울 때 꼼꼼함은 매우 중요하며 꼼꼼하지 못하면 일을 그르친다는 말을 듣는다. 특히 기업가는 세세한 부분까지 철저하게 꿰뚫고 있어야 한다.
운명(Destiny)	기업가가 되기를 원하는 사람은 고용주 손에 자신의 운명을 맡기기 보다는 자기 손으로 자신의 운명을 개척하기를 원한다.
돈(Dollars)	부자가 되는 것이 기업가의 최고 동기부여 요인은 아니지만 부를 성공의 척도로 여긴다. 기업가들이 성공하면 그에 따른 보상을 있을 것이라고 생각한다.
분배(Distribute)	기업가들은 사업의 성공에 기여한 직원들에게 사업의 소유권과 결과물을 적절히 분배할 줄 안다.

출처: William B & ANDREW Z(2013), 이민화, 이현숙 역, 기업가 정신

---

2 William B & Andrew Z, 이민화, 이현숙 역, 기업가 정신, 동서미디어, 2013, p41

❸ 창업의 프로세스

창업의 실패, 예상 비용의 과다 지출 또는 기간의 장기화는 창업에 대한 준비 절차나 검증 없이 진행했기 때문이다. 창업의 절차는 일반 창업뿐만 아니라 기술창업에서도 사업화를 위한 구상 단계를 시작으로 객관적 검증 절차를 거쳐 계획을 실현하는 과정으로 설명할 수 있다.

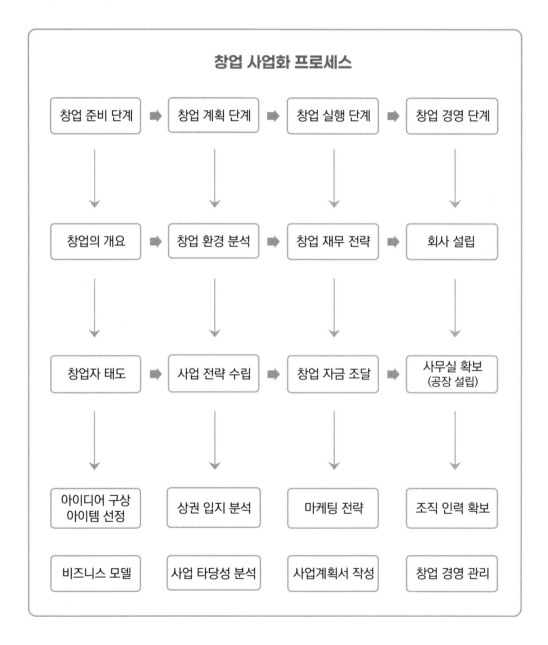

창업 사업화 프로세스

창업 준비 단계	창업 계획 단계	창업 실행 단계	창업 경영 단계
창업의 개요	창업 환경 분석	창업 재무 전략	회사 설립
창업자 태도	사업 전략 수립	창업 자금 조달	사무실 확보 (공장 설립)
아이디어 구상 아이템 선정	상권 입지 분석	마케팅 전략	조직 인력 확보
비즈니스 모델	사업 타당성 분석	사업계획서 작성	창업 경영 관리

④ 기술 창업 기본 프로세스

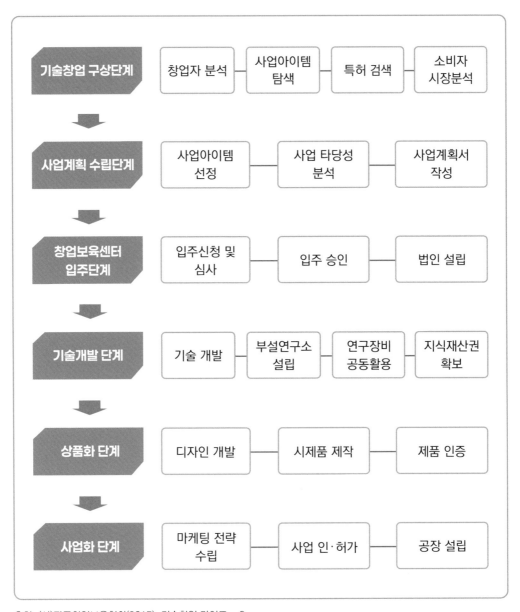

| 기술창업 구상단계 | 창업자 분석 | 사업아이템 탐색 | 특허 검색 | 소비자 시장분석 |

| 사업계획 수립단계 | 사업아이템 선정 | 사업 타당성 분석 | 사업계획서 작성 |

| 창업보육센터 입주단계 | 입주신청 및 심사 | 입주 승인 | 법인 설립 |

| 기술개발 단계 | 기술 개발 | 부설연구소 설립 | 연구장비 공동활용 | 지식재산권 확보 |

| 상품화 단계 | 디자인 개발 | 시제품 제작 | 제품 인증 |

| 사업화 단계 | 마케팅 전략 수립 | 사업 인·허가 | 공장 설립 |

출처: (사)판국창업보육협회(2015), 기술창업 가이드, p9

⑤ 창업의 성공과 실패

1) 창업 기업 실태

창업에 대한 올바른 판단을 위해 창업 기업의 현황을 살펴볼 필요가 있다. 통계청에서 발표한 2023년(2021년 기준) 창업 기업 실태조사에 따르면 기업형태의 비율은 88.6%, 11.4%로 나타났다.

[기업 형태별 기업 수]

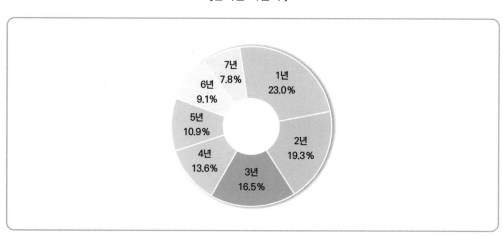

(단위 : 개, %)

구분	전체	개인	법인
업 체 수	4,549,158	4,028,307	520,851
비 중	100.0	88.6	11.4

업력별 기업 수는 1년이 전체 기업의 23.0%를 차지하고 있으며 2년이 19.3% 3년이 16.5% 4년이 13.6% 5년이 10.9% 6년이 9.1% 7년이 7.8%를 차지하였다.

[업력별 기업 수]

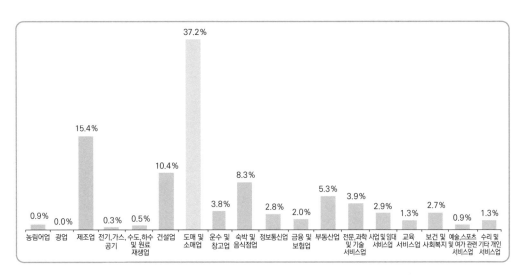

그렇다면 업력에 따른 매출액은 1년이 100.6조 원으로 전체 창업 기업 매출액의 9.1%를 차지하고 있으며 2년이 177.7조 원으로 16.0%, 3년이 183.6조 원으로 16.6%, 4년이 177.0조 원으로 16.0%, 5년이 168.0조 원으로 15.2%, 6년이 155.2조 원으로 14.0%, 7년이 146.7조 원으로 13.2%를 차지하였다.

[업력별 매출액]

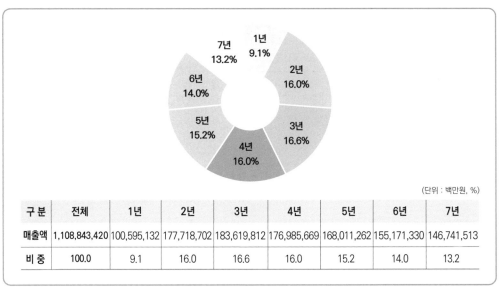

(단위 : 백만원, %)

구 분	전체	1년	2년	3년	4년	5년	6년	7년
매출액	1,108,843,420	100,595,132	177,718,702	183,619,812	176,985,669	168,011,262	155,171,330	146,741,513
비 중	100.0	9.1	16.0	16.6	16.0	15.2	14.0	13.2

마지막으로 업종별 매출액은 도매 및 소매업이 전체 창업 기업의 37.2%를 차지하였으며 다음으로는 제조업이 15.4%, 건설업이 10.4%, 숙박 및 음식점업이 8.3% 등의 순으로 나타났다.

※ 각 도표 : 소수점 둘째자리 까지 모두 포함

[업종별 매출액]

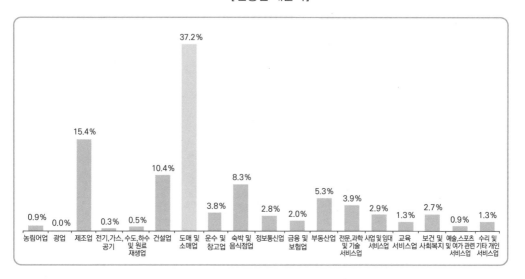

[업종별 매출액 -1]

(단위 : 백만원, %)

구분	전체	정보통신업	금융 및 보험업	부동산업	전문, 과학,기술	사업 및 임대 서비스업	교육 서비스업	보건 및 사회복지	예술,스포츠 및 여가	수리 및 개인 서비스업
매출액	1,108,843,420	92,092,568	31,458,461	22,326,351	59,000,614	43,395,004	31,808,187	13,870,232	29,878,429	9,448,657
비중	100.0	8.3	2.8	2.0	5.3	3.9	2.9	1.3	2.7	0.9

[업종별 매출액 -2]

(단위 : 백만원, %)

구분	전체	농림어업	광업	제조업	전기, 가스, 공기	수도, 하수 및 원료 재생업	건설업	도매 및 소매업	운수 및 창고업	숙박 및 음식점업
매출액	1,108,843,420	9,618,341	497,305	170,682,072	3,681,081	5,441,643	115,819,833	412,760,809	42,564,023	92,092,568
비중	100.0	0.9	0.04	15.4	0.3	0.5	10.4	37.2	3.8	8.3

그렇다면 많은 리스크를 안고 창업하려는 창업자는 왜 창업을 할까? 라는 의문을 갖게 된다. 반면에 창업하여 성공 가능성을 높이려면 어떻게 하여야 할까? 라는 고민도 하게 된다. 많은 사람들이나 창업자들조차도 사업을 운칠기삼(運七技三)이라고 말하는 사람들도 많다. 다른 분야로 시선을 돌려보자면 유명한 운동선수나 예술가 또는 과학자의 경우 이들의 찬란한 성과나 결과를 행운으로 몰고 가기에는 다소 무리해 보인다.

그들이 정상에 올라서기까지 보이지 않는 엄청난 노력과 인내의 결과였듯이 창업자가 성공의 자리에 올라서기까지 역시 창업의 구상에서 기회를 발견하고 성장시키는 일련의 과정과 기술 그리고 능력과 함께 많은 과정에서 어려움과 시련을 극복하였다.

따라서 성공한 창업에는 철저한 준비와 기회가 만나서 많은 고난 끝에 성공한다는 것이다. 역설적으로 창업가 정신으로 무장된 성공한 창업자들의 공통점은 창업의 실패로 계속된 시행착오를 겪다 보면 내게 남는 것은 창업에 성공하는 방법을 체득하게 되었다고 한다.

그리고 성공한 창업자는 많은 경험을 가진 것이 아니라 그 많은 경험을 자신의 능력으로 만든 사람이라고 말한다. 서울신용보증기금에서 조사한 성공한 창업자와 실패한 창업자의 요인 결과가 더욱 설득력을 갖게 한다[3].

[표-3] 창업의 성공과 실패 요인

성공 요인	구성비(%)	실패 원인	구성비(%)
풍부한 경험 (관련 경험)	52.9	경험 부족	46.7
치밀한 사업계획	14.7	자기 자본 취약	16.7
우수한 기술력	11.7	무리한 투자	13.3
우수한 사업 아이템	11.7	수요 부족 (거래처 부족)	6.6
고객 관리 (품질, 거래처 관리)	9.0	아이템 선정 실패	6.6
		관리 소홀 (품질, 인력)	6.6
		입지 선정 오류	3.5

3 www.kodit.co.kr/kodit/na/ntt/selectNttInfo.do?mi=3253&nttSn=38763

창업은 많은 업종에 따라 일의 형태를 달리하고 있기 때문에 창업자라고 하면 업종에 적합한 창업 준비와 점검이 더 필요할 것이다. 다만 로자베스 캔터(Rosabeth Kanter)는 창업에 대해 성공한 기업과 실패한 기업 사이에는 비교 가능한 차이점도 있지만 특히 성공한 기업에는 공통적인 특성이 있다는 것을 발견하였다[4].

1 창업자 (Founders)
기업가 정신으로 무장된 최고의 창업자가 있다.

2 집중 (Focused)
신생 창업 기업은 틈새시장에 특화하여 집중한다.

성공한 기업의
4F 특성

3 속도 (Fast)
결정도 실천도 빠르다.

4 유연성 (Flexible)
항상 열린 자세로 변화를 수용한다.

---

4 William B & Andrew Z, 이민화, 이현숙 역, 기업가정신, 동서미디오, 2013, p55.

(예비) 창업자를 위한 창업 준비도 검사

창업 적성검사는 예비 창업자의 준비상태를 점검하는 검사로서 참고용으로 활용하세요. 그리고 체크 문항은 창업 과정과 사업 운영 과정에서 일어날 수 있는 상황 대처 능력을 점검하는 내용으로 구성되어 있습니다.

창업 적성검사

번호	평가 문항	그렇다 (2점)	보통 (1점)	아니다 (0점)
1	창업에 대해 신중히 고려하고 있다			
2	창업박람회, 사업설명회, 창업 강좌에 참석해 본 적이 있다			
3	기본적인 창업절차에 대한 지식을 가지고 있다			
4	대인관계가 원만하다는 소리를 주변에서 듣는다			
5	물건을 살 때 꼼꼼하게 따지고 구입하는 편이다			
6	새로운 사람을 만나는 일이 즐겁다			
7	식당에서 음식이 늦게 나와도 짜증을 내지 않는다			
8	처음 본 사람이라도 인상이나 이름을 잘 기억하는 편이다			
9	환경이 변하면 나 자신을 바꿀 준비가 되어있다			
10	게임과 같은 인터넷 놀이보다 정보 습득에 더 많은 시간을 할애한다			
11	주위에서 부탁에 대해 상대방의 기분을 상하지 않게 거절할 수 있다			
12	일을 처리할 때 가족과 상의하고 판단한다			
13	이해득실에 대한 판단이 빠르다			
14	건강이나 여가 선용을 위해 한 가지 이상 운동을 한다			
15	어떤 사안 결정에 대해 추진을 하든 포기를 하든 선택이 빠르다			
16	창업을 하면 말리는 사람보다도 돕겠다는 사람이 더 많다			
17	한번 창업에 실패를 하면 나는 끝장이다			
18	실패의 경험이 있다(진학, 취업, 사업, 자격시험 등)			
19	살아오면서 여러 가지 직업을 경험해 봤다			
20	나는 반드시 창업을 할 것이다			
	체크 문항 수			

채점 결과	
점수	**판정**
32점 이상	양호
24점 ~ 31점	노력 필요
23점 이하	많은 노력 필요

출처: 서울특별시 소상공인 정보광장, https://golmok.seoul.go.kr

2장 _ 창업가 정신 :
위대한 창업가는 문제 해결사이다

02 창업가 정신

❶ 왜 창업가 정신인가?

창업에서 창업가 정신은 절대적인 의미가 있다. 그리고 창업가 정신이 태도나 행동의 문제이기 때문에 규모가 작거나 새롭게 시작하는 창업에서만 발휘되는 것은 아니다. 또한 창업과 창업가 정신은 어떤 관계일까? 혹시 연결고리가 떠오르지 않는다면 생각해 볼 수 있는 이야기는 있다. 바로 현대를 창업한 고 정주영 회장과 삼성의 고 이병철 회장 이다. 이 두 분이야말로 창업에서 한국을 대표하는 상징적인 분들이다. 그리고 창업 연구자들은 이 두 분이 사업을 대하는 정신과 태도를 창업가 정신(또는 기업가 정신)이라고 하며 두 용어를 사용하는데 있어서는 맥락에 따라 혼용하여 쓰기도 한다. 좀 더 시야를 넓 혀본다면 GE나 맥도날드도 기존에 해왔던 기업 경영의 패턴이나 루틴을 혁신이라는 사 고와 행동으로 발전시켜 세계적인 기업으로 발전하였다.

기업가 정신에서 기업가는 기존의 것을 잘하는 것보다 사회적으로나 경제적으로 새로운 가치를 창출하는 사람을 말한다. 프랑스 경제학자 세이(J. B. Say)는 기업가(Entrepreneur)를 생산성이나 수익성이 낮은 경제적 자원을 높은 곳으로 이동시키는 사람이라고 했다. 그리고 슘페터(J. A. Schumper)는 기업의 발전은 창조적 파괴로 이루어지며 그것을 이루 려는 태도와 정신을 기업가 정신이라고 했다. 또한 피터 드러커(P. F. Drucker)의 기업가 정신은 변화를 통한 발전을 위해 변화를 탐색하고 대응하며 기회를 활용한다고 하였으며 기업가 정신을 발휘하기 위한 7가지 경영혁신 수단을 제시하였다[1].

---

1 Peter F. Drucker, 이재규 역, 미래사회를 이끌어가는 기업가 정신. 한국경제신문, 2015, p54

7가지 경영 혁신 원천

1 예상하지 못했던 것들
– 예상하지 못했던 성공, 예상하지 못했던 실패, 예상하지 못했던 사건

2 불일치
– 실제로 발생한 현실과 발생하리라고 가정되었던 현실 또는
당연히 발생해야 할 현실 사이의 불일치

3 프로세스 필요에 기초한 경영혁신
– 독립적인 프로세스, 분명한 목적, 하나의 약한 연결고리가 존재,
문제해결을 위한 명확한 규정, 해결에 대한 낙관적인 인식

4 산업구조 또는 시장구조의 변화
– 아무도 모르는 사이에 일어난 변화

5 인구구조의 변화
– 인구구조의 변화를 분석한 후 혁신의 기회 포착

6 인식, 분위기, 그리고 의미의 변화
– 혁신적 기회 창출을 위해 인식이나 지각의 변화와 타이밍이 중요함

7 새로운 지식
– 과학 분야의 지식 및 비과학 분야의 지식

따라서 기업가는 변화를 통해 기회를 활용하는 것이며 기업가 정신은 경영혁신에 의해 기존의 자원으로 부(富)를 창출한다. 그 이유는 생산성이 낮은 자원이나 성과가 부진한 분야에 투입된 자원을 생산성이나 수익성이 높은 곳으로 이동시키기 때문이다. 다시 말해서 창업에서 기업가적 활동은 오히려 실패의 위험을 줄일 수 있다는 것이다.

❷ 요제프 슘페터(Joseph A Schumpeter) : 창조적 파괴

　창업가 정신 (또는 기업가 정신)하면 떠오르는 대표적인 학자가 요제프 A 슘페터(Joseph A Schumpeter, 1888~1950)이다. 경제학자였던 그는 기업가가 혁신적 역량을 통해 경제 발전과 변화의 과정을 주장하였다. 또 새로운 아이디어와 혁신을 통해 시장을 변화시키면서 단순한 성장이 아닌 질적인 도약을 만들어 낸다.
이러한 과정은 기업에 효율성을 높이고 소비자에게는 더 높은 가치를 제공하기 때문에 결국에는 기존의 비효율이나 낡은 방식이 도태된다는 것이다. 따라서 혁신적인 기업가 활동은 생산 수단 요소에 새로운 결합을 도입하여 다양성을 창조하는 5가지 방식을 제안하였으며 그 내용은 다음과 같다[2].

　첫째 새로운 재화이다. 기존 재화에 새로운 품질의 도입이다.
　둘째 새로운 생산 방식의 도입이다. 기존의 생산 방식과는 다른 새로운 방법으로 생산하는 것이다.
　셋째 새로운 시장의 개척이다. 기존에 없었던 새로운 시장을 발굴하거나 기존 제품을 새로운 지역이나 고객층에 판매하는 것이다.
넷째 원자재 또는 중간재의 새로운 공급원을 확보하는 것이다. 기존에 사용하지 않던 자원이나 원재료를 사용하는 새로운 공급원을 찾는 것이다.
다섯째 산업의 새로운 조직화이다. 기존에 산업 구조나 시장 독점에 변화를 주는 새로운 방식의 사업을 창출하거나 기업 간에 협력 구조를 바꾸는 것이다.

　그가 명명한 창조적 파괴는 자본주의 핵심 사항으로 내부로부터 경제구조를 꾸준히 변화시키면서 낡은 것을 파괴하고 새로운 것을 창조하는 과정이라고 앞에서 언급하였다. 또한 이 과정이 경제 순환을 만들고 혁신과 파괴의 반복으로 경제 발전과 진보를 이룩한다고 하였다. 특히 자본주의가 작동하고 유지하는 근본적인 동기는 새로운 소비가 물품, 새로운 생산과 수송 방법, 새로운 시장, 기업이 창조하는 새로운 형태의 산업 조직이라고 주장하였다[3]. 따라서 창조적 파괴가 단순히 부정적인 용어가 아닌 혁신에 의한 효율성과 가치를 만들어내는 경제 시스템에서의 과정으로 이해할 필요가 있다.

---

[2] 성상기, 기업가 정신의 개념 틀에 대한 탐색적 연구, 숭실대학원 박사학위 논문. 2015
[3] Joseph A Schumpeter, 이종인 역, 자본주의 사회주의 민주주의, 북길드, 2021, p126

③ 리처드 포스터(Richard Poster) : 혁신(Innovation)의 유형

요제프 슘페터(Joseph A Schumpeter)는 창조적 파괴를 통해 자본주의 경제가 꾸준히 발전한다고 했다. 즉 창조적 파괴는 불필요한 요소를 제거하며 시장을 새롭게 하고 경제적 가치를 창출하는 모습을 말한다. 또한 그는 창조적 파괴가 종말이 아닌 구조적 변화의 의미를 지니며 경제에서나 기업에서 새로운 것이 옛것을 밀어내기 때문에 창조적 파괴라고 하였다.

창업 기업이 소규모 기업으로서 한계를 뛰어넘으려면 혁신을 동반하여야 하며 이는 곧 혁신의 창조적 파괴 활동을 의미한다. 시장은 혁신으로 구성되어 있으며 기업은 전체 혁신의 일부분을 차지하고 있기 때문에 산업이 기업들보다 훨씬 더 혁신적이다. 그 결과 혁신 수준의 높낮이는 새로움과 부의 창출 크기가 결정된다[4].

[그림-1] 혁신의 유형/혁신 리히터 규모

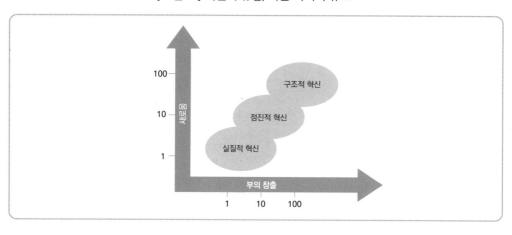

리처드 포스터(Richard Poster)와 사라 캐플런(Sarah Kaplan)은 혁신(Innovation) 유형을 세 가지로 나누어 설명하고 있다.

첫째가 구조적 혁신이다.
죠셉 슘페터(Joseph A Schumpeter)가 말하는 일하는 방식을 바꾸어 큰 변화를 일으키는 것을 의미하며 창업 기업의 존재 이유가 되기도 한다. 새로운 시장을 창출하고 비즈니스 활동을 변화시켜서 종종 기존 기업의 시스템을 새롭게 한다.

---

4 Richard Poster, Sarah Kaplan, 정성목 역, 창조적 파괴, 21세기 북스, 2003, p159.

둘째는 실질적인 혁신이다.

실질적인 혁신은 점진적인 혁신이 축적되어 나타나는 것이 아니라 구조적인 혁신 뒤에 오는 제품이나 시스템을 말한다. 실질적인 혁신과 구조적인 혁신의 차이점은 변화와 영향력의 크기이다. 즉 점진적인 혁신보다 큰 변화나 구조적인 혁신이 요구하는 능력을 강화하여 일정 기간 동안 경쟁 우위가 유리하다.

셋째는 점진적인 혁신이다.

점진적 혁신은 혁신 뒤에 변화보다는 변화되지 않는 것이 더 많아 많은 변화 없이도 필요한 만큼 얻을 수 있다는 것이다. 즉 점진적 혁신은 이미 변화된 혁신을 조금씩 개선 하는 것으로 시장의 혁신성보다도 기업이 기존 시스템을 유지하고 효율적인 운영에 바탕을 두려는 필연적인 혁신이라고 할 수 있다.

한편 파괴(Destruction)에도 점진적 파괴, 실질적 파괴, 구조적 파괴가 있으며 점진적 파괴는 기업이 일상적인 운영제도를 개선하는 데 반드시 필요한 파괴이다. 실질적 파괴는 장기적인 경쟁력이 필요할 때 사용할 수 있는 파괴이다. 구조적 파괴는 창조적 파괴의 폭풍이라는 의미로서 불가역적 파괴를 말한다[5]. 이러한 의미로 볼 때 기업은 성장과 발전을 위해 3가지 파괴적 활동이 필요하며 특히 파괴에 대한 진행의 정도나 변화가 미흡했거나 파괴를 실행하지 못했을 경우에는 반드시 필요하다.

---

5 상게서, p202~203.

④ 더 나은 세상을 위한 창업가 역할

위험을 감수하고 혁신을 추구하는 창업가에게 창업의 이유를 질문하면 돈을 벌기 위해, 취업의 어려움, 자아실현을 위해, 직장 생활에서 독립 등 자기 생각을 말한다. 창업을 좀 더 들여다보면 직업으로서 창업이 있고 기업가적인 창업으로 들여다볼 수 있다. 전자는 자신을 위한 창업이고 후자는 고객의 문제를 해결하기 위한 창업이다. 백범 김구는 '돈에 맞춰 일하면 직업이고 돈을 넘어 일하면 소명이다. 직업으로 일하면 월급을 받고 소명으로 일하면 선물을 받는다'라고 했다.

기업가적 창업을 의미하는 기업가 정신은 기업이라는 경제의 기본 단위를 구성하며 영리를 목적으로 하는 생산 단위를 구축한다. 창업가는 국가적 경제 발전에 공헌하며 동시에 사회적 기여에도 이바지한다. 이중석. 김종오는 창업가의 사회적 역할에 대해 다음과 같이 5가지로 설명하였다[1].

1) 사회 변화를 위한 아이디어를 창출하는 원천이다.
- 사람들에게 더 나은 삶의 방향을 만들기 위해 주변 세계나 사람들로부터 사회 변화에 대한 아이디어를 얻는다. 또한 일이나 업무에 대한 개선을 통해 창의적 문제를 추구한다.

2) 혁신을 통해 사회적 가치를 창출한다.
- 모든 사람들에게 더 나은 생활을 위해 개선된 환경이나 유용한 아이디어와 설루션을 제공하여 사회적 가치를 이룩한다.

3) 창업 기업을 설립하여 고용을 증대시킨다.
- 창업한다는 것은 사회적 문제를 해결하기 위한 조직을 만든다는 것이다. 조직의 다양한 업무를 수행하기 위해 적합한 사람을 고용해야 하기 때문이다.

4) 사회적 유휴 자금을 혁신하기 위한 자원의 효율적 배분 기능을 한다.
- 사람들을 돕거나 삶의 질을 높이기 위해 유휴 자금을 가치 있고 유용한 방법으로 사용한다. 또한 자금의 사용으로 유용한 제목을 만들고 다른 시장과 공유하여 지역사회를 개선한다.

5) 창업가는 창업을 위한 경제 성장을 유도하는 촉진자 역할을 한다.
- 창업의 주체자로서 아이디어를 사업화하여 일자리를 창출하고 경제 활동의 활력을 불어넣어 준다. 이러한 경제 활동은 사회 발전과 경제 성장에 이바지한다.

---

1 이중석, 김종오, 중소기업 창업론, 한국방송통신대학교 출판문화원, 2020, p61

● 기업가적 마인드 셋 : 나는 기업가적 마인드를 가지고 있는가?

1 배경 질문

구분	질 문	예	아니오
1	가족이 사업체를 운영하고 있거나 운영한 적이 있는가?		
2	가까운 친척, 지인, 친구, 선배 중에 사업체를 운영하는 경우가 있는가?		
3	경제 활동을 해본 경험이 있는가?		
	("예"일 경우) 어떤 경험을 해 보았는가?		
4	삶의 롤 모델이 있는가?		
	("예"일 경우) 누구이며 그 이유는 무엇인가?		
5	사업하기를 원하는가?		
	("예"일 경우) 그 이유는 무엇이고 어떤 분야의 사업을 하기 원하는가?		
	("아니오"일 경우) 그 이유는 무엇인가?		

② 사고 방식

번호	문 항	1	2	3	4	5
6	당신은 호기심이 많고 창의적이고 혁신적이며 공격적인가?					
7	가끔 사람들이 나의 아이디어가 특이하다고 말하는가?					
8	원하는 일이라면 성공 확률이 50%이더라도 위험을 감수하고 도전을 하겠는가?					
9	자신이 세운 목표를 달성할 수 있는 자신감이 충만한가?					
10	오랜 시간 일을 추진할 수 있는 열정과 에너지를 가지고 있는가?					
11	당신 스스로가 야망이 있다고 생각하는가?					
12	스스로 운명을 통제하고 조절할 수 있다고 믿는가?					
13	나는 나쁜 일이 일어나도 긍정적으로 생각하는 편인가?					
14	스스로 세운 목표를 달성할 수 있는 내적인 능력이 있다고 믿는가?					
15	나는 나쁜 일이 일어나도 긍정적으로 생각하는 편인가?					
16	나는 내가 평균이라고 생각하는 것이 싫은가?					
17	상대방을 고무시키고 격려할 수 있는 자신감이 있는가?					
18	쉽게 할 수 있는 일보다 내 능력을 더 올릴 수 있는 도전을 더 좋아하는가?					

③ 행동 양식

번호	문 항	1	2	3	4	5
19	사람들이 잘 일하지 않는 분야에 뛰어들어보고 싶은가?					
20	복잡한 문제나 상황을 해결하기를 좋아하는가?					
21	문제 해결에 끈기를 가지고 임하는가?					
22	실패할 경우 실망하지 않고 문제점을 밝혀내고 배우려고 하는가?					
23	나는 책임감이 강하고 결단력이 있는가?					
24	나는 끈기와 체력이 있는가?					
25	결정을 내리기 전에 시간이 걸리더라도 충분히 고려하는 편인가?					
26	하나에 정통하기보다 여러 가지를 잘하는 것이 좋은가?					
27	나는 다른 사고방식을 가진 사람들과 지내는 것을 좋아하는가?					
28	매일 생각하고 공부하고 계획하는 시간을 갖는가?					
29	나는 의사 결정을 하기 전 친구나 가족들에게 조언을 구하는가?					
30	나는 새로운 사람을 만나는 것을 좋아하는가?					
31	나는 대화하는 것을 좋아하는가?					
32	만나고 싶은 사람이 있으면 기다리기보다는 내가 먼저 가는 편인가?					

4 마인드 셋 평가 방법

문항	점수	비중(%)
1~5	· 예: 2점 · 아니오: 0점	10
6~18	· 각 문항 점수 합 / 총점(65점)	50
19~32	· 각 문항 점수 합 / 총점(70점)	40
계		100

평가 방법
· 90~100점 : 높은 기업가적 마인드를 가지고 있음
· 80~90점 : 꾸준한 학습 및 노력에 의해 보다 높은 기업가적 마인드 함양이 가능함
· 70~80점 : 적극적인 학습 및 노력에 의해 보다 높은 기업가적 마인드 함양이 가능함
· 60~70점 : 부단한 노력을 통해 기업가적 마인드가 함양될 가능성이 있음
· 60점 이하 : 기업가적 마인드 함양을 위해 획기적인 계기가 필요함

출처: (재)한국정년기업가정신재단(2014), 기업가정신의 이해, pp49~50.

3장 _ 거시환경과 미시 환경 :
시장 환경을 지배하는 자가 승리한다

① 거시환경(PEST) 분석

창업에서 의사결정이나 경영 성과에 영향을 주는 외부 환경분석은 PESTEL 분석이나 PEST 분석을 사용한다. PEST 분석은 정치(political), 경제(economical), 사회(social), 기술(technological)을 말하며 PESTEL 분석은 정치(political), 경제(economical), 사회(social), 기술(technological), 환경(environment), 법규(legal)를 말한다. 이 책에서 거시환경은 모든 환경에 영향을 주는 정치(political), 경제(economical), 사회(social), 기술(technological)을 의미하는 PEST 분석으로 설명한다. 기업의 외부 환경 분석은 거대한 외부 환경에서 기회와 위협 요인을 찾아내고 불확실성을 줄여 창업 실패를 줄이는 데 목적이 있다. 그리고 창업 기업으로서 거시 환경 분석(PEST Analysis)은 의사 결정을 우선하므로 광범위하게 조사하거나 분석하더라도 그 용도나 범위를 결정하여 사용한다. 거시환경 분석(PEST Analysis)은 공공 기관이나 외부 전문 기관이 작성한 2차 자료를 말한다. 다음은 PEST 분석에 대한 평가 내용과 도출 방법에 대한 사례를 [표-2]로 제시하였다[1].

[표-1] PEST 분석 체크리스트

구 분	평가 내용
정치/법적 환경 (political)	· 규제가 어떤 변화로 나타날 것인가? · 사업 수요에 어떤 영향을 미칠 것인가? · 기업이 진출하려는 국가에 어떤 정치적 위험이 존재하는가?
경제적 환경 (economical)	· 기업이 현재나 미래에 활동 계획이 있는 시장에 대한 경제적 전망은 어떠한가? · 그것들이 사업에 어떤 영향을 미칠 것인가?
사회문화 환경/ 인구통계 환경 (social)	· 향후 몇 년간 인구 변화에 어떤 경향이 존재하는가? · 인구 변화에 기인한 기회와 위협은 무엇이 있는가? · 기업의 활동 분야에서 사회문화적 분야와 라이프스타일 분야에 어떤 변화가 나타나겠는가? · 사회문화적 변화가 기존 제품 및 신제품의 수요에 어떤 영향을 미치겠는가?
기술적 환경 (technological)	· 현재 제품이나 제조 공정에 영향을 미칠 신기술이 있는가? · 현재 기술의 라이프사이클의 추세는 어떠한가?
기 타	· 여러 트랜드 추세 가운데 미래환경의 시나리오가 부각될 것인가? · 기업은 어떻게 이런 변화에 적응할 것인가?

출처: 황민우(2007), 반드시 통과되는 마케팅보고서, p114

---

[1] 임채완, 경영전략기획실무 강의노트, 경제서적, 2018, p35

[표-2] 환경요인 도출 사례와 도출 방법

● 환경 요인 도출 사례

정치/법률(P)	경제(E)	사회/문화(S)	기술(T)	기타
· 진보/보수 갈등	· GDP 성장률	· 인구 구조	· 신기술	· 기타 추가사항
· 정책 차이	· 이자율/환율	· 여성 사회 진출	· 정보화	
· 남북 관계	· 물가 상승률	· 라이프스타일	· 기술 혁신	
· 복지 정책	· 원자재 가격	· 교육 수준	· 기술 이전	
· 교육 정책	· 노조 활동	· 문화 활동	· 인터넷 인프라	

법규	제품/서비스	고객/시장	경쟁	기타
· 경쟁 법규	· 제품	· 시장 구조	· 시장 결정 조건	· 기타 추가 사항
· 조세 법규	· 포지셔닝	· 시장 규모	· 핵심 성공 요인	
· 고용 법규	· 목표 시장	· 유통 채널	· 경쟁기업 동향	
· 안전 법규	· 품질 기준	· 광고/판촉	· 신규업체 진입	
· 무역 법규	· 가격 기준	· 소비자 성향		

● 기회/위협요인 도출 방법

환경요인		현재	미래	기회	위협
사회/문화	인구 구조	· 고령화율(%) · 경제활동 인구(%)	· 고령화율(%) · 경제활동인(%)	현재가 미래로 변화 시 산업에 미치는 기회 요인	현재가 미래로 변화시 산업에 주는 위협 요인
	여성 사회 진출	· 경제활동참가율(%) · 소비 여가 패턴	· 경제활동참가율(%) · 소비 여가 패턴		
	라이프 스타일	심층 분석 참고	심층 분석 참고	심층 분석 참고	심층 분석 참고

1) PEST - SVS 분석

　PEST - SVS 분석은 거시환경(PEST)분석의 단점을 보완하기 위하여 사용하는 기법이다. 양백[2]은 거시 환경(PEST) 분석이 현재 상황들에 대한 변화를 정치(P) 경제(E) 사회(S) 기술(T)로 구분하여 나타내는 분석 도구라면 PEST-SVS 분석은 PEST에 의한 현재 결과가 앞으로 어떤 영향을 미칠지 미래를 분석하는 도구라고 했다.

[표-3] 한우 가공 PEST - SVS 분석

분류	피상적 의미(S)	가치관적 의미(V)	구조적 변화(S)
정치적 환경(P)	· 정부의 농업 지원 · 무역 규제 · 식품 안전 법규 강화	· 한우의 프리미엄 이미지와 소비자 신뢰	· 친환경 및 고품질 제품으로의 전환,
경제적 환경(E)	· 한우 가격 변동성 · 수입 소고기와 경쟁 · 가공 비용 절감 필요	· 친환경 및 윤리적 가치를 반영한 생산과 가공	· 수입 소고기와의 차별화 필요
사회적 환경(S)	· 프리미엄 제품 선호 증가 · 1인 가구 증가 · 친환경 제품 수요	· 소비자들의 윤리적 소비 증가	· 소포장 시장 성장 · 프리미엄 제품 확대
기술적 환경(T)	· 육가공 기술 발전 · 푸드테크 발전 · 저온 유통 기술 발전	· 기술 발전을 통한 품질 유지 · 다양한 제품 개발 가능	· 자동화 기술 도입으로 생산성 향상

---

2 양백, 전략 4.0, 클라우드나인, 2017, P92.

2) PEST - AIO 분석

AIO 분석(Activity, Interest, Opinion Analysis)은 소비자의 라이프스타일을 분석하는 기법으로 분석 요소는 소비자의 행동(Activities), 관심사(Interests), 의견(Opinions)이다. 이것은 마케팅 전략을 수립할 때 소비자의 구체적인 요구와 가치관을 이해하기 위해 사용한다. 위의 내용 가운데 라이프스타일을 AIO 분석으로 진행하였다[3].

[표-4] AIO분석 목록

활동(Activities)	관심(Interest)	의견(Opinions)
일, 취미, 사회활동, 휴가 오락, 쇼핑, 지역사회 활동 스포츠, 클럽 활동	가족, 가정, 직업, 지역사회, 여가 활동, 음식, 경제 활동, 트랜드, 음식, 자기 개발	정치, 경제, 사회 문제 교육, 생활용품, 문화, 소통, 개인 의견, 미래

예를 들어 사회적 문제로서 고령화에 따른 현상과 관련 산업 기회에 대한 결과를 AIO 분석으로 도출하면 다음과 같다.

[AIO 분석 사례]

· 생산 가능 인구 감소

· 연금과 복지재정 악화

· 소비 패턴 변화

· 지역사회 인구구조 변화

· 경제적 불안정성 심화

· 삶의 질 저하

· 취업 기회의 양극화

· 사회 안전망 강화 필요성

· 세대 간 갈등 심화

[시사점]

● 의료와 바이오산업, 헬스케어와 간병 서비스 산업, 재활과 보조기기 산업

● 실버 주택과 주거 서비스, 여가 및 관광산업, 금융 및 보험 산업, 요양 산업

● 식품 및 건강 보조제 산업, 시니어 맞춤 디지털 서비스, 한방서비스 산업

● 시니어 교육과 취업 지원 산업, 장례 및 추모 서비스 산업,

---

3 김명기 외, 미용경영학, 청구문화사, 2004, p157

❷ 산업구조분석 모델(5-Force Model)

산업구조분석 모델(5-Force Model)은 마이클 포터(Michael Porter)교수가 주장하는 것으로 자사가 소속된 시장의 경쟁 구도를 산업 내 기존 업자간 경쟁을 중심으로 수직적(Y축)으로는 신규나 잠재적 진입자와 대체재 위협 그리고 수평적(X축)으로는 공급자의 교섭력과 구매자의 교섭력으로 경쟁 강도를 설명한다.

이러한 경쟁 강도를 분석하여 회사의 경쟁 전략을 수립하거나 5가지 경쟁 요인에 의해 경쟁 구도나 산업계의 경쟁 강도와 구조적 매력도 그리고 수익성이 결정된다. 특히 시장 진입이나 투자 유무에 대한 판단은 투자 수익률(ROI: Return on Investment)로 측정하여 전략을 수립할 수 있다.

[표-1] 산업 경쟁에 영향을 주는 5가지 요인

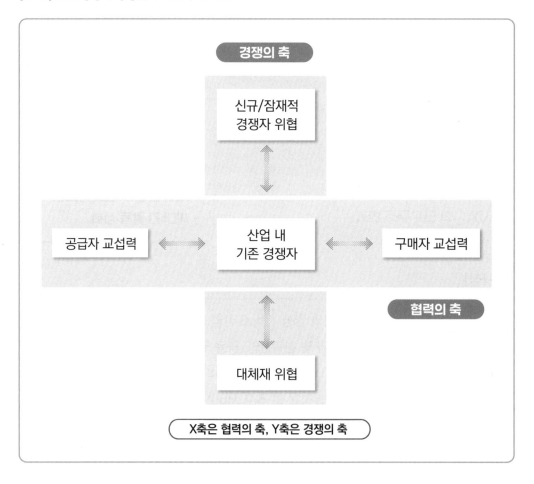

따라서 산업 경쟁에 영향을 주는 5가지 경쟁 요인이 시장에 미치는 영향을 정리하면 다음과 같다[3].

[표-2] 산업 경쟁 요인

산업에 영향을 주는 요인	산업에서 영향을 받는 내용
기존 경쟁자 내 경쟁 강도	산업 성장의 정체, 높은 고정비와 재고 비용, 희박한 차별성과 높은 전환비용, 대규모 시설 확충, 다양한 경쟁사, 전략적 이해관계, 높은 출구 장벽, 특수 자산, 사업 철수에 따른 고정비, 전략적 상관관계, 심리적 관계, 정부 및 사회적 제약, 경쟁 양상 변화, 출구 장벽과 진입 장벽.
신규/잠재적 진출 기업의 위협	규모 경제, 소요 자본, 전환 비용, 제품 차별화, 유통 경로 접근 가능성, 정부 보조 및 정책, 원가 우위, 유리한 입지 조건, 학습 곡선, 유리한 조건의 원자재 확보, 상표 이미지, 예상되는 보복, 진입 억제 및 장벽의 속성, 진입 장벽으로서 경험과 규모.
구매자의 교섭력	구매자의 구매 비중, 판매자의 판매 물량, 구매 제품 차별화, 전환 비용, 구매자의 이윤율, 후방 통합 가능성, 구매 품질의 영향력, 구매자 정보력, 가격 민감도
공급자의 교섭력	공급 물량의 과점, 대체 자원 유무, 공급자의 품질 영향력, 전환비용, 원료 차별화, 전방 통합 가능성, 정부의 역할.
대체재 위협	대체품 특성, 대체품 가격과 효능, 대체재 산업의 이윤, 교체 비용, 구매자 선호도

마이클 포터의 5가지 경쟁 요인은 특정 산업에서 발생하는 경쟁 유형을 구조적으로 분석하는 데 도움을 준다. 우선 기업이 방어적인 전략으로 경쟁 구도의 강점과 약점 도출이 경쟁에서 유리한 포지셔닝을 구축할 수가 있다. 둘째는 경쟁 요인을 파악하여 적극적인 전략으로 전환할 수가 있다. 예를 들어 마케팅 전략으로 브랜드 인지도나 제품의 차별화 전략으로 대응할 수가 있다. 셋째로는 산업 구조의 변화 또는 산업 발전은 기업 생존에 크나큰 영향력을 주므로 시장 대응에 대처할 수가 있다. 마지막으로 특정 산업의 경쟁 체계는 시장 잠재력에 의해 다각화 전략으로 대응할 수가 있다.

---

3 마이클포터, 미래경제연구소 역, 마이클포터의 경쟁전략 프로체, 2021, pp28~75를 참고하여 정리함

③ 3C & FAW 분석

모든 사업 전략을 수립할 때 기본적인 3가지 주체자인 고객(Customer), 자사(Company), 경쟁사(Competitor)들의 움직임을 살펴볼 필요가 있다. 이 주체자들에 대한 역학관계를 통해 선택, 차별화, 집중에 의한 방향성을 선정하는 것이다. 오마이 겐이치(Omae Kenichi)는 이 3가지 주체자들을 '전략 삼각형'이라 부르며 자신의 이익과 목적을 갖고 움직이는 관계 모형 [그림-1]을 3C 모델이라고도 불렀다[4].

성공적인 전략을 위한 이들의 분석 방법은 고객 〉경쟁사 〉자사 순으로 분석하고 고객들에게 경쟁사보다 더 강한 자사의 강점을 이용하고 경쟁사 대비 자사의 차별성을 확실하게 구별하도록 하는 것이다. 그러나 기업의 입장에서 경쟁을 우선적으로 생각하다 보면 경쟁사에 대한 견제 집중으로 고객을 차선으로 생각할 수 있는 우려를 범할 수 있다. 비즈니스 시장에서 고객이 없는 경쟁은 존재하지도 의미도 없다. 따라서 고객 영역의 선택에 따라 경쟁자가 결정되며 자사의 자원을 어떻게 집중할 것인가 하는 것이 3C 분석의 핵심이다.

[그림-1] 3C 모델

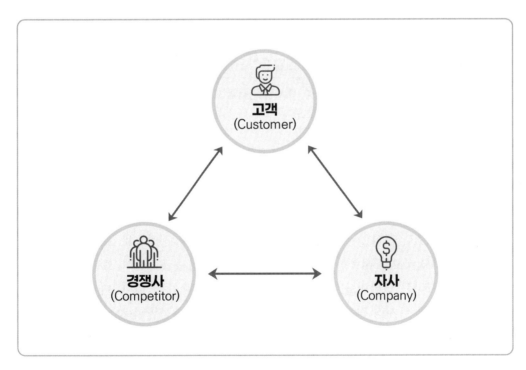

---

4 오마에 겐이치, 홍을표 역, 기업 경영과 전략적 사고, 생활 지혜사, 1999, p87

3C & FAW 분석은 급변하는 기업 환경에서 경영전략으로 가장 중요하게 바라보아야 할 외부환경 요인인 고객(Customer), 경쟁사(Competitor)와 내부 환경인 자사(Company)의 관점에다가 거시적 환경까지 객관화시켜 대응 방안을 찾아보는 분석방법이다. 그리고 여기서 말하는 거시환경은 FAW(Force At Work)를 말한다. [그림-2]

[그림-2] 3C & FAW 모델

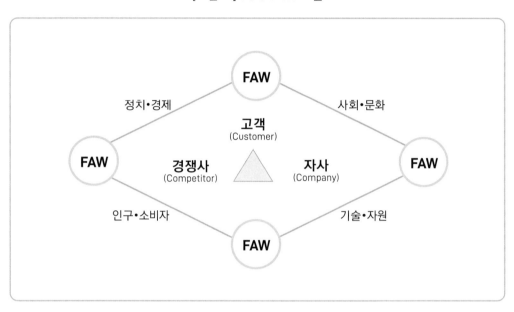

지금까지 전략적으로 스케일의 차이가 있지만 차원의 전략이 있다는 것을 이해하였다. 다시말해 3C & FAW 분석은 '어떤 고객(Customer)의 니즈를 선택하였는가, 어떻게 경쟁사(Competitor)와 차별화하였는가, 어떻게 자사(Company)의 자원을 집중하고 있는가에 의해 강점을 구축하고 자사의 지속적인 우위를 확보하여 거시적 환경분석(PEST) 아래 구체적인 방향성을 확보하는 것이 목적이다[5].

---

5 방용성 외, 컨설팅 방법론, 학현사, 2015, p239

[표-1] 3C & FAW 환경분석 사항

4C 분류	분석 요소	평가 요소
환경	정치 / 법률	· 기업 활동 분야에 어떤 정치적 위험이 있는가? · 법률적 규제가 어떤 변화로 나타날 것인가?
	경제	· 기업 활동 분야에 어떤 경제적 전망이 있는가?
	사회	· 기업 활동 분야가 사회적으로 어떤 변화로 나타나겠는가?
	기술	· 현재 기술의 라이프 사이클은 어떠한가?
고객	시장 세분화	· 시장 세분 변수의 기준은 무엇인가?
	목표 고객	· 목표 고객은 누구인가?
	시장 규모	· 시장의 성장 규모는 어떠한가?
	고객 니즈	· 고객 니즈 분석은 무엇인가?
경쟁사	현재 경쟁사	· 현재 경쟁사는 무엇을 어떻게 하고 있는가?
	잠재 경쟁사	· 잠재적 경쟁자의 경쟁 수준은 어떠한가?
	경쟁자 강약점	· 현재 경쟁사와 잠재적 경쟁사의 강약점은 무엇인가?
	경쟁구조와 포지션	· 경쟁사의 평가 구도와 경쟁 위치는 어떠한가?
자사	기업 목표	· 기업이 추구하는 목표는 무엇인가?
	기업 역량	· 자사의 핵심 역량은 무엇인가?
	현재 위치	· 시장에서 자사의 위치는 어떠한가?

❹ 4C 분석 모형과 활용

4C(3C+1C)는 고객(Customer), 자사(Company), 경쟁사(Competitor)에 협력자(Cooperator)를 추가한 개념이다[그림-3]. 시장의 전반적인 상황을 좀 더 정교한 분석을 목적으로 3C 분석을 보완하고 이해 관계자의 역할에 심층적인 역할을 강조한다. 다시 말해 시장의 현황 파악을 위해 시장의 고객과 경쟁자 그리고 자사 현황 파악을 기본으로 업종에 따라 사업에서 핵심적인 역할을 하고 있는 협력자(Cooperator)가 있다면 추가하여 협력자(Cooperator) 상황도 파악해 두자는 것이다.

[그림-3] 4C 모형

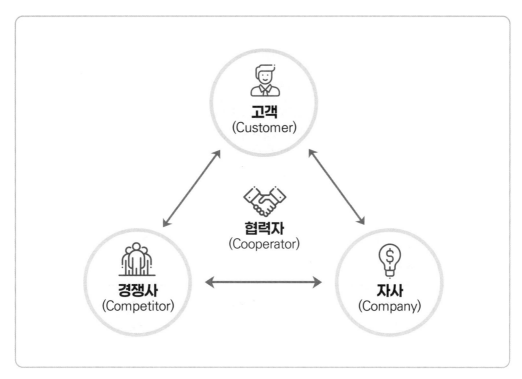

4C 분석의 활용

3C 분석의 활용도는 경쟁 환경분석이나 시장 세분화 평가 및 마케팅 포지셔닝을 결정할 때 등 다양한 방법으로도 사용된다. 그러나 3C 분석을 확장한 4C분석을 4P와 조화롭게 활용한다면 고객 만족도를 극대화하고 기업의 브랜드 가치를 강화할 수 있는 마케팅으로 활용할 수 있다.

[표-2] 4C 관점과 4P 마케팅 관계 사례

4P	키워드	4C 관점	예시
제품 (Product)	성능, 유통기한, 디자인, 특장점, 사후 관리 등	· 고객이 추구하는 가치를 반영하여 성능과 디자인의 균형을 고려한다.	· 친환경 재료를 사용한 제품 · 구매 후 지원 서비스 제공
가격 (Price)	가격대, 마진율, 할인정책 등	· 브랜드 이미지를 생각하면서 고객이 부담 없이 구입할 수 있는 가격 책정이나 판매 조건을 제시한다.	· 구독형 결제 모델 도입으로 고객 확보 · 초기 진입을 위한 할인정책 제공
유통 (Place)	판매 장소, 점포 위치, 물류 파트너, 유통망 등	· 고객이 제품을 손쉽게 접근할 수 있는 판매 시스템을 구축한다. 단, 난매 현상은 브랜드 가치를 감소시킨다.	· 당일 배송 및 픽업 서비스 제공 · 지역별 특화 매장 및 체험공간 마련
판매촉진 (Promotion)	다양한 홍보 활동, 영업 지원, 체험 기회 제공 등	· AD, PR, 디지털 마케팅을 축으로 제품 인지도를 높이면서 고객의 자발적 참여를 위한 바이럴 마케팅을 도입한다.	· 소셜 미디어 캠페인과 챌린지 이벤트 · 인플루언서와 협업으로 제품 리뷰 확산

● 5-Force 경쟁 강도 도구

기존 경쟁자의 경쟁 강도

분석 요소	분석 내용	현재 위협	비고
산업성장률		강 중 약	
산업집중도		강 중 약	
산업 설비		강 중 약	
제품차별화		강 중 약	
청산 비용		강 중 약	
특수자산 처리		강 중 약	
경영자 철학		강 중 약	
정부의 개입		강 중 약	
철수 시 구성원 관계		강 중 약	
경쟁 강도 종합	기존 경쟁자의 경쟁 강도 종합	강 중 약	

잠재적 경쟁자의 위협

분석 요소	분석 내용	현재 위협	비고
규모 경제		강 중 약	
소요 자본		강 중 약	
교체 비용		강 중 약	
제품차별화		강 중 약	
유통경로 접근 가능성		강 중 약	
정부 정책		강 중 약	
원가 우위		강 중 약	
상표이미지		강 중 약	
보복 경험		강 중 약	
사업 연관성		강 중 약	
경영철학		강 중 약	
경쟁 강도 종합	잠재적 경쟁자의 위협	강 중 약	

공급자 교섭력

분석 요소	분석 내용	현재 위협	비고
공급 물량		강 중 약	
원료 차별화		강 중 약	
교체 비용		강 중 약	
대체 원료		강 중 약	
원가 비중		강 중 약	
전방통합 가능성		강 중 약	
철수 영향력		강 중 약	
경쟁 강도 종합	공급자 교섭력	강 중 약	

구매자 교섭력

분석 요소	분석 내용	현재 위협	비고
구매 비중		강 중 약	
구매 물량		강 중 약	
제품차별화		강 중 약	
교체 비용		강 중 약	
후방통합 가능성		강 중 약	
품질 영향력		강 중 약	
구매자 정보력		강 중 약	
가격 민감도		강 중 약	
경쟁 강도 종합	구매자 교섭력에 대한 종합 정리	강 중 약	

대체품 압력

분석 요소	분석 내용	현재위협	비고
대체품 특성		강 중 약	
가격 성능		강 중 약	
교체 비용		강 중 약	
구매자 선호도		강 중 약	
경쟁 강도 종합	대체품의 위협 종합 정리	강 중 약	

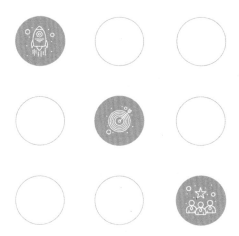

4장_내부 역량 분석 : 핵심 역량을 파악하라

04 내부 역량 분석

① 경영자원 분석과 체크리스트

경영자원은 기업이 성공하기 위해 보유하고 있는 포괄적 개념으로 일반적으로 기업의 경영 자원은 유형 자원, 무형 자원, 인적 자원으로 구성되어 있다. 이 세 가지 자원의 요소가 상호 보완적으로 작용하여 기업의 전략적 우위를 창출한다.

더구나 다방면의 산업 발전은 정보 자원이나 환경 자원과 같은 다른 형태의 자원이 중요하게 대두되면서 경영 자원의 중요성이 더욱 커지고 있다. 특히 경영 자원의 확보는 기업의 영속성을 보장하기 때문에 경영 자원의 역량을 평가하여 경쟁 우위의 원천이 되는 강·약점 파악이 필요하다.

1) 유형 자원(Tangible Resources)

유형 자원(Tangible Resources)은 물리적으로 존재하여 눈으로 확인하면서 측정하거나 쉽게 파악할 수 있어 평가도 가능하다. 물적 자산은 경쟁사 대비 생산성과 관계가 있으며 재무 자산은 기업 운영과 대응 능력을 나타낸다. 물류 유통은 기업 브랜드 구축을 결정하는 소비자와의 접점에 중요한 역할을 한다.

2) 무형 자원(Intangible Resources)

무형 자원(Intangible Resources)는 물리적 형태가 없어 평가나 측정이 어렵지만 기업이 차별화나 경쟁 우위를 결정하는 주요한 요소로서 기업 가치에 기여한다. 브랜드는 가격에 대한 전략적 실행이 가능하며 경쟁사가 모방하기가 어렵다. 지적 재산은 혁신적 능력에 기반이 되므로 장기적 시장 우위를 차지할 수 있으며 관계 자산은 기업이 속한 생태계에서 신뢰와 협상력을 제공한다.

3) 인적 자원(Human Resource)

인적 자원(Human Resource)은 기업에서 가장 중요한 경영 자원으로서 모든 경쟁 우위의 원천이다. 전문성과 기술 역량을 갖춘 조직원은 외부 환경 변화에 신속하게 대응할 수 있으며 경영진의 경영 능력은 조직의 통합과 실행을 촉진하며 기업 문화에 있어서도 근무에 대한 자세나 태도가 자발적이며 셀프 리더십이 발휘되어 생산성과 창의성이 극대화된다.

● 경영 자원 분석 체크리스트

분류	부문	핵심 요소	강점	약점	시사점
유형 자원	물적 자원	기업 생산이나 운영에 필요한 자원			
	재무 자원	현금, 투자자산, 유동성 자금 등			
	물류·유통 자원	기업의 물류나 유통 서비스			
무형 자원	브랜드	기업의 브랜드 가치나 고객 신뢰도			
	지적 재산(IP) 자원	특허, 상표, 저작권, 기술 노하우 등			
	기업 관계	기업 생태계의 네트워크			
인적 자원	경영자 경영 능력	경영진 리더십, 관리능력, 의사결정			
	조직 구성원	전문성, 지식, 경험, 기술 역량			
	기업 문화	기업 내부의 공유 가치, 행동 양식			

② 가치 사슬 분석(Value Chain Analysis)

　가치 사슬 분석(Value Chain Analysis)은 기업이 고객에게 가치를 제공하는 일련의 활동을 본원적 활동과 지원활동을 가시화하여 각 활동에 대한 가치 연계성을 도구화하였다. 미국의 마이클 포터(Michael E. Porter) 교수가 제창한 개념으로 경쟁 우위를 찾아내고 핵심 역량을 도출하기 위해 개발된 모델이다.

　이 모델은 기업의 경영활동을 본원적 활동과 지원 활동으로 구분하여 분석하는 개념[1]으로 두 활동이 상호 협력과 통합적 활동으로 진행하여야 시너지 효과를 얻을 수 있다. 추가로 이 프레임워크는 제조업을 모델로 발표되어 서비스업의 경우는 기업의 주 활동이나 지원 활동을 수정하여 사용할 필요가 있다.

[그림-1] 가치 사슬(Value Chain) 모형

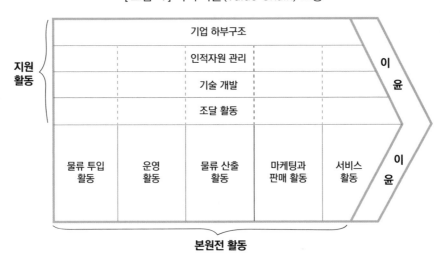

출처: 마이클포터(2021), 범어디자인연구소 역, 경쟁우위, p74

1) 본원적 활동(Primary Activities)

　본원적 활동은 고객에게 직접적으로 가치 창출에 기여하는 활동으로 물류 구매, 생산 운영, 유통 물류, 마케팅 및 판매, 서비스 활동을 말한다.

---

[1] 마이클 포터(Michael E. Porter), 범어디자인연구소 역, 경쟁우위, 비즈니스 맵. 2021, p74

2) 지원 활동(Support Activities)

지원활동은 직접적인 부가가치가 발생하지는 않지만, 본원적 활동이 발생하도록 지원하는 활동이다. 회사의 인프라 구축에 필요한 지원, 인적 자원 관리, 기술 개발, 원자재 입고 및 관리 등이 있다.

[표-2] 기업의 경영활동 내용

분류	활동	내용
본원적 활동	물류 투입 활동	원자재 및 부품 관리 등
	운영 활동	투입 요소에 대한 생산과 서비스 전환 활동 등
	물류 산출 활동	재고, 저장, 유통 등
	마케팅과 판매 활동	제품, 가격, 판촉, 홍보, 배송 등
	서비스 활동	사후 판매 지원, 보증 제도 등
지원 활동	회사 인프라	회사 운영 지원 활동으로 기획, 총무, 회계, MIS 등
	인적 자원 관리	조직관리, 직무 관리, 교육 훈련 등
	기술 개발	연구, 설계, 제품 개발, 정보 기술, 디자인 등
	조달 활동	품질 지속 유지를 위한 활동 등

③ VRIO 분석과 사례

  VRIO 모델은 기업의 내부 분석을 위한 모델로서 기업이 통제하는 자원과 능력을 경쟁 우위의 원천으로 잠재적인 경쟁력을 판단하는 기법으로 이는 곧 핵심역량으로 연결 된다. VRIO 모델은 네 가지 질문의 약자로서 V(Value)는 가치에 대한 질문, R(Rarity)은 희소성에 대한 질문, I(Imitability)는 모방 가능성에 대한 질문, O(Organization)는 조직에 대한 질문으로 구성되어 있다[2].

[표-4] VRIO질문

질문 분류	질문 내용
가치에 대한 질문	소유한 기업의 어느 자원이 환경적 기회를 이용하거나 위협을 억제하는가?
희소성에 대한 질문	기업이 갖고 있는 소수의 희소성은 무엇인가?
모방 가능성에 대한 질문	어떤 자원이 타 기업보다 개발이나 획득에 원가 우위에 있는가?
조직에 대한 질문	기업은 소유한 가치, 희소하며 모방하기 힘든 자원을 이용하기 위해 조직되어 있는가?

[표-5] 창업 기업의 VRIO 분석 사례

핵심역량	가치	희소성	모방가능성	조직 적용	종합
WIFI 인터넷 연결	○				
연구 개발력	○				
인적자원 관리	○				
각 매장 위치	○	○			
고품질 상품군	○	○	○		
사회적기업 이미지	○	○	○		
직원 복지	○	○	○	○	
커피농가와 관계	○	○	○	○	○
고객 경험	○	○	○	○	○
빅 브랜드	○	○	○	○	○

출처: 양백(2017), 전략 4.0

---

2 Jay B. Barney 외, 신형덕 역, 전략경영과 경쟁우위, 시그마프레스㈜, 2013, p86

● 창업 기업의 가치사슬 분석 도출 사례 (예: 의류업)

분류		강점	약점
기업 이미지		전통 패션 이미지	제품에 비해 기업 이미지 취약
인사관리		혁신성이 강한 창업가 정신	다중 업무로 업무 과다
기술개발		우수한 디자이너	스타일 취약
생산	조달	신속한 원단 조달	
	구매		높은 원가 구매
	제조	프리미엄 소량 생산	저수준 전산화
출하물류		공동 물류 센터	물류비
재무		양호한 수익성 유지	취약한 재무구조
서비스			초기 창업 기업으로 고객 서비스 취약
마케팅/판매		· 재고처리 유리 · 종합 의류센터 내 매장 운영	· 취약한 판매 조직 · 잦은 세일 판매

앞 사례를 참고하여 자신에 맞게 작성하기

분류		강점	약점
기업 이미지			
인사관리			
기술 개발			
생산			
출하 물류			
재무			
서비스			
마케팅/판매			

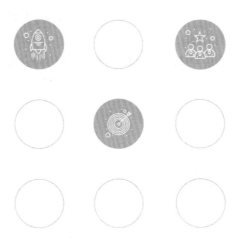

5장_환경 통합 분석 :
당신의 사업을 입체적으로 파악하라

05 환경 통합 분석

① SWOT 분석의 이해

SWOT 분석은 캔 앤드류즈(Ken Andrews)에 의해 1971년 기업의 자원 및 역량과 외부 환경 간의 전략적 적합성을 최초로 개념화한 전략 도구이다. 경영 전략 기법 가운데 가장 널리 사용되고 있는 SWOT 분석은 기업의 상황을 분석하고 탐구하는 기법으로 시장의 상황을 판단하는데 유용하며 기업의 강점(Strengths)과 약점(Weaknesses) 등의 내부 역량과 기회 (Opportunities)와 위협(Threats) 등의 외부 가능성에 대한 적합성으로 평가한다.

이처럼 SWOT 분석이 널리 사용되는 데에는 내부와 외부 상황을 동시에 판단할 수 있기 때문에 통합적인 시각으로 간단명료하게 전략의 핵심을 파악할 수 있다. 또한 SWOT 분석에 사용하는 자료가 정성적이며 대응적인 전략의 성격이 강하게 도출하기 때문에 지나치게 낙관적인 평가를 내리는 경우가 많아 실패의 경우도 많다.

그럼에도 불구하고 SWOT 분석을 널리 사용하는 목적은 무엇일까? 우선은 광범위한 적용 가능성에 있다. 기업 경영의 프로젝트나 기능 부문뿐 아니라 개인의 영역까지도 활용이 가능하다. 둘째는 기업의 전체적인 상황을 파악할 수가 있다. 기업의 강점 약점이나 환경적 요인을 통한 기회와 위협을 도출할 수 있다. 셋째는 기회와 위협을 자사의 강점으로 활용하고 약점을 보완이나 회피의 수단으로 활용하는 전략적 시각이다.

SWOT 분석의 시작은 다음 4가지 질문으로 시작한다[1]

- 우리는 무엇을 할 수 있는가 (예: 내부의 강점과 약점)
- 우리는 무엇을 하고자 하는가 (예: 기업과 구성원의 가치관)
- 우리는 무엇을 하게 될 것 있는가 (예: 외부의 기회와 위협)
- 다른 사람들은 우리에게 무엇을 기대하는가 (예: 이해관계자의 바람)

위와 같은 분석내용은 아래 표와 같은 형식으로 요약된다.

[표-1] SWOT 분석

외부환경/내부환경	강점(S)	약점(W)
기회(O)	SO전략	WO전략
위협(T)	ST전략	WT전략

---

[1] 정재완 외(2015), CCPI 코칭 & 컨설팅, 매일경제신문사, 2015, p99

또한 위 내용의 초기 질문에 4가지의 추가질문을 하면 좀 더 정교화된 분석 전략이 가능해진다[2]. [그림-1]은 SWOT 분석 이면에 함의하고 있는 질문과 분석 절차이다.

   1) 우리는 어떤 자원과 능력을 개발하고자 하는가?
   2) 우리는 무엇에 관심을 기울어야 하는가?
   3) 우리가 어떤 기회에 개척할 수 있는가?
   4) 우리가 이해관계자들과 어떻게 기대를 공유할 수 있는가?

[그림-1] 전략적 선택의 핵심 질문

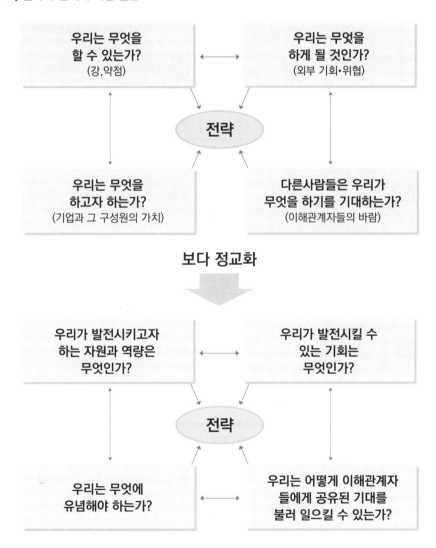

2 방용성 외, 컨설팅 방법론, 학현사, 2015, p85

② SWOT 교차분석 가이드

SWOT 분석을 요소 나열을 위해 내부 환경을 강점(S)과 약점(W)으로 외부 환경을 기회(O)와 위협(T)으로 이분한 2X2 매트릭스이다[표-2]. 강점(S)과 약점(W)을 기회(O)와 위협(T)에 교차시키면 도표[표-3]처럼 SO 전략, ST 전략, WO 전략, WT 전략으로 표시할 수 있다. SO 전략은 공격적인 전략, ST 전략은 차별화 전략, WO 전략은 방향 전환 전략, WT 전략은 최소화 및 철수 전략으로 도출된다.

[표-2] SWOT 분석: 요소 나열

	강점(Strengths)	약점(Weaknesses)
내부 환경	S1 S2 S3	W1 W2 W3
	기회(Opportunities)	위험(Threats)
외부 환경	O1 O2 O3	T1 T2 T3

[표-3] 크로스 SWOT 분석: 전략 대안 도출

외부 환경 내부 역량	기회(Opportunities) O1 O2 O3	위험(Threats) T1 T2 T3
강점(Strengths) S1 S2 S3	**SO 전략:** 공격적 전략 강점 이용 / 기회 활용	**ST 전략:** 차별화 전략 강점 이용 / 위협 회피
약점(Weaknesses) W1 W2 W3	**WO 전략:** 방향 전환 전략 약점 극복 / 기회 활용	**WT 전략:** 최소화·철수 전략 약점 최소화 / 위험 회피

예를 들어 SWOT 분석 요소에 의해 이슈 파악과 분석 우선 순위화를 작성한다. 그리고 SWOT 변수 구체화와 각각 조합에 의해 전략 방향이 수립된다. 다음은 건물 시설관리에 대한 전략 수립의 사례이다.

●SWOT 분석 도출 사례

외부 환경 / 내부 역량	기회(O) · 부동산 가치 패러다임 변화 · 건물 대형화 복합화 · 건물 소유주 다변화 · 비주거용 건물 리모델링 수요 증가	위협 (T) · 경기 불확실성/원자재 상승으로 건설 경기 둔화 · 해외 선진 자산 관리 기업 국내 진입 · 주 5일제 근로 시간 단축
강점 (S) ·건물 통합 관리 서비스 역량 확보 ·체계적 품질 경영관리 시스템 구축 ·전문 면허 그룹 POOL 구축	▶ 공격적인 전략 New Biz를 통한 성장 추진	▶ 차별화 전략 생산성 향상 Level Up
약점 (W) · 외부 시장에서 원가 경쟁력 미약 · 서비스 차별화 부족 · 마케팅 능력 미흡 · 해외 경영관리 경험 전무	▶ 방향 전환 전략 서비스 차별화	▶ 방어적 전략 가격 경쟁력 확보

출처: 김종빈 외(2007), 파워스킬 북 내용을 저자가 일부 수정함, p37

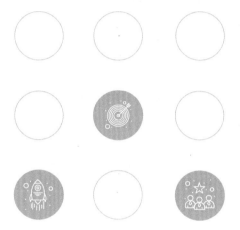

6장_창업 아이디어 개발 :
좋은 아이디어가 성공을 만든다

06 창업 아이디어 개발

① 창업 기회 발견

시장은 동전의 양면과 같아서 항상 기회와 위기가 공존한다. 창업가들이 창업을 위한 아이디어를 어디에서 찾으면 좋을까!라는 고민을 하게 된다. 하버드 경영대학에서 출간한 「위대한 비전의 탄생 : 기업 창업」에서는 다음 6가지를 제시하였다[1].

① 새로운 지식과 과학 기술의 변화

우리 사회는 혁신적인 인공지능(AI), 빅 데이터(Big Data), 사물 인터넷(IOT)과 같은 기술로 이미 새로운 창업 시장을 창출하고 있다. 개인화된 인공지능(AI) 서비스, 빅 데이터(Big Data), 기반의 비즈니스 설루션, 기업의 사회적 책임을 강조한 ESG 등 새로운 비즈니스 모델이 탄생하였다. 특히 팬데믹 이후 디지털 기반의 비대면 서비스 수요 증가는 창업 기회를 더욱더 확대하고 있다.

② 규제 변화

정부 기관은 혁신적인 아이디어를 실현할 수 있도록 규제를 유예하는 샌드박스 사례가 좋은 경우이다. 예를 들어 하나의 주방을 여러 사업자가 공유하는 창업이 불가능하였지만 ICT 규제 샌드박스 실증 특례 승인을 통해 이 문제를 해결하였다.

③ 사회 혼란과 시민 불안

사회 혼란이나 시민 불안이 사회적 문제를 해결할 수 있는 아이디어이며 경제적 기회를 창출하는 기회이기도 하다. 예를 들어 지역 내 안전을 모니터링하는 CCTV나 안전 정보나 봉사활동에 대한 기회를 제공한다.

④ 변화하는 취향

현대사회의 변화와 기술 발달로 인한 소비자들의 변화 욕구에 기업은 신속한 대응이 어려워지고 특히 디지털 사회로 접어들면서 실시간 콘텐츠로 무장한 개인 인플루언서들이 소비자와 브랜드를 연결하는 역할을 하면서 유행의 선도자로서 역할하고 있다.

---

[1] 하버드경영대학원, 송택순 역, 위대한 비전의 탄생:기업 창업, 웅진윙스, 2008, pp43~49 정리함

⑤ 편리한 해결책 추구하기

산업의 변화와 기술의 발전이 소득 증대로 이어지고 다른 한편으로는 경쟁사회로 고착화되고 삶의 질에 대한 불만이 증대되면서 워라벨을 추구하는 일상생활을 희망하게 되었다. 이러한 선진사회 생활의 희망은 편리함을 추구하고 불편함을 대신하는 용역업체나 리스업체들의 등장으로 생활 용역 서비스업의 창업 기회가 등장하게 되었다.

⑥ 레이더에 포착되지 않은 곳

기업의 생명은 지속가능한 성장 속에서 끊임없이 수익을 창출하는 것이다. 아무리 좋은 아이디어나 아이템이 있더라도 기업의 존속을 위해 일정한 금액 이상 수익을 가져와야 한다. 더구나 모든 조건에서 열세에 있는 창업 기업은 규모 경제를 추구하는 기업들이 관심 없는 시장 또는 틈새시장에 관심을 가져야 한다.

● 창업 기회 분석 체크리스트

우리는 하루에도 수많은 문제를 마주하며 하는 말이 아이디어이다. 그리고 모든 기회는 아이디어에서 출발한다. 우리가 알고 있는 아이디어 의미는 무엇일까? 바로 발상력이다. 이 발상력은 기회로 연결되어 크기로 나타난다. 좋은 기회가 되는 좋은 아이디어는 두 가지 특징이 있다. 첫째가 예비 창업가가 큰 열정을 가진 분야이고 둘째는 기회분석 체크리스에서 좋은 점수를 얻는 아이디어이다[2].

● 기회 분석을 위한 체크리스트

분류		좋은 기회	약한 기회
고객	인식 기능	1차 타깃 그룹	2차 타깃 그룹
	인구통계학적 그룹	명확한 정의와 집중성	모호한 정의와 집중 부재
	심리학적 그룹	명확한 정의와 집중성	모호한 정의와 집중 부재
트렌드	거시 시장	다수, 통합적임	드물고 이질적임
	타깃 시장	다수, 통합적임	드물고 이질적임
	기회의 창	열리고 있음	닫히고 있음
	시장 구조	성장단계	성숙기, 쇠퇴기
시장 규모	정도	1차 타깃 그룹	2차 타깃 그룹
	수요	공급보다 많음	공급보다 적음
시장 성장 속도		20% 이상	20% 이하
가격		매출 이익이 40%보다 큼	매출 이익이 40%보다 작음
빈도		빈번하고 반복적임	단발
가치		가격에 충분히 반영됨	침투가격
유통의 벨류 체인 위치		높은 수익률, 영향력이 큼	낮은 수익률, 영향력이 낮음
경쟁자 구도		성장시장	성숙시장
핵심 성공 요인		강함	약함
벤더의 힘		약함	강함
정부 규제		낮음	강함
글로벌 환경	고객	접근 가능	접근성 낮음
	경쟁	약함	강함
	벤더	의욕이 강함	거래 불가

---

2 William Bygrave 외, 이민화, 이현숙 역, 기업가 정신, 동서미디어, 2013, p80

② 창업 아이디어

우리는 흔히 아이디어라는 말을 하루에도 수없이 사용한다. 그렇다면 아이디어의 사전적인 의미는 무엇일까? 웹스터 사전(Webster Dictionary)에서는 '구체적인 생각' 또는 '의견'이라고 했다. 또 다른 의미로는 발상이라는 의미도 지니고 있다. 그렇다면 발상은 어디에서 나올까? 바로 내 생각이나 발상이 나의 아이디어로 탄생한다.

창업 구상을 시작으로 창업 성공을 높이기 위해서는 마일스톤 전략이 유용하다. 각각 작은 목표를 정하고 작은 목표를 이루는 구간에 대한 목표 달성을 확인하며 진행하는 것이 마일스톤 전략이다. 이 전략의 초기 단계가 창업 아이디어 발굴 또는 개발이다. 그리고 발굴된 아이디어가 모두 쓸 수 있는 것만이 아니라 아이디어 사업화 여부를 선정하는 예비적 검토 단계를 거친다. 선정 단계를 통과한 좋은 아이디어는 아이디어 구체화 과정으로 진입한다.

창업에서 아이디어 발굴은 단순한 생각에서 시작하지만 문제적 해결이나 혁신적 사고 및 독창적 사고가 기반이 되는 창조적 생각을 의미한다. 이 아이디어는 새로운 제품이나 서비스, 비즈니스 모델, 마케팅 전략 등 다양한 형태로 발전한다.

그리고 아이디어 선정 기준은 4가지로 구성되어 있다. 첫째 헤드 스타트 요소(Head Start Faxtors), 둘째 외견 사업성(Apparent Feasibility), 셋째 창업에 따른 희생(Price of the Venture), 마지막으로 창업에서 얻는 대가(Venture Payoffs)이다[3]. 헤드 스타트 요소는 창업 시작 동기가 어떤 과정과 상황에서 발생하게 되었는지를 말하는 상황적 특성을 말한다. 외견 사업성은 창업 아이디어의 사업성 검토이다. 창업에 따른 희생은 창업 리스크에 대한 판단기준이다. 그리고 창업에서 얻게 되는 성취 잠재력을 말한다.

한편 인간의 사고는 확장적 사고와 수렴적 사고가 있다. 아이디어에서 기본 원리도 확장적 사고를 통해 많은 아이디어를 생산하고 수렴적 사고를 통해 최적의 아이디어를 선정한다. 이러한 사고 기반 위에 창업에 대한 아이디어 발굴 기회는 많은 환경에서 포착된다. 예를 들면 주변의 각 분야에 환경 변화, 개인적인 경험이나 직장 생활에서 느꼈던 경험 등이 있다.

이러한 경험적 바탕과는 별도로 아이디어 발굴 원리에 의한 방법은 창의적인 발상뿐 아니라 아이디어를 구체화하거나 실현 가능성을 평가할 때도 사용할 수 있다. 따라서 아이디어의 각각의 내용을 세심하게 점검하게 해주므로 생각의 누락을 방지하고 다양한 관점을 고려하는 데도 도움을 준다.

여기서는 창업 현장에서 많이 사용하는 몇 가지 방법만을 소개하기로 한다.

---

3 조병주 외, 기회 발견과 창업 메카닉스, 청아출판사, 1999, p137

● 창업 아이디어 체크리스트

아이디어 체크리스트는 아이디어를 발굴하여 체계적으로 계획을 수립하고 실행계획을 점검하는 데 사용하는 도구이다. 또한 사람들이 새로운 아이디어를 떠올리거나 기존 아이디어를 개선할 때 중요한 질문을 던지면서 그 답을 점검하는 방식이다.

항 목	내 용	점검 사항	Check
1. 창업자	창업자 특성	· 전문성이나 강점	
		· 보유 기술이나 경험	
		· 보유 자산	
		· 핵심역량이나 업무능력	
		· 창업 준비기간	
		· 창업가 정신	
2. 제품/서비스	제품/서비스 특성	· 제품이나 서비스 품질	
		· 디자인	
		· 가격	
		· 차별화	
3. 제품 수명주기	수명주기 단계	제품의 단계적 주기	
4. 시장	고객 시장	· 시장 세분화	
		· 목표시장 선정	
5. 유통	유통 채널	· 온라인	
		· 오프라인	
6. 투자	투자 비용	· 투자 금액	
		· 회전율	
		· 회수율	
7. 수익	예상 수익	· 손익분기점	
8. 생산	생산시설	· 생산 가능 여부	
		· OEM & ODM	
9. 파트너	생산 활동	· 생산을 위한 파트너	
10. 법률	합법성	· 인허가 사항	
		· 지적 재산권	

❸ 브레인스토밍(Brainstorming)

브레인스토밍(Brainstorming)은 두뇌(Brain)와 폭풍(Storming)이 결합한 단어이다. 브레인스토밍(Brainstorming)은 알렉스 오스본(Alex Osborn)이 조직 구성원의 다양한 생각을 자유롭게 제시하고 아이디어를 최대한 많이 도출하는 데 목적을 두었다.

아이디어 발상 방법 중에서 가장 널리 알려져 있으며 손쉽게 활용되고 있는 브레인스토밍(Brainstorming)은 사전에 준비 없이 순간에 충실하면 된다는 것이 일반적인 인식이다. 그러나 좋은 결과를 얻기 위해서는 많은 사전 준비와 수행에 대한 약속이 필요하다. 한 주제에 대해 모든 참가자가 자유롭게 아이디어를 제출하고 이 아이디어들을 수집, 정리, 결합, 발전시켜 새로운 아이디어로 변화시킨다. 그리고 최종적으로 해결책을 도출하게 된다. 이러한 과정에는 두 가지 원리가 있다[4].

브레인스토밍의 두 가지 원리

① **양이 질을 결정한다.**
어떤 과제를 해결하는데 하나의 아이디어로 찾아가는 것이 아니라 많은 아이디어가 노출되고 접하면서 새로운 아이디어로 해결책을 풀어나가는 원리이다.

② **판단을 삼간다.**
아이디어 평가 방식은 즉각적이거나 직관적인 판단을 지양하고 전체를 조망하며 판단한다.

브레인스토밍(Brainstorming)의 성공 여부는 모든 참가자가 긍정적인 환경과 분위기에서 실행한다는 공통적인 인식에 달려 있다. 이러한 분위기를 조성하기 위해서는 부정적인 판단을 삼가는 것이다. 예를 들어 '잘못 인식하고 있다' 거나 '아이디어 회의에는 맞지 않는다' 또는 '아주 좋지만 ~~하다' 등이다.

---

4 마이클 미칼코, 박종안 역, 창의적 자유인, 푸른솔 도서출판, 2003, p392

또한 성공적인 브레인스토밍 활동을 높이기 위해서는 다음 12가지 규칙을 제안하고 있다[5].

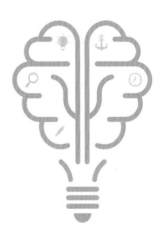

브레인스토밍의 12가지 규칙

① 목적을 결정하거나 문제를 정의하라.

② 규칙을 마련하고 엄수하라.

③ 목표치를 정하라.

④ 모든 아이디어가 아이디어이다.

⑤ 서두르지 마라.

⑥ 자신의 아이디어를 미리 판단하지 마라.

⑦ 흥분과 열정에 찬 분위기를 조성하라.

⑧ 다른 사람 아이디어를 개량하라.

⑨ 브레인스토밍에는 수량이 중요하다.

⑩ 모든 아이디어가 가치 있기 때문에 거절이나 실패를 두려워 마라.

⑪ 사물을 다른 시각으로 바라보라.

⑫ 일이 잘 풀리지 않을 때는 다른 활동을 통해 브레인스토밍 자극제로
활용하라.

5 제이슨 리치, 정명진 역, 브레인스토밍 100배 잘하기, ㈜북21, 2003, pp68~71

브레인스토밍(Brainstorming)이 탈논리적 사고에서 새로운 아이디어를 생산하기 때문에 집단 지성의 효과를 발휘하여 연쇄적인 아이디어를 발생시키는 것이 목적이다. 이러한 과정에서도 일정한 규율에 따라 공식적이며 구조적인 프로세스를 지킬 필요가 있다[6].

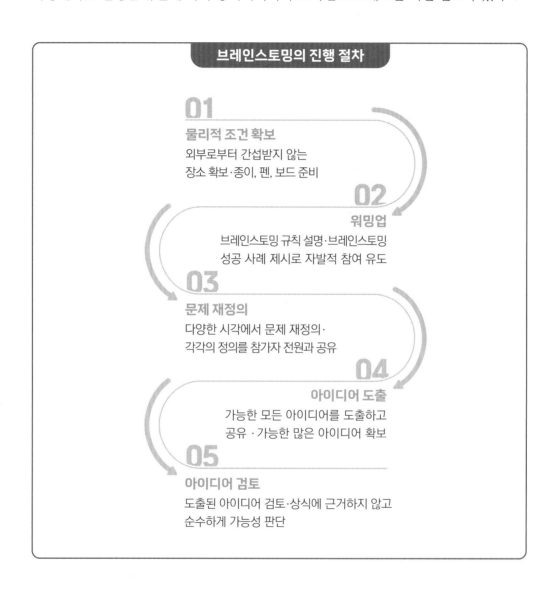

브레인스토밍의 진행 절차

01
물리적 조건 확보
외부로부터 간섭받지 않는
장소 확보·종이, 펜, 보드 준비

02
워밍업
브레인스토밍 규칙 설명·브레인스토밍
성공 사례 제시로 자발적 참여 유도

03
문제 재정의
다양한 시각에서 문제 재정의·
각각의 정의를 참가자 전원과 공유

04
아이디어 도출
가능한 모든 아이디어를 도출하고
공유·가능한 많은 아이디어 확보

05
아이디어 검토
도출된 아이디어 검토·상식에 근거하지 않고
순수하게 가능성 판단

---

6 서기만, 경쟁에서 승리하는 경영전략, 청림출판, 2002, p247

④ 만다라트 기법(Mandal-Art)

만다라트 기법(Mandal-Art)은 3X3 매트릭스를 만들어 그 하나의 중심 주제를 두고 이를 둘러싼 다양한 하위 개념을 시각적으로 배치함으로써 체계적으로 사고할 수 있도록 하는 데 있다. 만다라트(Mandal-Art)는 manda+la+art가 결합한 용어로서 manda+la는 목적을 달성한다는 의미이고 art는 도구라는 뜻을 지니고 있어 이를 결합하면 목표를 달성하는 도구 또는 의미이를 말한다[7].

특히 사람들의 복잡한 문제나 과제를 시각적으로 정리하고 하위 주제에 대한 확장과 세부 주제에 대한 연장으로 이어지면서 폭넓은 사고를 할 수 있도록 한다.

만다라트(Mandal-Art) 활용 방법

1 **중심 주제 설정** : 3X3 매트릭스 중앙에 탐구할 주제를 설정한다. 예를 들어 '비즈니스 성장전략'이라는 주제를 설정하고 이 주제의 핵심 단어인 '비즈니스 성장전략'을 만다라트(Mandal-Art) 중앙에 기록한다.

2 **하위 주제 도출** : 중앙 주제를 중심으로 그와 관련된 하위 주제 8가지를 설정한다. 예를 들어 '비즈니스 성장전략'과 관련된 하위 주제로 '마케팅' '제품 개발' '재무관리' '고객관리' '인재 확보' '경쟁우위' '기술혁신' '브랜드 강화' 등을 생각해 볼 수 있다.

3 **하위 주제 확장** : 각 하위 주제는 다시 세분화되어 더 구체적인 아이디어로 확장된다. 예를 들어 '마케팅'이라는 하위 주제는 '브랜드 관리' '디지털마케팅' '시장조사' '홍보' '소셜미디어' '맞춤 마케팅' '고객관리' '콘텐츠마케팅' 등으로 생각해 볼 수가 있다.

4 **세부 아이디어 분석** : 확장된 각 세부 주제에 대해 구체적으로 분석하고 실행 가능한 아이디어를 도출한다. 이 과정에서 아이디어의 실현 가능성, 비용, 시간 등의 측면을 평가하며 실행 전략을 마련할 수 있다.

5 **연속적인 확장** : 각 하위 주제는 다시 중앙 주제가 되어 추가적인 세부 주제를 도출할 수 있다. 이처럼 만다라트(Mandal-Art)는 연속적으로 확장 가능하기 때문에, 문제를 보다 세밀하게 분석하고 더 많은 아이디어를 얻을 수 있다.

6 **시각적 분석 및 평가** : 만다라트(Mandal-Art)를 통해 도출된 모든 아이디어를 한 번에 살펴볼 수 있으며 중요도나 실현 가능성 등을 기준으로 아이디어를 평가하고 실행 계획을 세울 수 있다.

---

7 김상수 외, 창의적 문제해결과 의사결정, 도서출판 청람, 2017, p184

● 중심 주제(비즈니스 성장전략)의 문제해결에 대한 부 주제를 정리한 후 각 부 주제별 아이디어를 정리한다.

브랜드 강화	제품 개발	재무관리
기술혁신	비즈니스 성장 전략	고객관계
경쟁 우위	마케팅	인재 확보

디지털 마케팅	브랜드 관리	시장조사
맞춤형 마케팅	마케팅	홍보
고객관리	콘텐츠마케팅	소셜 미디어

⑤ 신사업 아이디어 개발을 위한 니즈(Needs)-시즈(Seeds) 매트릭스

니즈(Needs)-시즈(Seeds) 매트릭스는 고객의 니즈(Needs)와 기업의 보유 자산인 시즈(Seeds)를 매칭시켜 사업 기회를 발굴하거나 제품 또는 서비스 개발 방향을 설정하는 전략 도구이다. 니즈(Needs)는 시장과 고객이 필요로 하거나 결핍 사항과 같은 문제점을 말하며 시장조사나 고객 인터뷰를 통해서 니즈를 파악한다. 시즈(Seeds)는 기업이 보유하고 있는 내부 역량으로 기술이나 자원 등 핵심역량을 지칭한다[8].

니즈(Needs)-시즈(Seeds) 분석을 위해서는 니즈(Needs) 분석이 외부 환경으로부터 아이디어를 탐색하고 도출하여 적용하기 때문에 큰 기업에 유리하며 Outside-in-Approach 방식이다. 반면에 시즈(Seeds) 분석은 기업의 외부 환경에 자사의 역량을 적용하기 때문에 중소기업에 유리하며 Inside-out-Approach 방식이다. 따라서 사업 아이디어 성공은 특정 시장이나 고객에게 내부의 핵심 역량으로 고객의 문제를 해결해 주는 데 있기 때문에 양쪽 방식에 의해 도출되는 사업 아이디어로 신사업을 추진하는 것이다.

[표-3] 니즈-시즈 매트릭스

		시즈 (Seeds)			니즈 시사점
		S1	S2	S3	
니즈 (Needs)	N1	현업	관련 기술 개발형	신기술 시장 창조형	
	N2	관련 시장 개발형	관련 기술 시장개발형		
	N3	신시장 니즈 창조형		비관련 니즈 · 시즈 창조형	
시즈 시사점					

---

8 나까무라 겐이치 외, 박동준 역, 전략경영 진단 매뉴얼, 소프트전략경영연구원, 1993, p214

다음은 아마존(Amazone) 사례를 니즈(Needs)-시즈(Seeds) 매트릭스에 적용하면 다음과 같습니다.

		시즈(Seeds)			니즈 시사점
		상품 기획력	SI 능력	네트워크	
니즈 (Needs)	ICT 발전	도서 온라인 판매	AWS	클라우드 서비스	ICT 발전에 맞는 역량 준비
	전자상거래	배송 상품 확대	전자상거래 설루션		
	융복합화	영화와 일반 SI 영역 확대		디지털 콘텐츠 E-Book	생략
시즈 시사점		상품 기획력의 적합한 트랜드	생략		

⑥ 스캠퍼(SCAMPER) 기법

스캠퍼(SCAMPER) 이론은 '새로운 모든 것은 이미 그 전에 존재하는 것에 조금 덧붙이거나 수정하는 것이다'라는 명제에서 출발한다. 스캠퍼(SCAMPER)는 기존의 제품을 개조하여 신제품을 발명하는 데 유용하게 활용되는 질문 기법이다. 원래 스캠퍼(SCAMPER)는 미국 광고회사 최고 경영자 출신인 알렉스 오스본은 아이디어를 고무시키는 약 75가지 질문을 제시하고 이를 다시 9개로 정리하였다. 이를 R. F. 에베를레(Eberle)가 재구성하여 7가지 질문으로 구성하였다. SCAMPER는 7가지 핵심 단어들의 첫 철자를 따서 만든 약어이다[9].

1 스캠퍼(SCAMPER)의 이해

단 어	내 용
Substitute(대체하기)	기존의 내용, 색깔, 용도 등을 다른 것으로 대체하는 방안
Combine(결합하기)	유사한 것/상이한 것을 결합/혼합하는 아이디어 방식
Adopt(적용하기)	기존의 형태나 원리를 다른 분야에 적용하는 기법
Modify/Magnify/Minify (수정/확대/축소하기)	기존의 형태나 기능을 변경(Modify), 확대(Magnify), 축소(Minify)해서 새롭게 생성
Put to other purpose (다른 용도로 사용하기)	기존에 사용하는 용도나 아이디어를 다른 용도로 사용하는 법
Eliminate(제거하기)	어떤 물건의 모양이나 기능 일부를 제거하여 아이디어 창출
Rearrange/Reverse (재정리하기/뒤집기)	기존의 모양이나 순서를 재배치하거나 거꾸로 하는 방식

2 스캠퍼 기법 7개 질문

1) Substitute(대체하기) : 어떤 것을 대체할 수 있을까? / A 대신 B를 쓰면 어떨까?

질문 1) 다른 성분으로 대치시킬 수는 없을까?

질문 2) 재료를 다른 성분으로 바꾸면 어떨까?

질문 3) 만약 장소를 바꾸면 어떻게 될까?

---

9 이춘우 외, 기업가정신의 이해, (재)한국청년기업가정신재단, 2014, pp243~247

출처: 현대자동차 홈페이지 www.hyundai.com

2) Combine(결합하기) : 이것을 무엇과 결합할 수 있을까? / A와 B를 합치면 어떨까?

질문 1) 이 제품에서 어떤 아이디어나 어떤 구성 요소들이 결합할 수 있을까?

질문 2) 어디서 시너지를 낼 수 있을까?

질문 3) 전혀 다른 물체/대상을 합칠 수 있을까?

사례　　연필과 지우개 결합

출처: 문화연필 홈페이지 www.munhwapen.co.kr

3) Adopt(적용하기) : 새로운 아이디어 창출을 위해 무엇을 추가할까?

질문 1) 이것을 다른 것에 어떻게 적용할까?

질문 2) 이 아이디어를 적용하면 어디에 활용할까?

질문 3) 이 제품에 적용하기 위해 무엇을 모방할까?

사례　　컴퓨터와 노트북의 간소화

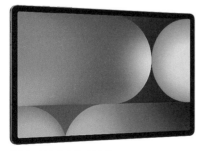

출처: 삼성전자 홈페이지 www.samsung.com

4) Modify/Magnify/Minify(수정/확대/축소하기)

: 변형, 확대, 축소를 통해 수정할 수 있을까?

질문 1) 형태나 품질을 바꿔보면 어떨까?

질문 2) 특정 기능이나 형태를 확대하거나 축소하면 어떨까?

질문 3) 특정 기능을 추가해 보면 어떨까?

사례 | **평평한 화장지를 변형한 엠보싱 화장지**

출처: 모나리자 홈페이지 www.monalisa.co.kr

5) Put to other purpose (다른 용도로 사용하기) : 다른 용도로 사용할 수 있을까?

질문 1) 기존 사용 용도를 다른 용도로 사용해 볼 수 있을까?

질문 2) 내가 이것을 어떻게 새로운 방식으로 쓸 수 있을까?

질문 3) 아이들이 사용하는 것을 어른들은 사용할 수 없을까?

사례 | **아이들 기저귀를 어른들이 사용할 수 있는 요실금 기저귀**

출처: 유한킴벌리 홈페이지 www.yuhan-kimberly.co.kr

6) Eliminate(제거하기)

: 어떤 물건의 일부 기능을 제거하거나 모양을 제거하는 기법

질문 1) 무엇을 제거하면 더 좋아질까?

질문 2) 내가 이것을 어떻게 단순화할 수 있을까?

질문 3) 기능을 압축하거나 분할하면 어떨까?

사례 ⟨ **LG 무선 청소기** ⟩

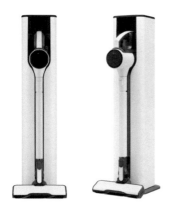

출처: LG 홈페이지 www.lge.co.kr

7) Rearrange/Reverse(재정리하기/뒤집기) : 순서나 앞과 뒤를 바꾸면 어떨까?

질문 1) 순서를 뒤집어 거꾸로 해보면 어떨까?

질문 2) 위치나 역할을 다르게 바꿔보면 어떨까?

질문 3) 위아래를 거꾸로 해보면 어떨까?

사례 ⟨ **김이 안으로 들어간 누드김밥** ⟩

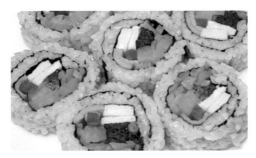

출처: www.youtube.com/watch?v=zIC1-ZeKXog

⑦ 창업 아이디어 검증 / 여섯 색깔 모자(Six Thinking Hats)

여섯 색깔 모자(Six Thinking Hats)는 에드워드 드 보노(Edward de Bono) 교수가 의학적 지식에 바탕을 두고 창안한 사고 기법이다. 이 사고 기법의 특징은 창의적이고 효과적인 서고를 촉진하는 도구로서 명료하고 단순한 사고를 이끌어주는 개발된 방법이다.

여섯 색깔 모자(Six Thinking Hats) 기법의 개념에는 두 가지 목적이 있으며 첫째는 참석자들이 한 번에 한 가지만을 다루게 하여 간단하고 명확한 사고를 하도록 이끌어 준다. 두 번째는 사고의 전환을 허용하기 위한 것이다. 참여하는 모든 사람이 각각 모자의 색깔에 대한 개념을 공통의 언어로 이해가 될 때 최상의 효과를 얻어낼 수 있다[10].

[표-4] 여섯 색깔 모자(Six Thinking Hats) 사고 기법 사례

모자 색깔	의 미	사 례
하얀 모자 (White Hat)	객관적인 사실과 숫자에 기반한 데이터나 정보를 나타냄	시장조사 결과 20~30대 남성과 여성들이 새로 개발한 아웃도어에 관심을 보이며 경쟁사 제품 대비 20% 성장했다는 사실을 확인함
빨간 모자 (Red Hat)	감정을 암시하는 느낌, 직관, 정서, 감정을 의미	팀원들은 직관적으로 신제품의 디자인이 트렌디하다고 느끼지만, 일부는 가격 산정에 불만을 나타냄
검은 모자 (Black Hat)	잠재된 위험에 대한 주의나 경고를 의미	출시 시점에 경기 불안으로 소비 여력의 부족하고 경쟁 제품과 차별성이 부족함
노란 모자 (Yellow Hat)	긍정적인 관점으로 이익, 가치, 기회를 의미	신제품 디자인의 세련미와 가격 경쟁력이 높다는 긍정적인 평가와 타깃 고객들이 신제품에 대한 반응이 호의적임
초록 모자 (Green Hat)	창의적 사고와 새로운 아이디어를 나타냄	소셜 미디어 인플루언서를 통한 공익 마케팅 캠페인과 한정 판매 출시에 대한 스폿 광고가 제안되는 창의적 접근이 제안됨
파란 모자 (Blue Hat)	계획적이고 조직적인 사고로 정리하고 통제하는 의미	전체적인 의제를 정리하여 해당 과제 책임자에게 전달하고 실행 계획을 수립하도록 요청함

---

10 에드워드 드 보노, 정대서 역, 여섯 색깔 모자, ㈜한언, 2014, p201

[표-5] 여섯 색깔 모자(Six Thinking Hats) 사고 기법 연습

모자 색깔	내 용
하얀 모자 (White Hat)	중립적 객관적 사실, 숫자, 정보 · 우리가 갖고 있는 정보는 무엇인가? · 우리는 어떤 정보를 필요로 하는가? · 우리는 어떻게 필요한 정보를 얻을 것인가?
빨간 모자 (Red Hat)	예감과 직관과 같은 감정, 느낌, 노여움, 기쁨 · 그 사람이 이 일에 적합한 사람이라는 느낌이 듭니다 · 그 아이디어는 가능성이 많을 것 같은데요 · 이 일은 위험 부담이 큰 모험이라고 느껴집니다
검은 모자 (Black Hat)	신중함, 주의, 경고, 잠재된 위험, 결점을 의미 · 잠재적인 문제들은 무엇이 있을까요? · 우리가 이렇게 행동하면 무슨 일이 생길까요? · 무엇이 잘못될 수 있을까요?
노란 모자 (Yellow Hat)	이득, 이점, 가치 등 희망적이고 긍정적인 관점 · 그 제안이 긍정적인 가치로 나타나는가? · 그 가치가 어떻게 구체화할 수 있으며 다른 유용한 가치는 없는가? · 어떤 상황에서 가치가 있을까요?
초록 모자 (Green Hat)	창조적인 아이디어, 전혀 새로운 관점의 대안 · 개선 방법은 무엇일까요? · 새로운 대안을 찾아봅시다 · 전혀 다른 방법으로 해볼까요?
파란 모자 (Blue Hat)	사고 과정 순서를 짜는 일, 다른 모자들의 사용을 통제하는 일 · 파란 모자는 회의 주재자, 의장, 혹은 리더이다 · 회의는 파란 모자가 상황을 정의하는 것으로 시작한다 · 회의가 진행되는 중에 질서를 잡고 모자를 바꿔 쓰자고 제안한다

● PMI(Plus-Minus-Implications) 결정 기법 | 창업 아이디어 검증

어떤 특정 아이디어나 문제 또는 상황에 대해 의사 결정 시 더하기(Plus/+), 빼기 (Minus/-), 결과(Implications/시사점)를 체계적으로 나누어 장단점을 측정하는 데 사용한다. PMI 사용 방법은 아이디어 실행 후 예상되는 모든 내용을 작성한다. 즉 더하기 항목에는 긍정적인 면을 빼기 항목에는 부정적인 면을 결과에는 시사점을 작성하며 가능하면 많은 의견을 작성하는 것이 중요하다. 점수 부여하기는 중요도에 따라 임의로 +3~-3 범위 안에서 사용할 수 있다.[11] 회사 근무시간을 주 4일제로 단축하기에 대한 주제로 의사 결정을 한다면 다음과 같이 작성이 가능하다.

예시: 회사 근무를 주 4일제로 단축하기

더하기(Plus/+)	점수	빼기(Minus/-)	점수	결과(Implications)	점수

더하기(Plus/+)	점수	빼기(Minus/-)	점수	결과(Implications)	점수
직원 만족도 및 생산성 향상	3	급여 조정	-3	장기적인 검토 필요	0
이직률 감소	2	업무 일정 지연	-1	법적 규제 변화 예상	1
환경보호	1	고객 대응 시간 단축	0	경쟁사 대비 차별화	1

위 내용의 결과는 긍정적인 요소가 부정적인 요소보다 크기 때문에 실행 가능성이 높다고 판단할 수 있다.

---

11 제이슨 리치, 정명진 역, 브레인스토밍 100배 잘하기, 2003, p131

7장_창업 아이템 개발과 탐색 : 고객의 잠재된 욕구를 찾아라

07 창업 아이템 개발과 탐색

❶ 창업 아이템 | 스위트 스폿(Sweet Spot)

창업 아이템 개발은 다양한 환경이나 조건에 의해 결정된다. 예를 들어 시대적 흐름에 의한 트랜드에서 발견하거나 인구 통계학적인 조건 그리고 상권 및 입지의 조건 등에서 발굴할 수도 있다. 그러나 개인적인 관점에서 바라볼 때는 업(業)을 찾아가는 작업이다. 일반 창업이든 기술 창업이든 시작의 주체는 바로 창업자 바로 자신이다.

일반적으로 창업자들이 자신에게 가장 적합한 아이템을 찾아가는 방법은 아이템의 스위트 스폿(Sweet Spot)을 찾는 것이다. 그것을 찾는 방법은 자기 자신을 이해에서부터 시작한다. 즉 자신의 성격, 적성, 경험, 전문성 등 역량을 살펴보는 것이다. 다음으로는 시장에 대한 평가를 점검한다. 자신이 관심 있는 업종에 대한 시장성을 판단한다. 마지막으로 고객의 니즈(Needs)나 욕구(Wants)를 찾는다. 이 세 개의 교집합이 창업 아이템의 스윗 스폿(Sweet Spot)이며 그림으로 나타내면 다음과 같다[그림-1].

[그림-1] 아이템 스윗 스폿(Item Sweet Spot)

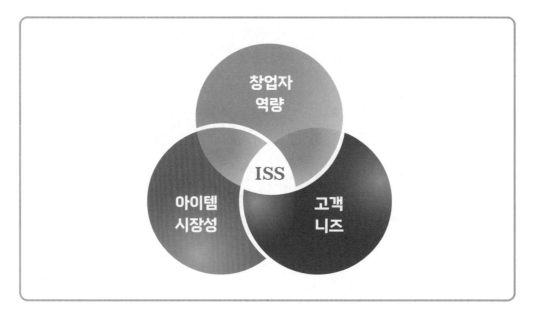

창업자의 역량은 자신이 오랜 시간 시간을 함께 쌓아온 경험의 결과이며 경쟁자와 비교하여 핵심 역량을 갖고 차별화된 제품이나 서비스를 제공할 수 있다는 것이다. 또한 고객이 원하는 것은 창업자가 고객에게 가치를 주는 것으로 그 고객은 가치를 비용으로 지불한다. 마지막으로 아이템에 시장성이 확보가 안 되어 있다면 그 아이템은 단지 취미 활동으로 이어질 가능성이 높다. 요즘처럼 급격한 사회발전과 변화로 3개의 교집합을 찾는 것이 쉽지 않지만 최소한 2개 이상이라도 찾는 노력이 필요하다.

창업자는 자신의 이해를 위해서는 객관적인 시각으로 바라볼 필요가 있으며 창업 성패에 가장 중요한 요소이다. 다음은 자신을 분석할 수 있는 몇 가지 항목을 제시하였다[표-1].

[표-1] 창업자 분석 항목

분석 항목		분석 내용
강·약점 분석	강점	창업자의 사업 수행에 강점 사항을 분석
	약점	창업자의 사업 수행에 약점을 분석하여 보완
투자 능력 확인	자기 자본 확보 상태	총 소요자금 중 자기자본 확충 정도
	추가 자금 조달 능력	추가 자금 조달 능력 분석
사업 수행 능력 평가	소양과 적성	기업가 정신, 리더십, 의지력, 창조력 등
	경험과 지식	창업 분야의 경험, 창업자 능력, 지식, 인적 네트워크 등
	경영 관리 능력	창업 멤버 구성, 조직관리 및 유지 능력, 경영기획 능력

출처: (재)한국창업보육협회(2015), 기술창업가이드, p15

창업자는 자신이 관심을 갖고 있는 분야에 대한 아이템 탐색 방법에는 현재와 미래에 충족되지 않는 제품이나 욕구를 탐색하고 이를 충족시킬 수 있는 제품을 찾아가는 방법으로 제품 개발 탐색법과 필요 욕구 탐색법이 있다[표-2].

[표-2] 제품 욕구 탐색법

구분		주요 내용
제품 개발 탐색법	기존 제품의 탐색	· 기존 제품 또는 성능 등의 일부를 변경한 제품을 기존 시장 또는 신시장에 적용하는 방법
	신제품의 탐색	· 신제품을 개발하여 기존 시장 또는 신시장에 적용하는 방법
필요 욕구 탐색법		· 외적인 환경 요소와 창업자 개인의 욕구가 효과적으로 결합한 아이템 선정 방법

출처: (재)창업보육협회(2015), 기술창업 가이드, p15

아이템의 시장성은 시장 매력도와 시장 진입에 대한 적합성을 판단하는 것으로 3가지 차원에서 점검해 보아야 한다. 특히 시장의 진입은 자신의 아이템을 둘러싼 생태계를 살펴보고 판단해야 한다.

[표-3] 아이템 시장성 분석

구분	내용
창업자	· 자신의 역량이 시장에서 우월 여부 · 진입을 위한 자원 점검 · 판로 및 유통 경로 확보
경쟁	· 경쟁 구도에 대한 조사 · 대기업의 진입 가능성
시장	· 시장의 틈새 · 신기술에 의한 아이템의 등장 · 시장 성장률

② 아이템 선정과 검토

창업 아이템 개발에 대한 스윗 스폿(Sweet Spot)을 찾았으며 아이템 선정을 위한 검토 사항을 살펴볼 필요가 있다[표-4].

[표-4] 아이템 선정의 검토 사항

순서	기본 순서	검토 사항
1	창업 희망 업종 정보 수집	· 창업자의 경험, 지식, 경력 · 친구, 지인, 전문가로부터 습득한 정보 · 각종 관련 잡지, 전문 잡지, 인터넷 채널 정보
2	이용 체험 활동 및 종사자 면담	· 해당 업종에 고객이 되어 직접 구매 체험 활동 · 해당 업종 근무 종사자와 면담을 통한 업계의 전반적인 분위기 및 전망 분석
3	후보 아이템 구체적 정보 수집	· 각종 상담 기관, 전문 컨설팅 회사, 시/군/구 창업지원실, 소상공인시장진흥공단 등
4	후보 아이템 정밀 분석 검토	· 창업자의 적합성 및 가족 지인 전문가 의견 청취 · 2~3개 정도 후보 아이템 선정 및 순위 선정 · 후보 아이템 예비 사업성 분석
5	사업 타당성 분석	· 창업 아이템 적합도 분석 · 시장성/기술성/수익성 분석 · 최종 아이템 선정
6	업종 및 아이템 체험	· 동 업종 및 관련 업종 체험 활동 · 관련 업종 네트워크 활동을 통한 경영 노하우 습득
7	구체적인 창업 준비	· 사업 계획서 작성 · 창업 자금 확보 및 조달 · 창업 팀 구성 · 사업장 선정 및 확보 · 개업 준비 등

출처: 박주관 외(2019), 창업 베스트 셀러 81, p100 내용을 저자가 일부 수정함.

❸ 제품 수명주기(Product Life Cycle, PLC)[1]

 일반적으로 제품은 수명주기를 갖고 있어서 각 단계마다 매출과 이익이 변한다는 것이 제품 수명주기(Product Life Cycle, PLC) 이론이다. 물론 모든 제품이 이 단계를 거치는 것도 아니고 또한 오랫동안 관리된 제품은 수명이 긴 브랜드를 유지하기도 한다[그림-2].

[그림-2] 제품수명주기 그래프

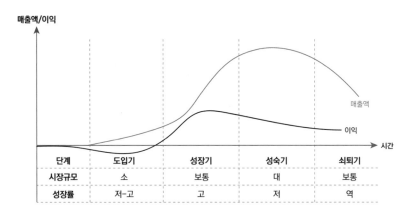

 제품 수명주기 교훈은 기업이 지속적으로 혁신 활동을 통해 고객에게 새로운 가치를 주어야 하며 그렇지 않다면 시장에서 퇴출 위기를 맞는다는 것이다.

[표-5] 제품수명주기 특성과 마케팅 전략

분류		도입기	성장기	성숙기	쇠퇴기
특징	판매량	낮음	급속 성장	판매 정점	감소
	제품원가	고비용	보통 수준	저비용	저비용
	이익	적자, 낮은 이익	점차 증대	높음	감소
	고객층	혁신층	조기 수용층	다수 수용층	지각 수용층
	경쟁자	소수	증가	다수	감소
마케팅 전략	제품	기본 형태	제품확장, 서비스향상, 품질 보증	브랜드와 모델 다양화	취약제품 철수
	가격	원가 가산가격	시장 침투가격	경쟁자 대응가격	저가격
	유통	선택적 유통	집약적 유통	집약적 유통강화	선택적 유통
	판매촉진	사용유도를 위한 강력한 판촉	수요성장에 따라 감소	자사 브랜드 전환을 위한 편촉 증대	최저 수준으로 감소

출처: Philip Kotler 외, Kotler의 마케팅 원리(18판), p272

---

1 Philip Kotler 외, 김건하 외 역, Kotler의 마케팅 원리(18판), 시그마프레스, 2021, p272

④ 창업 제품 개발 | PSF & PMF

　창업 준비 과정에서 성공적인 시장 진입을 위해서는 아이템 개발 과정이 필요하다. 아이템 개발에는 다양한 개발 기법이 있으나 여기서는 문제 해결에 대한 제품 개발로서 PSF(Problem Solution Fit)와 제품 시장 적합성으로서 PMF(Product Market Fit)를 소개한다.

1 문제 해결 적합성 (PSF/Problem Solution Fit)

　PSF(Problem Solution Fit)는 고객 문제 해결에 대한 적합성이나 필요성을 검증하는 것으로 문제 정의, 문제해결 개발, 적합성의 과정을 거치며 각각 단계별 과정 내용은 다음과 같다.

1단계 : 문제 정의 (Problem Identification)

- **고객 조사 수행** : 시장조사, 인터뷰, 설문조사 등 고객 문제를 파악
- **문제 본질 분석** : 고객의 본질적 문제 이해
- **문제의 중요성 평가** : 고객의 문제를 평가하여 순위 지정

2단계 : 문제 해결책 개발 (Problem Solving Development)

- **아이데이션(Ideation)** : 문제해결을 위한 다양한 설루션 개발
- **프로토타입 개발** : 핵심 기능을 포함한 초기 프로토타입을 개발하여 검증
- **고객 피드백 반영** : 초기 프로토타입에 대한 피드백을 바탕으로 설루션 개선

3단계 : 적합성 검증 (Validation of Product Suitability)

- 최소 기능 제품(MVP)을 출시하여 실질적인 고객 피드백을 수집
- 문제 해결에 대한 사용성 평가
- 반복적인 평가로 지속적으로 개선하고 최적화

따라서 PSF(Problem Solution Fit) 단계에서는 첫째 고객 문제를 파악하여 문제를 평가하며 둘째 프로토타입을 통해 실현 가능 검증이나 제품의 단계이며 셋째 최소 기능제품(MVP)을 통한 시장 반응과 고객 적합성을 최종적으로 검증하는 것이다.

---

1 한국산업기술진흥협회 교육자료, 소비 트렌드 기반의 PMF 전략, 2024

2 제품 시장 적합도(PMF/Product Market Fit)

제품시장 적합도(PMF/Product Market Fit)는 제품이나 서비스가 시장의 요구에 잘 맞는지 평가하면서 최적의 적합성을 찾아가는 것을 말한다. 기술력이 높은 제품이나 서비스를 보유하고 있는 창업 기업은 기술 우선주의 신념으로 고객의 니즈나 욕구에 대한 정보가 부족한 경우가 많다. 이러한 문제 해결 방법에 대한 접근 방법이 제품-시장 적합도 방법이다.

제품시장 적합도(PMF/Product Market Fit) 방식은 제품 지향 방식과 시장 지향 방식을 구분하여 생각하여야 한다. 제품 지향방식은 창업 기업이 보유하고 있는 기술(Seeds)을 활용하여 제품을 개발하는 방법이다. 제품 개발은 문제 해결을 위한 문제 해결을 위해 혁신적이거나 유니크한 제품으로 설정하고 이를 통해 시장의 수요를 창출하는 방식이다.

신제품의 개발에서 용도나 목적성을 갖고 개발한다는 것은 고객의 니즈나 욕구를 기반으로 시작해야 한다. 다시 말해서 신규기술이나 기존기술을 활용하여 목표시장의 사업 영역을 포함하여 인접한 사업 범위까지도 확장할 수 있는지를 살펴볼 필요가 있다. 시장 지향 방식은 기업의 고객 욕구와 문제를 찾아서 이를 해결하는 제품이나 서비스를 개발하는 방법이다. 시장 지향 방식은 차별화된 경쟁시장에서 고객의 만족을 위해 타깃층에 대한 명확한 목표와 이해가 필요하다. 즉 제품 구매에 대한 지불 의지가 있는 고객 예측이나 지불능력이 있는 고객 예측이다.

따라서 제품시장 적합도(PMF/Product Market Fit)의 제품 지향 방식과 시장 지향 방식이 상호 배타적으로 보이나 서로의 관계를 적절히 맞추어 일치시킬 필요가 있다.

[표-1] 제품-시장의 적합도 사례

구분	제품 지향 방식	시장 지향 방식
장점	새로운 기능이나 독창적인 가치를 강조하여 제품의 혁신성을 추구	고객의 피드백을 기반으로 개발하여 고객 만족도와 리스크를 최소화
단점	제품의 혁신성이 시장에서 미스 매칭이 가능	경쟁사의 쉬운 모방으로 차별화에 제한
방향성	빠른 피드백으로 문제 해결 개선 방향	고객 피드백을 반영한 빠른 출시 방향
사례	삼성 AI 스마트폰	무신사 브랜드 입점 및 피드백 시스템

⑤ BMO 매트릭스 평가

BMO는 펜실베니아 Bruce Merrifield 교수와 일본의 Ohe 교수의 앞 글자를 딴 것으로 Bruce Merrifield-Ohe 평가 기법의 약자이다.[2] BMO 평가 방법은 사업도를 사업 매력도와 적합도의 합계로 계산한다. 사업도가 80점 이상이고 매력도가 35점 이상이면 성공 확률을 80%를 예상한다. 사업도가 70점 미만이면 성공 확률이 낮을 것으로 예상한다.

● 사업도 평가

평가 기준	판단
사업 매력도가 35점 이상이고 총점이 80점 이상	사업 성공 확률 80% 이상으로 통과
사업 매력도가 35점 이상이고 총점이 60~80점 사이	재검토
사업 매력도가 35점 미만이거나 총점이 60점 미만	기각

● 사업매력도 평가기준

	항목	배점	평가 내용	점수
사업 매력도	시장 규모(10점) (매출/이익 가능성)	5점	5년 후 매출이 기존의 3배	
		5점	5년 영업이익률(ROI)	
	시장 성장성(10점)	10점	사업 참여 후 5년간 연평균 성장률	
	시장 경쟁력(10점)	4점	선발기업과 예상 참여기업의 대응력 강도	
		3점	상품이나 서비스 수명	
		3점	특허나 상표 방어 가능 정도	
	위험 분산도(10점)	10점	시장 세분화에 따른 리스크 분산	
	업계 리더십 가능성(10점)	10점	혁신적 기술/판매로 업계에 영향력	
	사회적 우위성(10점)	10점	사회적/정책적/환경적 유불리	
	합계	60점		

2 송경모, 사업 타당성 평가실무, ㈜영화조세통람, 2013, pp155~158

● 자사적합도 평가 기준

항목		배점	평가 내용	점수
자사 적합도	자금력 (10점)	10점	자체적으로 조달(10점)	
			외부에서 자금조달(5점)	
			자체적으로 자금 조달이 어려운 경우(감점)	
	판매/마케팅 능력(10점)	10점	판매 채널/마케팅 조기 확보(10점)	
			새로운 판매/마케팅 채널 인재 육성필요(감점)	
	제조업	10점	제조업은 인력, 기술력, 기존 설비 활용 평가(10점)	
	서비스업		서비스업은 영업노하우, 영업 거점, 인재 적합성(10점)	
	기술력 (10점)	10점	고객에게 신제품 개발, 신시장 대응 기술력, 서비스 기획 능력(10점)	
	원자재 확보	10점	안정적인 저가격 원자재, 부품 정보 수집/입수(10점)	
	서비스업		서비스업은 서비스 제공에 필요한 지식, 정보, 무형 자산 등(10점)	
	경영 지원	10점		
	합계	60점		

● BMO 사업성 평가

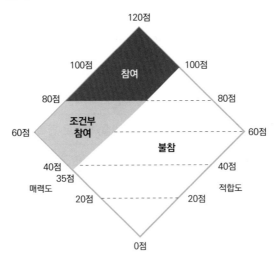

⑥ RWW 분석

RWW분석은 캘리포니아 주립대학교 도미닉 슈렐로(Dominick Schrello) 교수가 개발한 현실(Real), 승리(Win), 가치(Worth Doing)의 영문 머리글자를 따서 조합한 단어로서 직관적이며 간단하게 적용할 수 있는 분석 방법이다. 특히 기술적인 특성이 약한 창업 아이디어에 적합한 분석 방법이다[3].

현실(Real)은 실제 현실적인 상황에서 제품에 대한 잠재적인 니즈를 발견하여 수요나 요구가 있는지? 아니면 고객이 구매에 대한 필요성을 느끼는지를 확인하는 것이다. 또한 제품이나 서비스가 구현이 시장에서 가능한지를 점검하는 것으로 시장성에 대한 부분을 말한다. 승리(Win)는 제품의 경쟁에서 경쟁자보다 우위에 있는지를 검토하는 것으로 품질, 가격, 서비스 등에서 우월한 점을 확인할 수 있는지 평가합니다. 가치(Worth Doing)는 경제적 가치를 제공하는 것으로 투자 대비 수익(Return on Investment, ROI)이 있기 때문에 비용 구조를 평가하여 사업성의 여부를 판단하는 것이다.

[표-6] RWW 분석

구분		세부 분석 항목
현실	시장의 현실성	· 제품/서비스에 대한 수요나 욕구가 있는가? · 고객이 제품/서비스를 구매할 수 있는가? · 잠재시장에 대한 규모를 갖고 있는가?
	제품의 현실성	· 제품/서비스 컨셉이 명확한가? · 제품/서비스 구현이 가능한가? · 최종 제품/서비스가 시장을 만족시킬 수 있는가?
승리	제품의 경쟁우위	· 제품/서비스가 경쟁자보다 경쟁우위에 있는가? · 제품/서비스가 경쟁자보다 경쟁우위를 유지할 수 있는가? · 경쟁자가 어떻게 반응할 것인가?
가치	위험 대비 수익성	· 목표 수익이 비용보다 큰가? · 위험은 수용 가능한 범위인가?

출처: 이중석, 김종오(2020), 중소기업창업론 p145 내용을 일부 수정함

---

3 이중석, 김종오, 중소기업창업론, 한국방송통신대학교 출판문화원, 2020, PP144~145

⑦ 사업성 분석(Item Feasibility Analysis)

사업성 분석은 창업 아이템에 대한 실패 리스크를 최소화하고 아이템을 선정하여 창업 성공 가능성 여부를 평가하며 전략 방향을 제시한다.

1) 창업자의 수행 적합성 분석

창업자의 수행 적합성은 개인적인 창업 아이디어가 창업자가 갖고 있는 지적 자원이나 기술 자본으로 실행 가능한지를 평가해 본다. 창업에서 창업자의 개인적인 역량은 사업의 성패를 가늠하는 척도이다.

2) 경쟁성 분석

창업자의 적합성 이외에도 창업자의 상품이 시장에서 경쟁 제품 대비 경쟁력을 가지고 있는지 평가한다. 상품성은 제품이나 서비스에 필요한 물적 기술적 요소를 파악하여 경쟁력을 판단하며 시장이나 환경에 적합한 아이템이어야 한다.

3) 시장성 분석

창업 아이디어가 시장에서 고객의 필요(Needs)와 욕구(Wants)를 해결하는지 평가해 본다. 즉 제품이나 서비스가 판매될 수 있는 시장을 찾아 어디에 얼마만큼의 수요가 있는지 시장 규모나 시장의 경쟁 상대, 시장의 성장성을 예측한다.

4) 기술성 분석

기술성은 창업자의 안정적인 상품이나 서비스에 대한 생산 능력이나 수급 그리고 독자적인 기술 노하우를 말한다. 제품에는 수명주기가 있으며 각 단계별 시기에 따라 전략을 수립하여 필요한 시기에 출시될 수 있는지 평가한다.

5) 수익성 분석

창업 아이디어가 초기 투자에서 수익 가능한지 여부를 평가해 본다. 창업에 대한 매출 계획이나 손익 추정, 투자에 대한 경제성을 판단한다.

6) 법적 검토 및 리스크 점검

창업 아이디어에 대한 법률적인 인허가 사항이나 리스크 분석한다.

[표-7] 사업성 분석 요소

선정 요소	평가 요소
창업 수행 적합성 (Performance Suitability)	· 창업자의 전문성이나 역량이 창업 업종에 적합한가? · 창업 업종과 관련된 지식이나 경험이 있는가? · 창업가적인 마인드를 보유하고 있는가?
경쟁성 (Competitiveness)	· 아이템이 경쟁사 대비 경쟁력은 무엇인가? · 시장에서 차별화나 독창성은 무엇인가?
시장성 (Marketability)	· 시장의 규모가 어느 정도인가? · 시장 성장률을 파악하였는가?
기술성 (Technical Skills)	· 제품이나 기술에 대한 차별성은 확보하였는가? · 공급과 수요에 대한 계획은 확보하였는가?
수익성 (Profitability)	· 소요자금 추정과 수익을 파악하였는가? · 투자에 대한 경제성 분석은 검토하였는가?
법적 규제성 (Legality)	· 아이템에 대한 법적 리스크는 무엇인가? · 제품이나 서비스의 법적 제약 요건은 무엇인가?

● 아이템 개념 설명서

아이템 메시지	
아이템 모습 (제품 혹은 서비스 형상화)	**아이템 개요** (기능, 성능, 특징 등 설명)
아이템을 그림으로 표현하기	*아이템 속성 간단하게 작성*

시장 및 창업자 측면에서 아이템 체크하기	
WHAT	내 사업의 구체적인 모습은 무엇인가? **예)** 테이크아웃 및 한식 도시락 전문점
WHY	이 사업을 선택한 이유는 무엇인가? **예)** 낮은 초기 투자 비용, 고객욕구, 상권 내 경쟁업체와의 　　차별화 요인 발견
WHO	내 사업의 주 고객은 누구인가? **예)** 식사 시간이 충분하지 않거나 저렴한 식사를 해결하려는 직장인
WHEN	사업을 운영하는 시간은 언제인가? **예)** 10시~20시 / Core Time : 11시~14시, 17시~20시
WHERE	사업을 운영할 공간은 어디인가? **예)** 고층사무실 밀집 지역 1층 A급지 10평 공간
HOW	내 사업은 어떻게 성공할 수 있는가? **예)** 충분한 수요층이 있는 입지, 빠른 서비스 발달
HOW MUCH	내 사업의 가격은 얼마인가? **예)** 동일한 상권 내 일반음식점 점심 평균 가격의 60% 수준

8장_비즈니스 모델
가치 있는 비즈니스 모델을 설계하라

08 비즈니스 모델

① 비즈니스 모델(Business Model) 이해

비즈니스 모델(Business Model)은 시장에서 기업이 어떻게 수익을 창출하는지 설명하는 설계도이며 기존의 전략적 프레임워크를 확장하기 위한 일련의 개념으로 그 목적은 다양화, 복잡화, 네트워크화에 대응하기 위한 것이다[1]. 이러한 대응은 기술 변화의 속도, 산업 간 경쟁의 심화, 더 나은 고객 경험을 제공하기 위해서 새로운 비즈니스 모델의 혁신이 필요하기 때문이다.

비즈니스 모델 프레임워크(Framework)는 비즈니스 모델을 분석하기 위해 비즈니스 모델을 구성하고 있는 핵심 요소들의 얼개이다. 그리고 비즈니스 모델에 프레임워크를 사용하는 것은 사용의 유용성에 효율화하기 위한 규칙을 제공하기 때문이다.

그렇다면 비즈니스(Business) 의미는 무엇일까? 그것은 고객에게 어떤 가치를 제공하고 그에 대한 보상으로 수익을 얻는 것이다. 더구나 비즈니스의 모든 업종은 비즈니스 모델로 설명할 수 있다. 그리고 비즈니스가 가치를 제공하여 수익을 획득하는 것이 핵심이라면 그 모델을 9가지 기본 유형으로 설명할 수 있다[2].

[표-1] 비즈니스 모델의 기본 유형

기본 유형	가능 유형		
융합형	온·오프라인 융합형	사업/산업 간 융합형	전후방 융합형
플랫폼	거래 중개형	광고 기반형	SNS형
네트워크	BPO 방식	SCM 방식	협업 방식
롱테일	틈새 상품 중심형	소액 고객 중심형	상품·고객 연결형
PSS(제품/서비스)결합	제품의 서비스화(전환)	제품 서비스화(부가)	서비스 제품화
개방형	아웃 사이드·인 방식	인사이드-아웃 방식	인·아웃사이드 커넥터
공유 경제	대여형	거래형	공용형
무료형	광고 기반 방식	기반 구축 방식	Freemium 방식
TBL	저소득층 자립형	사회 중심형	환경 중심형

출처: 박대순(2019), 비즈니스모델 4.0, pp105~106 정리함

---

[1] Mitani Koji, 전경아 역, 세상을 바꾼 비즈니스 모델 70, 더난 출판, 2015, p46
[2] 박대순, 비즈니스 모델 4.0, KMAC, 2019, pp105~106

❷ 비즈니스 모델 캔버스(Business Model Canvas)

비즈니스 모델 캔버스(Business Model Canvas)가 널리 보급되어 사용되고 있는 배경에는 불확실하고 급변하게 변하는 비즈니스 환경에서 예측이 어렵고 계획적인 진행의 어려움에 있다. 비즈니스 모델 캔버스를 탄생시킨 알렉산더 오스터왈더(Alexander Osterwalder)는 비즈니스 모델을 하나의 조직이 가치를 포착하여 창출하고 전달하는 방법이라고 했다[3]. 이 모델을 9가지 블록으로 구분하고 각 블록의 요소가 통합적인 매커니즘에 의해 연동하면서 분석할 수 있는 모형이 비즈니스 모델 캔버스(Business Model Canvas)이다.

비즈니스 모델 캔버스는 고객, 가치 제안, 인프라, 자금의 4가지 영역에 9가지 블록으로 구성되어 있다. 이 블록의 요소들을 살펴보면 목표 고객을 나타내는 고객 세그먼트, 고객의 문제를 해결하는 가치 제안, 가치 전달을 위한 유통 채널, 특정 고객과의 관계를 맺으면서 수익을 어떻게 창출하는지가 수익원이다. 또한 수익을 위해 핵심 자원과 핵심 활동 그리고 파트너는 누구인지를 파악하고 이를 위한 비용 발생이 비용 구조이다[표-2].

[표-2] 비즈니스 모델 캔버스 구조

⑧ KP (핵심 파트너십)	⑦ KA (핵심 활동)	② VP (가치제안)	③ CR (고객 관계)	① CS (고객 세그먼트)
비즈니스 네트워크	비즈니스 구현 활동	세분화된 고객 가치 전달	고객 관계 설정	고객 세분화
	⑥ KR (핵심 자원)		④ CH (유통채널)	
	비즈니스 지원자원		채널 유형	
⑨ CS (비용 구조)			⑤ RS (수입원)	
비즈니스 운영 비용			고객에게 창출된 수입	

---

3 Alexander Osterwalder 외, 유효상 역, 비즈니스 모델의 탄생 타임비즈, 2011, p20

99

③ 비즈니스 모델 캔버스(Business Model Canvas) 작성

비즈니스 모델 캔버스(Business Model Canvas)의 개발자인 예스 피그누어(Yves Pigneur)는 수많은 학생에게 상담과 조언을 하면서 일정한 패턴을 발견하면서 누구나 쉽게 직관적으로 알 수 있도록 구조화한 것이 비즈니스 모델 캔버스이다[4]. 각 블록에 대한 이해는 비즈니스를 이해하고 사업 분석을 더욱 구체화하는 데 유리하다.

각 블록을 채우기 위한 내용으로는

❶ 고객 세그먼트이다. 고객 세그먼트 블록은 기업이나 조직을 타깃으로 삼는 고객군을 정의하며 하나 이상의 상품이나 서비스를 제공한다.

❷ 가치 제안이다. 가치 제안은 고객 세그먼트에게 욕구 충족과 문제 해결에 대한 특별한 가치를 제공한다.

❸ 채널 블록은 고객에게 전달하려는 가치에 대해 다양한 경로를 작성한다.

❹ 고객과의 관계는 어떻게 확보하고 유지하며 확대하는 내용을 작성한다.

❺ 수입원은 고객 세그먼트로부터 창출한 현금 흐름을 기술한다.

❻ 비즈니스 모델을 실행하는 데 필요한 물적, 인적,지적, 재무적 자원을 기입한다.

❼ 가치제안을 차별화하는 데 필요한 활동을 기술하면 된다.

❽ 비즈니스 모델을 실행하면서 필요한 공급자와 파트너를 기술하면 된다.

❾ 비즈니스 모델을 실행하면서 발생하는 비용을 기입한다.

위 내용을 기반으로 단계별로 작성하면 손쉽게 이해할 수 있다[표-3].

---

4 이마즈 미키 저, 김혜영 역, 비즈니스모델 제너레이션 워크북, 스펙트럼북스, 2014, p37

[표-3] 캔버스 4단계 작성하기

디자인 프로세스	진행 방법
현상 파악 (Draw)	창업에 대한 대상과 목적을 분명히 하고 비즈니스 모델을 기술, 디자인, 분석, 의논하기 위해 캔버스를 그린다
재검토 (Reflect)	고객, 기술, 환경을 비롯한 관련 지식과 정보를 수집한다. 전문가 인터뷰와 잠재 고객 연구를 검토하고 니즈, 원츠, 과제, 문제점 등을 확실히 밝힌다.
수정 (Revise)	재검토 단계에서 얻은 정보와 아이디어를 조사, 테스트할 수 있도록 비즈니스 모델의 프로토타입을 만든다. 캔버스를 수정하면서 최적의 비즈니스 모델 디자인을 선정한다
실행/검증 (Act)	선정한 비즈니스 모델 디자인을 실행에 옮긴다. 비즈니스 모델을 지속적으로 모델링하면서 평가하고 적응시키는 관리 태세를 갖춘다

출처: 이마즈 미키(2014), 김혜영 역, 비즈니스 모델 제너레이션 워크북, p37

④ 린 캔버스(Lean Canvas)

린 캔버스(Lean Canvas)는 알렉산더 오스터왈더(Alexander Osterwalder)의 비즈니스 모델 캔버스(Business Model Canvas)에서 사용한 개념을 단순하게 변형한 것으로 린 스타트업(Lean Startup)을 구현하기에 적합하다.

린 캔버스(Lean Canvas)의 작성 방법은 첫째 앉은 자리에서 한 번에 캔버스를 작성하라. 최초 캔버스는 15분 안에 완성해야 한다. 둘째는 캔버스 일부 요소를 작성 못 해도 빈 공간으로 남겨두어라. 빈 공간이 실제로 사업모델에서 가장 위험한 부분이며 먼저 테스트해야 할 부분일 수도 있다. 셋째는 간결하게 작성하라. 공간 제한으로 핵심 내용만 작성하라 넷째는 현재 시점으로 생각하라. 현재 상황과 현재 아는 것을 바탕으로 다음 테스트 가설을 결정하라 다섯째는 고객군에 따라 린 캔버스를 구분하고 고객 중심으로 접근하라. 린 경영은 고객 중심 경영 기법이다[5]. 린 캔버스(Lean Canvas) 구조는 비즈니스 모델 캔버스(Business Model Canvas)처럼 9개의 블록으로 되어 있다[표-4].

[표-4] 린 캔버스(Lean Canvas)

① 문제	④ 설루션	③ 고유가치 제안	⑤ 경쟁우위	② 고객군
(가장 중요한 세 가지 문제)	(가장 중요한 세 가지 기능)	(구매 당위성/ 설득력 메시지)	(경쟁자와 차별성)	(고객 세그먼트)
	⑧ 핵심 지표		⑨ 채널	
	(측정해야 하는 핵심 활동)		(고객 도달 경로)	
⑦ 비용 구조			⑥ 수익원	
(고객 획득 비용, 유통비용, 인건비 등)			(매출, 매출 총이익, 생애 가치(LTV) 등)	

출처: Aah Maurya, Running Lean, p60

---

5 Aah Maurya, 위선주 역, Running Lean, 한빛 미디어, 2014, pp58~59

● 비즈니스 모델 캔버스 / 미용실 창업

⑧ KP (핵심 파트너십)	⑦ KA (핵심 활동)	② VP (가치제안)	③ CR (고객 관계)	① CS (고객 세그먼트)
· 미용 관련 교육기관	· 미용실 경영 · 서비스 개발 · 고객 응대	· 건강한 아름다움과 리프레쉬를 위한 공간 제공	· 대면	· 미용실 고객
	⑥ KR (핵심 자원)		④ CH (유통채널)	
	· 친밀한 인간관계 · 신체활동 선호 · 미용 흥미 · 미용 기술 · 접객 서비스		· 미용실 · 전화 · SNS 활동	

⑨CS (비용 구조)	⑤RS (수입원)
미용실 초기 투자 / 운영 자금	· 가치 제공 보수 · 고객 만족

LEAN CANVAS

Project:
Team:
Version & Date:

Brief instructions: The Lean Canvas helps to structure and visualize the innovation project. The fully completed Lean Canvas documents the final "problem-solution fit". The results of the Design Thinking iterations can be summarized with the Lean Canvas.

More tips & tricks for this template on book page: 251

Lewrick / Link / Leifer
The Design Thinking Toolbox
978-1-119-62919-1

WHO	WANTS	FOR		BECAUSE	
(CUSTOMER)	*(PRODUCT, SERVICE... WHAT)*	*(SATISFACTION OF NEEDS)*		*(MOTIVATION)*	

PROBLEM
Describe the 1–3 biggest problems of your customers.

1

SOLUTION
Describe a solution for every problem.

4

KEY METRICS
What measurable figures show whether the solution works?

UNIQUE VALUE PROPOSITION
What is the value provided to the customer?

3

SHORT CONCEPT
Is there a simple analogy?

Achieve a match between the value proposition and the customer profile

UNFAIR ADVANTAGE
Something that makes it difficult for the others to copy the solution.

CUSTOMER SEGMENTS
List the target and user groups. Draw a stakeholder map or business ecosystem.

2

CHANNELS
Through which channels do your customer segments want to be reached?

EARLY ADAPTORS
Who are the Early Adopters?

EXISTING ALTERNATIVES
How were the problems solved up to now?

5

COST STRUCTURE
List the fixed and variable costs.

REVENUE STREAMS
List the sources of income.

BASIC TEMPLATE
According to: Ash Maurya, Running Lean 2013

9장_상권 입지 분석
입지는 성공의 9할이다

09 상권 입지 분석

① 상권 입지 분석의 이해

창업의 시작은 아이템과 상권분석을 통한 입지 선택에서 시작한다. 그러나 창업자들이 막상 창업을 시작하려고 하면 상권과 입지 분석을 어떻게 해야 할지 제한된 지식과 정보에 답답함을 느낄 수밖에 없다. 이러한 문제점을 해결하고 의사결정에 도움을 주는 사이트가 있다. 그 대표적인 사이트가 누구나 가입만 하면 이용할 수 있는 소상공인시장 진흥공단의 상권 정보 시스템이다. 이 외에도 몇몇 기업들이 정보통신 기술과 금융 정보 등 빅데이터를 활용하여 상권 정보 서비스를 제공하고 있다.

상권은 소매점포 또는 그 점포들의 집적화된 흡입력을 말한다. 또한 지리적 영역이며 공간적 범위로서 상세권과 상가권으로 구분하여 쓴다. 상세권은 점포를 이용하는 고객의 거주 범위를 말하며 상가권은 특정 지역에 밀집한 점포 집단의 범위로서 1차 상권, 2차 상권, 3차 상권으로 구분한다. 1차 상권은 구매 고객의 약 70%를 차지하고 2차 상권은 약 30% 3차 상권은 1차 2차 범위 이상으로 현장에서 큰 의미를 미치지 않는 범위이다. 입지는 점포가 소재하는 위치적 조건으로 위치하는 지점에 따라 임대료를 평가하는 1급지 2급지 3급지로 구분한다. 특히 창업에서 입지 선정은 매출액 결정에 주요한 요인이 되고 크나큰 투자 비용을 지불해야 하기 때문에 전문적인 분석과 계획을 갖고 임해야 한다. 다음은 상권과 입지를 비교해서 구분하여 정리하였다[1].

[표-1] 상권과 입지의 특성

구분	입지	상권
개념	대지나 점포가 소재하고 있는 위치적인 조건(Location)	대지나 점포가 미치는 거래권의 범위 (Trading Area)
물리적 특성	평지, 도로변, 상업시설, 도시계획 지구 등 물리적인 시설	대학가, 역세권, 아파트 단지, 시내 중심가, 먹자 상권 등 비물리적인 상거래 활동공간
키워드	POINT	BOUNDARY
등급 구분	1급지, 2급지, 3급지	1차 상권, 2차 상권, 3차 상권
분석 방법	점포 분석, 통행량 분석	업종 경쟁력 분석, 구매력 분석
평가 방법	권리금, 임대료(평당 단가)	반경 거리(250m, 500m, 1Km)

---

[1] (사)한국프랜차이즈협회, 2004, p13, 프랜차이즈 입지 및 상권분석 연구

② 상권의 분류

상권의 분류는 상권 개발자나 분석자가 상권 특성이나 목적에 따라 다양하게 분류하여 활용하거나 개발하여 사용하고 있다. 또한 상권 분류의 기준은 여러 특성이 혼재해 있는 상권을 구체적으로 시각화하고 전체를 조망할 수 있으며 상권 선택에 대한 빠른 의사 결정을 실행할 수 있다[2].

[표-2] 상권 분류 사례

기준	상권 분류	상권 특성
규모에 의한 분류	대형 상권	서울의 명동, 강남역, 홍대, 종로 상권처럼 범위가 넓고 하루 유동 인구가 10만 명 내외인 상권
	중형 상권	미아리, 불광동, 노원역 상권처럼 범위가 중간 정도이고 하루 유동인구가 2만명 내외인 상권
	소형상권	전국 곳곳에 산재해 있는 근린생활형 상권으로 범위가 인근 거주지로 한정된 상권
	전국 상권	전국을 대상으로 형성된 상권
	광역 상권	1개 이상의 시도를 대상으로 형성된 상권
	지역 상권	시, 군, 구를 대상으로 형성된 상권
	근린 상권	읍, 면, 동을 대상으로 형성된 상권
업태에 의한 분류	패스트푸드, 카페 등	상권 범위는 5분 이내의 거리, 상권 인구 2~3만 명, 객단가 10,000원 이하
	패스트 캐주얼, 카페(술 취급)	상권 범위는 10분 이내의 거리, 상권 인구 3~6만 명, 객단가 10,000~20,000원
	패밀리 식당, 캐주얼 식당, 대중주점	상권 범위는 30분 이내의 거리, 상권 인구 6~10만 명, 객단가 20,000~30,000원
	파인다이닝, 고급 주점, 구이 전문점	상권 범위는 1시간 이내의 거리, 상권 인구 10만 명 이상, 객단가 30,000원 이상
고객분포 (밀집도)에 의한 분류	1차 상권	점포 매출액 70% 정도 구매 소비자가 거주하는 지역
	2차 상권	점포 매출액 20% 정도 구매 소비자가 거주하는 지역
	3차 상권	점포 매출액 10% 정도 1차, 2차 상권 이외 구매 소비자가 거주하는 지역

---

2 김영갑, 빅데이터 시대의 성공을 위한 상권분석 4.0, 교문사, 2020, p60~61

기준	상권 분류	상권특성
주변 환경에 의한 분류	사무 상가 상권	주 고객층이 관공서, 회사원으로서 점심시간이나 퇴근 시간에는 많은 고객이 붐비지만, 주말에는 현저히 감소
	주택가 상권	주로 거주지역에 위치한 상권으로 주부와 주말 가족 중심의 영업이 이루어지는 지역
	번화가 상권	주변 집객 시설(극장, 쇼핑몰, 유흥업소) 등을 이용하는 고객이 많은 지역으로 소비성향이 강하고 소비 연령대가 다양한 지역
	역세권 상권	기차역이나 지하철역 주변에 형성된 상권으로 유동 인구가 많고 시간적인 제약이 많아 빠른 서비스 제공이 필요한 지역
	대학가 상권	대학가 주변에 형성된 상권으로 고정고객이 많고 가격에 민감한 상권으로 주말 주중 차이가 크고 방학 기간에 매출 감소가 큰 지역
	교외 상권	주 5일 근무로 인하여 성장하는 시장으로 자동차를 보유한 중장년층이 주 고객이며 가격에 둔감하지만, 날씨 등의 영향이 큰 지역
타깃 마케팅 분류	관리 가능 상권	신도시와 같이 상권을 이용하는 주 고객의 거주지가 근거리에 위치한 주택가로 낮은 비용으로 촉진 활동이 가능한 상권
	관리 불능 상권	강남, 홍대같이 상권을 이용하는 주 고객의 거주지가 원거리에 위치한 주택가로 낮은 비용으로는 목표 고객을 대상으로 촉진 활동을 하기가 어려운 상권
인구특성 분류	유동 인구 중심 상권	거주지나 근무지가 불확실한 고객이 주를 이루는 상권
	배후 인구 중심 상권	주택가 또는 오피스 상권과 같이 고객의 위치를 파악할 수 있는 상권
업종 구성비 분류	외식형, 일반형, 복합형, 유통형	서울시 내의 상권을 업종(음식, 소매/유통, 생활 서비스, 여가/오락, 의약/의료, 학문/교육) 구성비를 기준으로 분류한 상권

③ 상권 분석 방법

창업의 중요한 결정 요인으로 작용하는 상권 분석의 궁극적인 목적은 점포의 매출액을 찾아가는 것이다. 또한 창업자가 사업성 평가를 검토하고 입점을 결정하는 결정적인 역할이 상권 분석이기도 하다. 상권 분석 방법은 정성적 방법, 정량적 방법, 온라인 상권(소셜 분석)으로 구분할 수 있으며 어떤 방법이 좋다고 단언하기는 어렵다. 다만 사용 자의 목적에 따라 분석 방법을 달리하지만 안정적인 사용 방법은 여러 방법 가운데에서 창업자 상황에 맞게 서로 보완적인 방법으로 사용하는 것이 좋다[3].

[표-3] 평가방법에 따른 상권분석 방법

유형		정의	방법
정성적 방법	주관적 평가법	· 경험이 많은 전문가 의견을 중심으로 상권을 분석하는 방법	전문가 조사법
	체크리스트법	· 상권에 영향을 주는 평가표를 만들어 상권을 평가하는 방법	체크리스트법
	현황 조사법	· 상권분석을 위해 누구나 쉽게 파악할 수 있는 내용으로 상권을 조사하는 방법	현황 조사법
정량적 방법	설문조사법	· 목표 고객과 경쟁점포를 대표하는 표본을 추출하여 설문조사나 인터뷰 등의 방법으로 상권을 분석하는 방법	방문 조사, 가두 면접법 고객 카드 분석법
	통계 분석법	· 상권분석 시스템을 이용하는 방법 · 지역 통계를 분석해서 시장의 지역성을 기초로 상권을 추정하는 방법	소상권 시장진흥공단/ 금융기관 상권 정보 시스템
	수학적 분석법	· 경험적 연구를 수학적으로 이론화	회기 분석
온라인 상권분석	키워드 분석	· 키워드 현황, 월별 추이, 연관 키워드	소셜 미디어(블로그, 인스타그램, 페이스북 등) 채널, 포털 사이트 (네이버, 다음, 구글 등)
	추세 분석	· 핵심 키워드 및 보조 키워드의 트랜드 분석	
	내용 분석	· SNS 소비자 글에서 구매 동기를 분석	
	분류 분석	· 감성 언어, 긍/부정 기준으로 분류	

---

3 전게서, p79

④ 넬슨의 입지 선정 8원칙[4]

입지가 창업에서 성공과 실패에 대한 절대적인 요인으로 인식하고 있지만 최적의 입지 선정이 쉽지가 않기 때문에 개발된 기준 과정을 검증하여 평가한다. 넬슨의 입지 선정 8원칙은 소규모 점포의 성공적인 입지 조건을 제공한다는 것이 특징이며 매출 극대화를 위한 입지 조건을 판단하도록 하는 가이드라인을 제시하여 준다.

예를 들면 프랜차이즈 창업자는 입지 선정 시 넬슨의 원칙을 활용해 고객 유입이 원활한 지역을 찾고 경쟁 점포가 너무 많은 곳은 피한다. 또한 편의점, 카페와 같은 근린 상업 시설은 유동 인구와 경쟁 점포 수를 분석하는 것이 중요한데 이때 넬슨의 원칙이 활용된다.

[표-4] 넬슨의 입지 선정 8원칙

평가	내용
현재 상권의 잠재력 타당성	취급 상품에 대해 상권 내 소비지출 총액과 자기 점포가 점유하고 있는 비율을 검토.
상권에서 접근성	상권 내 잠재력을 어느 정도 고객 유입할 수 있는 가능성
성장 가능성	인구 증가와 소득수준의 상승이 기대되는 상권
중간 저지성	거주지와 상점 간의 중간에 입지하여 거래를 유입 가능한 입지
누적적 흡입력	동종 업종의 집적화가 매출액을 증가
양립성	상호 보완적인 두 점포의 시너지 효과
경쟁 회피	경쟁 회피를 위한 입지를 선택
입지 경제성	입지의 코스트를 생산성과 연계하여 분석

따라서 소매업에서 입지 선정은 창업 성공과 실패를 좌우한다. 왜냐하면 점포가 위치한 장소는 고객 유입과 매출에 지대한 영향을 미치기 때문이다. 잘못된 입지를 선택하면 제품이나 서비스가 아무리 좋아도 매출이 저조할 수밖에 없다.

---

4 김배한, 상권조사와 전략, 명지출판사, 2001, pp41~42

5 상권 입지 분석 프로세스

상권 입지 분석 프로세스는 상권 입지 분석 절차에 들어가기에 앞서 상권 입지 분석의 목적을 수립하고 나서 진행한다. 진행은 크게 3단계로 구분하며 상권 분석 단계, 입지 분석 단계, 사업 타당성 분석이다. 또한 절차적으로 전후 관계가 있어 보이나 상권 분석과 입지 분석이 동시에 진행되기도 한다[5].

[표-5] 상권 입지 분석 프로세스

단계	단계 조사	조사 내용
상권 분석	상권 규모와 상권력 분석	지형 지세, 점포 숫자, 배후지 세대, 교통망 연계성, 대형 편의 시설, 장애물 유무 파악
	상권 특성 분석	유동 및 거주 인구 연령 성별, 소비 수준, 라이프 사이클
상권 입지 분석도 작성	상권 이용 인구	상권 이용 세대수, 인구 수 표시, 주거 형태, 인구 밀도
	교통 시설	교통시설 표시(역, 정류장, 횡단보도 등)
	집객 시설	집객 시설, 핵심 점포(체육시설, 금융기관, 관공서, 대형슈퍼)
	상권 내 입지 등급	상권 내 입지 등급(1, 2, 3) 표시, 쇼핑 도로(동선) 파악
점포 입지 조건 심층 분석	점포 접근성	점포 위치 특성, 접근성, 가시성, 인지성, 주차 편의성 조사
	점포 임대 조건	희망 점포 임대가, 권리금 파악,
	점포 구조	해당 점포의 구조와 모양 조사
	경쟁점 조사	유사 경쟁점 입지, 규모, 서비스, 접객 태도, 영업시간, 종업원 인원
	판촉 활동 표시	판촉 활동을 위한 범위와 영향력 파악
점포 입지 사업 타당성 분석	매출액 추정	추정된 매출액을 바탕으로 사업 타당성을 분석
	투자 대비수익률	사업 목표 달성 가능 판단
	손익분기점	영업의 지속성과 운영 방향에 대한 판단 기준을 제시
점포 계약 체결	점포 권리 양도 양수 계약	소유권 및 권리관계(등기부 등본, 도시계획 확인원, 건축물 관리대장 등) 공문서 확인
	점포 임대차 계약	입지 확정을 위한 임대차 계약 및 매입

---

5 박경환, 실전! 상권분석과 점포개발, 상상예찬, 2007, p44

① 상권 분석 단계

상권 분석 단계에서 분석해야 세부 내용을 제시한다면 우선 후보 상권은 3~5개 정도 선정하지만, 창업자의 환경에 따라 적정 후보지를 정하는 것이 좋다. 그리고 상권의 범위는 상권력에 의해 결정되지만, 경계 설정은 배후 세대나 유동 인구에 의해 파악할 수 있다. 상권력은 점포 숫자나 교통망의 동선, 그 지역의 중심지로서 편의 시설이 집중되어 있는 곳이다.

상권의 특성은 상권 전체의 범위를 설정하고 세부 내용으로 정량적 분석을 위한 유동 인구 조사와 배후지 거주 인구조사, 업종 특성 조사를 실시한다. 또한 후보 상권에 대한 접근성은 접근성이나 집객 시설 등으로 판단할 수 있다. 상권 분석에 대한 기초 자료는 소상공인시장진흥공단의 '데이터 플랫폼 소상공인 365', '서울시 상권분석 서비스', 나이스 비즈맵의 '상권 분석 시스템' 등 다양한 통계정보 사이트에서 찾을 수 있다.

1) 상권 분석 시스템 활용

① 소상공인시장진흥공단 소상공인 365(bigdata.sbiz.or.kr)

소상공인 365(bigdata.sbiz.or.kr)는 소상공인의 경쟁력을 위한 빅데이터 기반의 맞춤형 플랫폼이다. 사이트 제공 분야는 빅데이터 상권분석, 내 가게 경영진단, 상권·시장 핫트랜드, 정책 정보 올가이드, 소상공인 대시보드 등의 서비스가 있다. 누구나 무료로 가입하여 이용할 수 있다.

[그림-1] 소상공인시장진흥공단 소상공인 365

② 서울시 상권분석 서비스(golmok.seoul.go.kr)

서울시 상권분석서비스(golmok.seoul.go.kr)는 서울시와 외부기관이 협력한 상권 관련 빅데이터를 기반으로 자영업자가 가장 많이 창업하는 100개 생활밀접업종을 선별하여 업종별로 무료로 제공하고 있다.

[그림-2] 서울시 상권분석 서비스

③ 나이스 비즈맵 상권분석 서비스(m.nicebizmap.co.kr)

나이스비즈맵 상권분석 서비스(m.nicebizmap.co.kr)는 기본 보고서와 상세 보고서로 구분하여 서비스를 이용할 수 있으며 자세한 정보를 획득하고 싶을 때는 유료로 신청하여 상세보고서로 이용해야 한다.

[그림-3] 나이스 비즈맵 상권분석 서비스

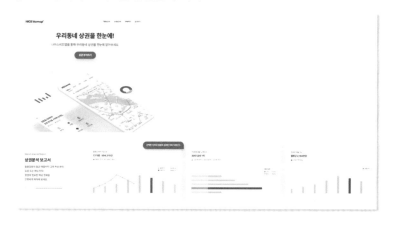

2 입지 분석 단계

입지 분석은 상권 분석에서 최종 선택된 상권 내의 입지 선택을 위해 매물 조사를 실시한다. 모든 점포의 입지 분석 기준은 접근성과 가시성으로 입지 등급을 결정한다. 희망 입지에 대한 투자 금액과 점포 특성뿐만 아니라 지리적 특성과 기능적 특성을 조사한다. 또한 해당 점포가 단독 점포인 경우는 점포 규모나 점포 구조 등 복합적인 요인들이 매출에 영향을 미치기도 한다. 그리고 점포가 상가건물의 일부일 경우에는 건물 전체의 업종 구성도 살펴볼 필요가 있다.

한편 상권 분석에서는 상권 단절 요인이 고객 단절로 연결되며 입지 분석에서는 경쟁 점포가 고객 유입에 장애요인이 된다. 그렇다면 경쟁 점포에 대한 경쟁력 우위는 과연 무엇일까? 바로 입지와 점포 크기이다.

[표-6] 업종별 핵심 키워드와 입지 전략

구분		핵심 키워드	상권 입지	상권 범위	동업종 경쟁
음식업	일반	입지	모든 상권 B급지 이상	반경 500m 이내	보완과 경쟁
	전문	입지+맛	B급지 충분	반경 1~2km	보완과 경쟁
도소매 (판매업)	생필품	입지+상품	주택지 B급지	반경 500m 이내	경쟁
	선매품	입지+상품력	A급지	반경 1~2km	보완과 경쟁
서비스업	기술 위주 서비스업	영업력(기술, 서비스, 마케팅)	모든 상권 C급지	반경 1~2km	원칙적으로 경쟁
	소규모 서비스업	입지+영업력 (기술, 서비스, 마케팅)	B급지 이상	반경 500m 이내	경쟁
	대규모 서비스업	입지+규모+경영 능력(서비스, 마케팅)	B급지 이상	반경 2~3km	원칙적으로 경쟁/ 보완 가능
인터넷		영업력(기술, 서비스, 마케팅 능력)		광역	원칙적으로 경쟁

3 사업 타당성 분석 단계

상권 분석에서 사업 타당성 분석은 특정 상권 내에서 상권 환경 분석을 통해 사업의 성공 가능성을 검토하여 최종적으로 사업의 실행 결정을 판단하기 위한 것이다. 분석 단계에서는 창업자의 경영 능력, 창업 아이템의 시장성과 기술성 평가 후에 수익성 분석을 진행한다.

수익성 분석을 위해서는 가장 먼저 예상 매출액을 추정해야 한다. 매출액 추정은 다양한 방법이 있으나 데이터의 획득과 연계성을 감안하여 여기서는 업종별 매출액 추정 방법을 사용한다.

• 업종에 따른 매출액 추정법

> 전문 음식업 매출액
> = 좌석 수 X 좌석 점유율 X 회전율X객단가 X 영업 일수
> (테이블 수 X 회전율 X 테이블 단가 X 영업 일수)

외식업의 경우는 주류를 취급하는 음식업과 식사 위주의 음식업이 있어 회전율과 객단가의 차이를 나타낸다. 주류 취급 음식점이 회전율이 떨어지지만 체류 시간이 길어 객단가는 높게 나타난다.

• 서비스업 매출 추정법

> 서비스업 매출액
> = 좌석 수 X 좌석 점유율 X 회전율 X 객단가 X 영업 일수
> 또는
> 경쟁점 매출액 = 내점객 수 X 1인 구매 단가 X 월간 영업 일수

• 유동 인구 중심 업종 매출액 추정법

> 월 매출액 = 통행 인구 수 X 내점률 X 실구매율 X 1인 구매 단가
> X 월간 영업 일수

• 업종별 인건비 배수 추정법

> 제조업 및 외식업 : 6~7배
> 도 · 소매업 : 9~10배
> 서비스업 : 3~4배

4 투자 대비 수익률과 회수 기간 분석법

• 투자 수익률(Return on Investment, ROI)

투자 수익률(Return on Investment, ROI)는 특정 투자에서 발생하는 순이익을 투자 비용과 대비하여 투자 성과를 평가하는 것이다. 투자수익률은 투자에 대한 효율성을 수치로 나타내며 수익률이 높을수록 투자 성과가 우수하다고 판단한다.

> 월 투자 수익률 = 월매출액 – 월지출액 / 총투자 금액 X 100

※ 총투자 금액(보증금+권리금+시설비 등)

• 회수 기간법(Payback Period Method)

회수 기간법(Payback Period Method)은 특정 투자에서 초기 투자 금액을 회수하는 데 걸리는 기간을 계산하여 투자 타당성을 평가하는 방법이다. 일반적으로 회수 기간이 짧을수록 투자 위험이 낮고 안정적이라고 판단한다.

[표-7] 투자수익률과 투자 회수 기간 판단기준 사례

사업성 판단기준	투자수익률/월	투자비 회수 기간
매우 우수	8.3% 이상	
우수	4.2~8.3%	2년 이내 회수
보통	2.8~4.2%	3년 이내 회수
불량	0.9~2.8%	
매우 불량	0.9% 미만	

월 투자 수익률은 순이익(월매출액 – 월지출액)을 총 투자금액으로 나누어서 산출한 결과이다. 예를 들어 총 투자비가 2억원으로 보증금이 5천만원이며 보증금을 뺀 1억 5천만원으로 월 순이익이 750만원을 달성하면 월 투자수익률이 5%이고 2년 이내에 회수할 수 있어 사업 타당성으로는 우수한 것으로 판단한다.

따라서 투자수익률은 투자 대비 수익성을 평가하고 회수 기간법은 투자 회수에 걸리는 시간을 평가하므로 리스크 관리나 현금 흐름에 유용하며 투자 평가나 사업 타당성 분석에 매우 중요한 기준이 된다. 더불어 예비 창업자가 사업 진입 여부를 판단하는데도 사업 타당성 판단 기준으로 참고할 수 있다.
두 방법이 비전문가들도 사용할 수 있는 장점이 있지만 간단하고 직관적인 계산법이기 때문에 상호 보완적으로 활용하면 좀 더 합리적인 판단을 할 수가 있다.

상가건물 임대차 표준계약서

☐보증금 있는 월세
☐전세 ☐월세

임대인(이름 또는 법인명 기재)과 임차인(이름 또는 법인명 기재)은 아래와 같이 임대차 계약을 체결한다

[임차 상가건물의 표시]

소 재 지				
토 지	지목		면적	㎡
건 물	구조·용도		면적	㎡
임차할부분			면적	㎡

유의사항: 임차할 부분을 특정하기 위해서 도면을 첨부하는 것이 좋습니다.

[계약내용]

제1조(보증금과 차임 및 관리비) 위 상가건물의 임대차에 관하여 임대인과 임차인은 합의에 의하여 보증금과 차임 및 관리비를 아래와 같이 지급하기로 한다.

보 증 금	금		원정(₩	)	
계 약 금	금	원정(₩	)은 계약시에 지급하고 수령함. 수령인 (인)		
중 도 금	금	원정(₩	)은 ____년 ____월 ____일에 지급하며		
잔 금	금	원정(₩	)은 ____년 ____월 ____일에 지급한다		
차임(월세)	금 원정(₩)은 매월 일에 지급한다. 부가세 ☐ 불포함 ☐ 포함 (입금계좌:)				
환산보증금	금		원정(₩	)	

관 리 비	**(정액인 경우) 총액 금** 원정(₩)
	월 10만원 이상인 경우 세부금액 기재
	1. 일반관리비 금 원정(₩)　2. 전기료 금 원정(₩)
	3. 수도료 금 원정(₩)　4. 가스 사용료 금 원정(₩)
	5. 수선·유지비 금 원정(₩)　6. 청소비 금 원정(₩)
	7. 충당금 금 원정(₩)　8. 기타관리비 금 원정(₩)
	(정액이 아닌 경우)
	관리비의 항목 및 산정방식을 기재(예: 점포/호실별 사용량 비례, 점포/호실수 비례)
	(임차인이 직접 납부하는 공과금이 있는 경우)
	임차인이 직접 납부하는 공과금을 기재(예: 전기료, 수도료는 임차인이 별도로 직접 납부한다.)

유의사항: ① 당해 계약이 환산보증금을 초과하는 임대차인 경우 확정일자를 부여받을 수 없고, 전세권 등을 설정할 수 있습니다 ② 보증금 보호를 위해 등기사항증명서, 미납국세, 상가건물 확정일자 현황 등을 확인하는 것이 좋습니다 ※ 미납국세·선순위확정일자 현황 확인방법은 "별지"참조

제2조(임대차기간) 임대인은 임차 상가건물을 임대차 목적대로 사용·수익할 수 있는 상태로 ____년 ____월 ____일까지 임차인에게 인도하고, 임대차기간은 인도일로부터 ____년 ____월 ____일까지로 한다.

제3조(임차목적) 임차인은 임차 상가건물을 ____(업종)을 위한 용도로 사용한다.

제4조(사용·관리·수선) ① 임차인은 임대인의 동의 없이 임차 상가건물의 구조·용도 변경 및 전대나 임차권 양도를 할 수 없다.

② 임대인은 계약 존속 중 임차 상가건물을 사용·수익에 필요한 상태로 유지하여야 하고, 임차인은 임대인이 임차 상가건물의 보존에 필요한 행위를 하는 때 이를 거절하지 못한다.

③ 임차인이 임대인의 부담에 속하는 수선비용을 지출한 때에는 임대인에게 그 상환을 청구할 수 있다.

제5조(계약의 해제) 임차인이 임대인에게 중도금(중도금이 없을 때는 잔금)을 지급하기 전까지, 임대인은 계약금의 배액을 상환하고, 임차인은 계약금을 포기하고 계약을 해제할 수 있다.

- 1 / 3 -

제6조(채무불이행과 손해배상) 당사자 일방이 채무를 이행하지 아니하는 때에는 상대방은 상당한 기간을 정하여 그 이행을 최고하고 계약을 해제할 수 있으며, 그로 인한 손해배상을 청구할 수 있다. 다만, 채무자가 미리 이행하지 아니할 의사를 표시한 경우의 계약해제는 최고를 요하지 아니한다.

제7조(계약의 해지) ① 임차인은 본인의 과실 없이 임차 상가건물의 일부가 멸실 기타 사유로 인하여 임대차의 목적대로 사용, 수익할 수 없는 때에는 임차인은 그 부분의 비율에 의한 차임의 감액을 청구할 수 있다. 이 경우에 그 잔존부분만으로 임차의 목적을 달성할 수 없는 때에는 임차인은 계약을 해지할 수 있다.

② 임대인은 임차인이 3기의 차임액에 달하도록 차임을 연체하거나, 제4조 제1항을 위반한 경우 계약을 해지할 수 있다.

제8조(계약의 종료와 권리금회수기회 보호) ① 계약이 종료된 경우에 임차인은 임차 상가건물을 원상회복하여 임대인에게 반환하고, 이와 동시에 임대인은 보증금을 임차인에게 반환하여야 한다.

② 임대인은 임대차기간이 끝나기 6개월 전부터 임대차 종료 시까지 「상가건물임대차보호법」 제10조의4 제1항 각 호의 어느 하나에 해당하는 행위를 함으로써 권리금 계약에 따라 임차인이 주선한 신규임차인이 되려는 자로부터 권리금을 지급받는 것을 방해하여서는 아니 된다. 다만, 「상가건물임대차보호법」 제10조 제1항 각 호의 어느 하나에 해당하는 사유가 있는 경우에는 그러하지 아니하다.

③ 임대인이 제2항을 위반하여 임차인에게 손해를 발생하게 한 때에는 그 손해를 배상할 책임이 있다. 이 경우 그 손해배상액은 신규임차인이 임차인에게 지급하기로 한 권리금과 임대차 종료 당시의 권리금 중 낮은 금액을 넘지 못한다.

④ 임차인은 임대인에게 신규임차인이 되려는 자의 보증금 및 차임을 지급할 자력 또는 그 밖에 임차인으로서의 의무를 이행할 의사 및 능력에 관하여 자신이 알고 있는 정보를 제공하여야 한다.

제9조(재건축 등 계획과 갱신거절) 임대인이 계약 체결 당시 공사시기 및 소요기간 등을 포함한 철거 또는 재건축 계획을 임차인에게 구체적으로 고지하고 그 계획에 따르는 경우, 임대인은 임차인이 상가건물임대차보호법 제10조 제1항 제7호에 따라 계약갱신을 요구하더라도 계약갱신의 요구를 거절할 수 있다.

제10조(비용의 정산) ① 임차인은 계약이 종료된 경우 공과금과 관리비를 정산하여야 한다.

② 임차인은 이미 납부한 관리비 중 장기수선충당금을 소유자에게 반환 청구할 수 있다. 다만, 임차 상가건물에 관한 장기수선충당금을 정산하는 주체가 소유자가 아닌 경우에는 그 자에게 청구할 수 있다.

제11조(중개보수 등) 중개보수는 거래 가액의 _____ % 인 _____원(부가세 □ 불포함 □ 포함)으로 임대인과 임차인이 각각 부담한다. 다만, 개업공인중개사의 고의 또는 과실로 인하여 중개의뢰인간의 거래 행위가 무효·취소 또는 해제된 경우에는 그러하지 아니하다.

제12조(중개대상물 확인·설명서 교부) 개업공인중개사는 중개대상물 확인·설명서를 작성하고 업무보증관계증서 (공제증서 등) 사본을 첨부하여 임대인과 임차인에게 각각 교부한다.

[특약사항]

※ 조정 관련 특약
① 상가 임대차 계약과 관련하여 분쟁이 있는 경우 임대인 또는 임차인은 법원에 소를 제기하기 전에 먼저 상가건물 임대차분쟁조정위원회에 조정을 신청하여야 한다(□동의 / □부동의).
② 임차인이 상가건물임대차분쟁조정위원회에 상가 임대차 계약과 관련한 조정을 신청한 경우, 임대인은 조정 절차에 성실하게 응해야 한다(□동의 / □부동의).
○ 참고) 상가건물임대차분쟁조정위원회 조정을 통할 경우 60일(최대90일) 이내 신속하게 조정 결과를 받아볼 수 있습니다.

※ 해지권 특약
① 임차인은 「감염병의 예방 및 관리에 관한 법률」 제49조제1항제2호에 따른 집합 제한 또는 금지 조치를 3개월 이상 받음으로써 발생한 경제사정의 중대한 변동으로 인하여 폐업한 경우에는 임대차계약을 해지할 수 있다.
② 제1항에 따른 해지는 임대인이 계약해지의 통고를 받은 날부터 3개월이 지나면 효력이 발생한다(□동의 / □부동의).

※ 연체 관련 특약
① 코로나19 또는 그에 준하는 감염병으로 임차인이 집합금지조치 또는 집합제한조치를 받은 경우 그 기간 동안 연체한 차임액은 제10조제1항제1호, 제10조의4제1항 단서 및 제10조의8의 적용에 있어서는 차임연체액으로 보지 아니한다.
② 전항에 따라 연체한 것으로 보지 아니하는 차임액은 6개월분을 초과할 수 없다(□동의 / □부동의).

본 계약을 증명하기 위하여 계약 당사자가 이의 없음을 확인하고 각각 서명·날인 후 임대인, 임차인, 개업공인중개사는 매 장마다 간인하여, 각각 1통씩 보관한다.   년   월   일

임대인	주 소						서명 또는 날인⑳
	주민등록번호 (법인등록번호)		전 화		성 명 (회사명)		
	대 리 인	주 소		주민등록번호		성 명	
임차인	주 소						서명 또는 날인⑳
	주민등록번호 (법인등록번호)		전 화		성 명 (회사명)		
	대 리 인	주 소		주민등록번호		성 명	

개업공인중개사	사무소소재지		사무소소재지			
	사 무 소 명 칭		사 무 소 명 칭			
	대 표	서명 및 날인 ⑳	대 표	서명 및 날인		⑳
	등 록 번 호	전화	등 록 번 호		전화	
	소속공인중개사	서명 및 날인 ⑳	소속공인중개사	서명 및 날인		⑳

별지)

법의 보호를 받기 위한 중요사항! 반드시 확인하세요

⟨ 계약 체결 시 꼭 확인하세요 ⟩

【대항력 및 우선변제권 확보】

임차인이 **상가건물의 인도와 사업자등록**을 마친 때에는 그 다음날부터 제3자에게 임차권을 주장할 수 있고, 환산 보증금을 초과하지 않는 임대차의 경우 계약서에 **확정일자**까지 받으면, 후순위권리자나 그 밖의 채권자에 우선 하여 변제받을 수 있습니다.

※ 임차인은 최대한 신속히 ① 사업자등록과 ② 확정일자를 받아야 하고, 상가건물의 점유와 사업자등록은 임대차 기간 중 계속 유지하고 있어야 합니다.

⟨ 계약기간 중 꼭 확인하세요 ⟩

【계약갱신요구】

① 임차인이 임대차기간이 만료되기 6개월 전부터 1개월 전까지 사이에 계약갱신을 요구할 경우 임대인은 정당한 사유(3기의 차임액 연체 등, 상가건물 임대차보호법 제10조제1항 참조) 없이 거절하지 못합니다.

② 임차인의 계약갱신요구권은 최초의 임대차기간을 포함한 전체 임대차기간이 10년을 초과하지 아니하는 범위에서만 행사할 수 있습니다.

③ 갱신되는 임대차는 전 임대차와 동일한 조건으로 다시 계약된 것으로 봅니다. 다만, 차임과 보증금은 청구 당시의 차임 또는 보증금의 100분의 5의 금액을 초과하지 아니하는 범위에서 증액할 수 있습니다.

※ 환산보증금을 초과하는 임대차의 계약갱신의 경우 상가건물에 관한 조세, 공과금, 주변 상가건물의 차임 및 보증금, 그 밖의 부담이나 경제사정의 변동 등을 고려하여 차임과 보증금의 증감을 청구할 수 있습니다.

【차임 등의 증감청구권】

차임 또는 보증금이 임차건물에 관한 조세, 공과금, 그 밖의 부담의 증감이나 제1급감염병 등에 의한 경제사정의 변동으로 인하여 상당하지 아니하게 된 경우에는 당사자는 장래의 차임 또는 보증금에 대하여 증감을 청구할 수 있습니다. 그러나 증액의 경우에는 대통령령으로 정하는 기준에 따른 비율(5%)을 초과하지 못합니다.

⟨ 계약종료 시 꼭 확인하세요 ⟩

【보증금액 변경시 확정일자 날인】

계약기간 중 보증금을 증액하거나, 재계약을 하면서 보증금을 증액한 경우에는 증액된 보증금액에 대한 우선변제권을 확보하기 위하여 반드시 **다시 확정일자**를 받아야 합니다.

- 4 / 3 -

120

10장_창업 마케팅 :
제한된 자원으로 최대의 효과적인 마케팅을 하라

10 창업 마케팅

① 창업 마케팅의 이해

일반적으로 마케팅의 의미는 기업이 생산하는 제품이나 서비스에 대해 판매를 촉진하는 일련의 경영활동을 말한다. 또한 마케팅은 자기 제품이나 서비스를 구매해 줄 고객을 탐색하고 발굴하여 고객에게 가치나 혜택을 제공하거나 욕구를 충족시키며 나타나는 교환 활동이다. 기존 기업은 마케팅 범위가 소비재 마케팅(Consumer Goods Marketing), 산업재 마케팅(Industrial Goods Marketing), 서비스 마케팅(Service Marketing)으로 구분하여 마케팅을 수행한다.

이에 비해 창업 마케팅은 혁신적인 제품이나 서비스를 도입하여 고객을 창출 해야 한다. 그렇다면 창업 기업의 마케팅은 어떠한 모습일까? 창업 마케팅이 마케팅의 의미처럼 시대에 따라 변화되어 왔지만 전통적 마케팅처럼 원리와 과정이 동일하다. 특히 자원이 부족한 창업 초기 단계에서 기업이 수행하는 마케팅 활동으로 기존 마케팅 활동에 기업가 정신이 결합하였다.

[표-1] 창업 마케팅의 특성

창업 마케팅 지향성	세부 특성
기업가정신 지향성	· 진취성(Proactive orientation) · 위험 관리(Risk management) · 혁신성(Innovation focused) · 기회 집중(Opportunity driven) · 자원 활용(Resource leveraging)
시장 지향성	· 고객 집중(Customer intensity) · 가치 창출(Value creation)

출처: 이중석. 김종오(2010), 중소기업 창업론, p318

창업 기업은 일반 기업과 달리 주체자가 창업 기업이며 신제품이나 새로운 서비스를 대상으로 진행하면서 출시에 무게를 두고 진행한다. 또한 자원이나 활동 범위의 제한 때문에 기업가적 정신을 내포하는 경영활동을 지향하고 있다. 특히 창업 기업이 마케팅에서 어려움을 겪는 3가지가 있다[1]. 첫째는 창업 기업은 자원이 제한되어 있다. 둘째는 창업자는 경영 전반에 책임을 지는 제너럴리스트로서 마케팅 전문성이 취약하며 특히 엔지니어 출신의 창업자는 더욱 그럴 수 있다. 셋째는 판매 시장에 대한 영향력이 매우 약하다는 것이다.

1) 전통적 마케팅과 창업 마케팅의 비교

[표-2] 전통 마케팅 vs 창업 마케팅

구분	전통적 마케팅	창업 마케팅
기본전제	거래 촉진과 시장 통제	가치 창출 혁신을 통해 지속 가능한 경제 우위 확보
지향점	과학적인 방법으로 마케팅	마케팅에서 열정, 열의, 지속, 창의성이 중심 역할이 됨
맥락	기존에 상대적으로 안정적인 시장	높은 수준의 변동성을 가진 전망 있는 새롭게 떠오르는 해체된 시장
마케터 역할	마케팅믹스의 조정자, 새로운 브랜드를 구축하는 사람	내부 및 외부 변화를 만드는 사람, 카테고리 창출자
시장 접근	점증적 혁신으로 현재 시장상황에 대한 반응적 적응적 접근법	진취적 접근, 역동적 혁신으로 고객을 유도
고객 니즈	조사 연구를 통해 확인된 정교하고 추정되며 표현된 고객 니즈	주된 사용자를 통해 알게 되는 정교하지 않고 발견되고 확인되는 고객
위험 인식	마케팅 활동에서의 위험 최소화	계산된 위험 감수를 위한 수단으로서 마케팅 : 리스크 완화, 단계화, 공유하는 방법의 탐색 강조
자원 경영	기존 자원의 효율적 활용, 희소성 심리	자원 활용, 다른 사람의 자원을 창의적으로 활용, 적은 자원으로 많은 작업 수행, 현재 자원 부족으로 작업이 제한되지 않음
신제품/서비스 개발	마케팅이 다른 기술 분야와 R&D부서의 신제품/ 서비스 개발활동을 지원	마케팅이 혁신의 근본이며 고객은 공동의 생산자
고객 역할	정보와 피드백의 외부 원천	기업 마케팅 의사결정과정, 제품 정의, 가격, 유통, 커뮤니케이션 접근 방법에 적극적 참여자

출처: 이중석, 김종오(2020), 중소기업 창업론, p322

---

[1] 서상혁, 창업 마케팅, 두남, 2010, p37

창업 마케팅은 전통 마케팅과 달리 다른 관점에서 시장을 바라봐야 하며 규모 경제가 아닌 범위 경제의 시각으로 접근하여 틈새시장을 살펴보아야 한다. 또한 신속하고 다양하게 비선형적인 대응 방법으로 계획되지 않은 수행 방법을 추구해야 한다. 따라서 창업 기업이 기존 시장에서 생존하기 위해서는 전략적인 접근과 함께 기업가적 마케팅 전략으로서 다른 시장, 다른 제품이나 서비스 개발, 성장 목표에 대한 마케팅 활동에 기업가 정신을 발휘해야 한다.

2) 마케팅과 세일즈의 차이점

마케팅(Marketing)과 판매(Sales)가 광의적인 범위에서 공통의 의미로 판매 활동이라는 의미로 혼재하고 있다. 전략적으로 활동을 해야 하는 창업 기업으로는 반드시 차이점을 이해해야 할 필요가 있다.

[표-3] 판매와 마케팅의 차이

영업(Sales)		마케팅(Marketing)
파는 기술		팔리는 시스템을 구축하는 일
제품과 서비스 판매에서 출발		고객의 니즈(Needs)나 원츠(Wants)에서 출발
확인된 고객 니즈(needs)에 대한 제품이나 서비스 공급에 역점	차이점	고객의 가치 제공에 역점
제품이나 서비스를 어떻게 판 것인가에 관심		시장의 소비자 수요(Needs)나 욕구(Wants를 탐색, 고객 이익을 위한 상품 개발에 관심)
영업 목표 달성이 과제		보다 효율적인 판매 활동을 위한 전략
단기 성과를 중시		장기 성과를 중시

출처: 김수현(2018), 중소기업 경영전략, p192

② 창업 마케팅 전략

창업 기업이 성공한 창업으로 가는 방법에는 무엇이 있을까? 바로 기업이 목표를 설정하고 그 목표를 달성하기 위한 마케팅 전략이다. 창업 마케팅의 개념을 고객의 가치 제공을 위한 제품이나 서비스 활동의 교환이라고 할 때 마케팅 활동의 목표는 효율성(Efficiency)과 효과성(Effectiveness)을 높이는 것이다. 특히 시장에서 존재의 크기나 가치가 미미한 창업 기업의 경우에 목표를 달성하기 위해서는 전략적 마케팅, 전술적 마케팅, 브랜드 관리 등을 내용으로 하여 목표 달성에 대한 구축을 수립해야 한다[표-4].

[표-4] 창업 마케팅 전략 수립 프로세스

마케팅 정보체계 (MIS)	시장 환경분석(PEST)	시장의 환경 분석을 통한 사업성 분석
	경쟁 환경분석(5-Forces)	경쟁환경 분석을 통한 대응 전략 수립
	내부 역량분석(가치사슬분석)	내부역량 분석에 의한 경쟁사와 차별화 원천 분석
시장 기회 발견(SWOT)		
표적시장 선정(STPD)	시장 세분화(Segmentation)	해당 업종을 찾는 고객층 세분화
	목표시장 선정(Targeting)	세분화된 해당 업종에서 핵심고객을 추출
	포지셔닝 선정(Positioning)	경쟁기업과의 경쟁관계 속에서 자신의 위치 선정 (가격, 상품, 고객층, 판매전략 등)
	차별화(Differentiation)	고객에게 탁월한 가치 제공
4P MIX	제품/서비스(Product)	핵심가치전달(Concept), 브랜드개발, 제품 (서비스)운영전략
	가격(Price)	가격 설정, 가격 운영 전략
	유통(Place)	제품(서비스)의 유통 채널
	판매촉진(Promotion)	고객(소비자)에게 정보제공과 판매를 증대
전략 실행(Implementation)		
전략 통제(Control)		

성공적인 목표 달성을 위해서는 우선적으로 마케팅 정보체계(MIS: Marketing Information System)를 구축하고 실행한 후 그 실행 결과에 대한 과제로서 시장기회를 도출한다. 이어서 도출된 실천적 과제의 시작이며 목표를 명확하게 선정하는 도구가 시장 세분화(STPD)전략이다. 시장 세분화를 통해 목표시장을 정하고 목표시장에 대한 위치를 선정하고 경쟁우위를 구축하기 위한 차별화를 실행한다.

고객과의 효과적인 커뮤니케이션을 위해서는 시장 세분화(STPD)를 바탕으로 4P(Product, Price, Place, Promotion)로 구성된 마케팅 믹스 전략을 개발한다. 전략 실행은 마케팅 실행을 위한 자원 확보와 스케줄을 개발하고 마케팅 프로그램을 실행한다. 마지막으로 전략 통제 단계에서는 계획과 실행 결과에 대한 비교와 계획에 대해 수정 보완을 하여 끝낸다[2].

서상혁(2010)에 의하면 마케팅은 기업 조직이 성장하면서 3단계의 마케팅 전략을 실행한다고 했다. 그 첫째 단계가 창업 마케팅이다. 왜냐하면 초기 청업자는 1인다(多)역의 일을 행하며 고객의 입장에서 가치를 실행해야 하기 때문이다. 둘째는 공식화된 마케팅 단계로서 마케팅 전략 수립에 근거한 마케팅 활동을 진행한다. 셋째는 성장 마케팅 전략이다[3]. 성장 마케팅 전략은 기존 마케팅 관행에 사로잡혀 마케팅 창조성과 열정이 부족한 단계로서 사내 기업가적 마케팅 전략을 실행해야 하는 단계이다.

---

[2] 정재완 외, CCPI 코칭&컨설팅, 매일경제신문사, 2015, p354
[3] 서상혁, 창업 마케팅, 두남, 2010, p20

③ 마케팅 정보 체계(MIS: Marketing Information System)

마케팅 전략 프로세스에서 전략 실행의 첫 단계이며 시장 창출을 위한 마케팅 정보체계(MIS: Marketing Information System)는 마케팅 정보에 대한 수집, 분석, 평가를 말한다. 즉 마케팅과 관련된 자료를 수집하고 분석하여 설명하는 평가시스템으로 마케팅 조사를 위한 절차는 다음과 같다[표-5].

[표-5] 마케팅 조사 절차

분류	절차	단계
1	조사 문제 결정	· 의사 결정문제의 정의 · 조사 목적 설정
2	조사 계획 수립	· 조사 유형과 자료 유형의 결정 · 자료 수집 방법의 결정 · 조사 대상 결정 · 자료 분석 방법 결정
3	조사 실시	· 자료 수집 · 자료 분석 · 자료 구조로부터 정보 추출
4	조사 결과 커뮤니케이션	· 조사 보고서의 작성과 프리젠테이션

출처: 이학식(2011), 마케팅조사(3판), p18

마케팅조사에서 의사결정 문제의 정의는 기업 활동 중에 기업 환경 변화나 기업이 해결해야 하는 경영 과제 또는 문제를 어떻게 대처할 것인가에 대한 의사결정을 말한다.

그리고 마케팅 의사 결정 이후 조사 결과에 대한 유용한 정보를 획득하기 위해서는 조사 목적이 매우 중요하다. 더불어 마케팅 조사는 조사 유형에 따라 탐색 조사, 기술 조사, 인과 조사 등으로 구분하며 목적에 따라 문제 발견을 위한 조사와 문제 해결을 위한 조사가 있다.

예를 들어 창업 기업이 시장에 진입하기 위해 시장에 대한 특성을 살펴보고 그에 적합한 전략적 마케팅을 실시하는 것이다. 그리고 시장 진입을 위한 시장 조사 결과 포착된 문제 발견은 해결 방안으로 제시되어야 하며 이를 위한 수단으로써 전략적 마케팅이 수행된다. 따라서 마케팅 조사 결과에 대한 성패는 시장 조사 목적에 달려있다고 해도 과언이 아니다.

다음은 마케팅 조사에 대한 분류를 나타내는 그림이다 [4].

[그림-1] 마케팅 조사

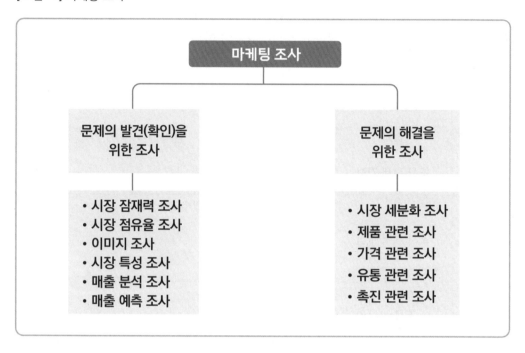

또한 시장 조사 과정에서 선택해야 할 조사 방법 유형이 있는데 바로 정량 조사, 정성 조사, 관찰 조사가 있다[표-6].

[표-6] 조사 방법 유형

구분	정량 조사	정성 조사	관찰 조사
특징	많은 수의 표본을 바탕으로 질문과 응답을 집계하여 숫자로 표현하는 조사 방법	소수의 표본을 바탕으로 장시간 대답을 통해 더 나은 결과물을 글로 기록하는 방법	조사 대상을 행동 패턴으로 관찰하고 기록함으로써 자료를 수집하는 방법
대표 방법	서베이 조사, 온라인 조사 등	FGI(Focus Group Interview), In-Depth Interview	직접 관찰과 간접 관찰 공개 관찰과 비공개 관찰

출처: 조명광(2020), 마케팅 무작정 따라하기, p65

---

4 이학식, 마케팅 조사(3판), 집현재, 2013, p6

1 조사 자료 유형과 자료 수집

마케팅 조사 목적을 실행한 후 조사 계획에 대한 수립 절차에 들어간다. 조사 계획에서 다루어야 할 첫 번째 사항은 다양한 문제로 발생한 원인을 올바르게 규명하는 것이며 전제 조건이 문제 해결에 대한 방향 설정이다. 이러한 조사 유형은 탐험 조사(Exploratory Research), 기술조사(Descriptive Research), 인과관계 조사(Causal Research)가 있다[표-7].

[표-7] 마케팅 조사 목적 유형

유형	내용	방법
탐험 조사	마케팅 조사의 기초단계에서 기본적인 아이디어나 문제에 대한 통찰을 얻기 위한 조사	문헌 조사, 전문가 의견조사, 표적집단 면접법, 사례 연구 등
기술 조사	표적 모집단이나 시장 특성(예: 소비자 구매 행동)에 대한 자료를 수집 분석하고 결과를 기술	서베이(Survey), 실험(Experiment), 관찰(Observation)에 의한 자료수집과 통계적 방법을 사용
인과 조사	마케팅 변수 간의 인과관계를 통해 원인에 대한 이해와 결과에 대한 예측을 분석	서베이(Survey), 실험(Experiment), 관찰(Observation)에 의한 자료수집과 통계적 방법을 사용

출처: 이인호(2021), 핵심정리 경영학, 416

또한 마케팅 조사는 조사 목적과 필요 정보에 따라 수집할 자료 유형을 결정하며 1차 자료와 2차 자료로 구분한다. 1차 자료(Primary Data)는 연구자나 기관의 사용자가 특별한 목적을 위해 직접 수집한 자료이다. 2차 자료(Secondary Data)는 다른 연구자나 기관이 이미 수집한 자료를 말하며 기업에서 내부적으로 사용하기 위하여 수집 보관한 내부 2차 자료와 정부 및 공공기관이나 관련 협회나 기관, 인터넷 등에서 획득한 외부 2차 자료가 있다[표-8].

[표-8] 국내 2차 자료원(주요 공공기관)

기관명	사이트 주소	주요 통계자료
통계청	www.kostat.go.kr	인구통계, 경제활동, 사회통계, 도시가계 등
국회예산처	www.nabo.go.kr	경제전망 및 정책분석, 국가 예산 등
중소벤처부	www.mss.go.kr	중소기업경영통계, 소상공인실태 등
과학기술정통부	www.msit.go.kr	과학기술연구개발활동 조사 등

※ 이하 생략

2 서베이 장점과 한계점[5]

서베이 방법은 마케팅 조사에서 자료 수집을 위해 가장 많이 사용하는 기법이다. 서베이 기법은 다수의 응답자들을 대상으로 설문지 조사를 통해 자료를 수집한다.

1) 점포 조사(대인 인터뷰-방문 인터뷰)

창업 기업이 손쉽게 진행할 수 있는 점포 조사 방법이다.

장점	한계점
· 상대적으로 높은 응답률 · 정확한 응답자 · 탐사 질문 가능 · 애매 모호한 질문을 명확히 할 수 있음 · 시각 자료로 사용 가능	· 접촉 범위 한계 · 조사원 통제의 어려움 · 높은 자료 수집 비용

2) 신제품 테스트에 사용할 수 있는 조사법

CLT (Central Location Test)	
특성	· 불특정 지역에 이동자를 대상 · 집단이 아닌 개인 및 소수를 대상 · 이동자를 대상으로 선물이나 현금으로 보상 · 짧은 시간에 간단한 조사에 적합
Gang Survey	
특성	· 다수의 조사 대상자를 정해진 시간과 장소에서 진행 · 조사에 대한 협조가 높아 높은 질의 자료를 수집 · 조사 내용에 대한 보안에 유리 · 현장에서 시제품, 광고물 등 조사 의견을 현장에서 수집 · CLT에 비해 오랜 시간을 실시

---

5 전게서, pp100~104, 일부 발췌 정리

● 대인 인터뷰 설문지 사례

제목	화장품에 대한 소비자 인식조사

설문 일시	2025년 0월 0일	인터뷰 시작시간	인터뷰 종료시간	방문 회수 ( )

이 설문조사를 진행하는 조사원으로서 설문기준에 따라 진행되었음을 서약합니다

응답자 기초 내용

---

1. **지역** : ① 서울 ②경기   ③ 인천 ④ 부산 ⑤ 울산 ⑥ 대구 ⑦ 광주 ⑧ 대전

2. **성별** : ① 남자 ② 여자

3. **연령** :   세

4. **보유 상품**

분류	태평양	LG	기타
기초			
색조			
헤어			
바디			
기타			

중 략

응답자 관련사항			
응답자 명		연락처	
주소			
면접원		서명	

3 표본 조사와 표본 추출

표본 조사에서는 몇 가지 용어 이해가 필요하다. 모집단(Population)은 조사하고자 하는 대상 전체를 말하며 표본(Sample) 또는 표본집단은 모집단의 일부를 사용하여 조사하는 것을 말한다. 모수(Parameter)는 표본 조사를 통해 구하고자 하는 모집단의 특성값을 말하며 통계량(Statistic)은 표본에서 얻은 특성값을 말한다. 또한 구성원(Element)은 모집단을 구성하는 소비자, 기업, 제품 등을 말한다.

그렇다면 표본 추출(Sampling)은 무슨 의미일까? 바로 모집단의 일부분을 선택하여 전체 특성을 추정할 수 있다는 가정하에 표본 추출을 하게 된다. 표본에서 가장 중요한 것은 표본에서 나온 결과들이 모집단의 속성들을 얼마나 정확하게 반영해 주는가에 대한 대표성의 문제이다[6]. 표본 추출 방법은 확률 표본 추출과 비확률 표본추출로 분류되어 있으며 다음과 같이 정리할 수 있다[표-9].

[표-9] 표본 추출 방법

구 분		특 징
확률적 표본 추출	단순 무작위 표본	모집단의 모든 구성요소가 각 표본으로 선택될 확률이 동일하도록 표본을 추출함
	층화 표본	모집단을 의미 있는 하위집단으로 나누고 각 집단의 수만큼 무작위로 표본 추출
	집락 표본	모집단을 의미 있는 하위집단으로 나누고 그중에서 하나의 표본집단을 추출
비확률 표본 추출	편의 표본	조사자의 편리성에 의해 구성원을 모집단에서 선정함
	판단 표본	목적 표집이라고 하며 조사자의 판단에 따라 조사 목적에 적합하거나 특정 조건을 충족시키는 대상을 의도적으로 선정
	할당 표본	표집 대상자의 조건을 정하면 이 조건의 수만큼 표집

---

6 우수명 저, 마우스로 잡는 SPSS 20, 인간과 복지, 2013, pp25~26

4 조사 자료 측정

1) 측정과 척도

측정은 일정 규칙에 따라 대상에 수치를 부여하여 속성을 변수화한 것으로 명목 척도, 서열척도, 등간 척도, 비율 척도로서 4가지를 말한다. 또한 측정된 자료는 정보의 크기에 따라 비율 척도, 등간 척도, 서열 척도, 명목 척도로 구분할 수 있다. 등간 척도와 비율 척도에 의해 측정된 자료는 모수 통계기법에 의해 분석되고 서열 척도는 비모수 통계 기법에 의해 분석되며 명목 척도는 모수 통계, 비모수 통계에 모두 사용된다 [표-10].

특히 설문지 작성에서 가장 중요한 것은 설문지를 구성할 때 어떤 분석 방법을 사용할 것인가를 염두에 두고 설계해야 하며 가능하면 상위 척도로 질문지를 만드는 것이 안전하다.

[표-10] 측정의 척도 유형

척도	기본 특성	일상 활용 사례	마케팅 활용 사례	허용되는 통계량	
				기술 통계	추론 통계
명목 척도	숫자를 확인하고 대상을 분류	주민등록 번호 선수 등번호	브랜드 숫자 점포 유형 성별 특성	퍼센트(%) 최빈값 (mode)	카이 스퀘어 이변량 검증
서열 척도	대상의 상대적 위치를 지정(단, 크기나 차이는 없음)	품질 순위 팀 간 순위	선호도 순위 시장 위치 사회 계층	퍼센트 중앙값	순위 서열 상관 ANOVA
등간 척도	비교된 대상물의 차이, 영점은 임의로 부여	온도	태도, 의견 인덱스	범위, 평균, 표준오차	단순 상관관계, T 검증, ANOVA, 회귀, 요인분석
비율 척도	절대 영점이 존재하고 척도값 비율을 계산하여 이용	길이, 무게	연령, 수입, 비용, 판매량, 시장 점유율	기하학적 평균 조화 평균	분산계수

④ 시장 세분화 방법 | MECE

MECE(Mutually Exclusive and Collectively Exhaustive) 약자로서 중복 없이 누락 없이 부분으로 전체를 파악하는 것이다[7]. 미시(MECE)는 비즈니스 현장에서 문제가 발생하면 원인을 찾거나 해결 방법을 제시할 때 사고를 넓게 또는 깊게 논리적으로 파악하게 하는 범용성이 높은 프레임이다.

[그림-2] MECE 개념

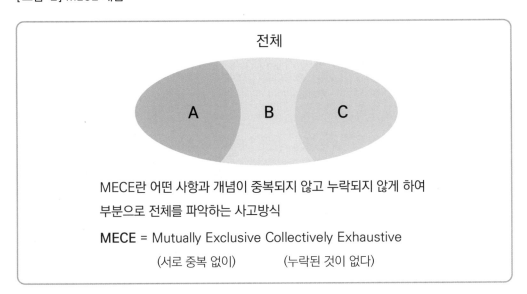

전체

MECE란 어떤 사항과 개념이 중복되지 않고 누락되지 않게 하여
부분으로 전체를 파악하는 사고방식
MECE = Mutually Exclusive Collectively Exhaustive
(서로 중복 없이)   (누락된 것이 없다)

1) MECE 핵심 원칙

● **Mutually Exclusive** (서로 중복 없음)

· 그룹 간에 중복이 없어야 한다.
· 분류된 항목이 서로 겹치지 않도록 명확하게 구분한다.
  예: 남성과 여성은 ME이지만 청소년과 10대는 중복될 수 있어 ME가 아닐 수 있다

● **Collectively Exhaustive** (빠짐없이 전체를 포함)

· 전체적인 관점에서 모든 요소가 빠짐없이 포함되어야 한다.
· 주요 요소를 빠지지 않도록 철저하게 분류해야 한다.
  예: 10대, 20대, 30대, 40대, 50대 이상은 CE지만 10대, 20대, 30대, 40대까지는 CE 아님.

---

7 사이토 요시노리, 서한섭, 이정훈 역, 맥킨지식 사고와기술, 기획출판, 2009, p78

또한 MECE를 유용하게 사용하는 3가지 포인트는 다음과 같이 정리할 수 있다.

　　1) 누락되어 표적에서 벗어나고 있지는 않은가?

　　2) 중복에 의해 효율이 떨어지고 있지는 않은가?

　　3) 미시(MECE)로 파악한 후 마지막에 우선순위를 정하고 있는가?

특히 경영 자원에 제한을 갖고 있는 창업 기업에서는 자원의 효율과 효과를 위해서는 MECE 접근이 경쟁력 원천을 가져다준다. MECE 원칙은 다양한 비즈니스 상황에서도 논리적인 의사 결정을 도와준다[표-11].

[표-11] MECE 활용

적용 분야	MECE 활용
고객 분석	연령, 지역, 구매 성향 등 고객군을 세분화
경쟁사 분석	기업 규모(대기업, 중견기업, 소기업), 산업별(IT, 제조, 금융, 교육 등)
시장세분화	B2B vs B2C, 프리미엄 고객 vs 일반 고객층으로 구분
매출 분석	지역별, 제품별, 채널별로 구분
신규 사업 기획	기술 혁신 전략 vs 가격 경쟁력 전략으로 접근

❺ 시장 세분화(STPD) 전략

창업 기업은 마케팅 기회 창출이나 발견을 위해 마케팅 전략 절차에 따라 마케팅 정보 체계(MIS: Marketing Information System)를 수립한 후 전략을 수립한다. 세분화(STPD) 전략은 소비자 행동에 대한 이해와 근거를 바탕으로 시작한다. 창업 기업은 진입하고자 하는 시장을 목적에 따라 다양한 기준으로 세분화(Segmentation)하고 세분시장에서 구체적인 목표를 위해 선택과 집중을 할 수 있도록 목표시장(Targeting)을 선정한다. 표적 시장에 적합한 제품 또는 서비스의 위상을 정하는 포지셔닝(Positioning)에 차별화(Differentiation)을 통해 경쟁우위를 갖게 하는 전략이다[그림-2].

[그림-3] 시장세분화 전략

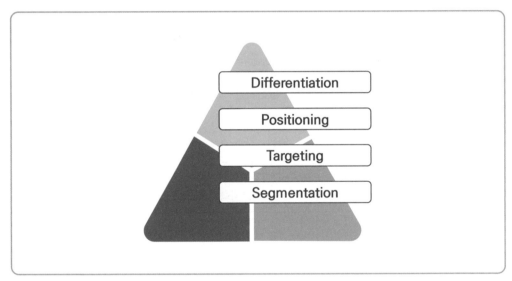

공급 과잉시대를 넘어 초 공급 과잉 시대는 소비자의 선택 폭이 넓어지고 기업간 경쟁이 치열해지는 환경에서 많은 조건이 열위에 있는 창업 기업으로서는 더욱 정교한 전략적인 접근이 필요하게 되었다. 따라서 초 공급 과잉시대의 마케팅은 맞춤화를 지향하는 시장 세분화 전략이 있다. 시장 세분화(STPD) 전략은 세분화(Segmentation), 목표시장(Targeting), 포지셔닝(Positioning), 차별화(Differentiation) 등 각각 단계에서 기업들이 어떻게 고객을 효과적으로 연결하고 차별화된 가치를 제공하면서 고객의 만족도를 높일 수 있는지를 전략적으로 지침을 제공해 준다.

■ 시장 세분화(Segmentation) 정의

기업은 경영 활동을 통해 수익의 극대화를 추구하며 고객은 자신의 필요에 의해 시장에서 제품이나 서비스를 구매한다. 제품이나 서비스 구매의 시작은 누구에게 무엇을 팔 것인가의 시작이 고객이다. 그리고 그 목표를 달성하기 위한 기능이 마케팅 전략이다.

모든 마케팅 활동에서 기본이 되는 시장 세분화(Segmentation), 표적시장(Segmentation), 포지셔닝(Positioning), 차별화(Differentiation)는 일반 기업뿐 아니라 창업 기업에게는 아주 중요하다(이후부터 STPD로 표시). 왜냐하면 소수의 아이템으로 시장에서 경쟁해야 하기 때문에 창업 기업이 추구해야 하는 목표는 차별화 역량과 지속 가능한 경쟁우위이다.

시장 세분화의 목적은 경쟁자로부터 자신을 차별화하여 경쟁우위를 확보하며 마케팅 기회를 획득하는 데 있다. 그 결과 기업은 경쟁 우위를 선점하고 자원을 효율적으로 분배하여 고객에게 적합한 마케팅 전략을 수립해서 판매 성과와 고객 만족도를 극대화하는 데 있다.

시장 세분화는 왜 중요할까? 공급 과잉시대에 시장 세분화의 필요성은 다음처럼 설명할 수 있다. 첫째가 소비자 이해를 증진하고 둘째가 효율적인 자원 배분을 하며 셋째는 맞춤형 마케팅 전략을 개발할 수 있으며 넷째는 경쟁 우위를 확보하고 다섯째는 시장 진입 기회를 발견하여 여섯째는 고객 만족도를 향상시킬 수 있다.

한편 기업의 수익은 고객 평가에 의해 결정되므로 고객을 구성하고 있는 고객 집단의 특성을 구분하는 일부터 시작하는 Market Grid이다. Market Grid는 특정 시장을 판별하기 위해 고객들을 구분하는데 유용한 변수들로 구성된다[표-12].

[표-12] Market Grid

성별	0~10세	11~20세	21~30세	31~40세	41~50	51~60세	60세 이상
여성							
남성							

어떤 제품이나 서비스라도 모든 사람이 구매하는 것이 아니므로 구매 확률이 가장 높은 연령대를 확인한다.

[표-13]은 의류에 대한 두 개의 그리드를 나타낸다. 그리드의 작은 부분은 의류에 대한 실제 세분시장이다.

[표-13] 의류 그리드

활동	소 득		
	상	중	하
여가복			
정장			
근무복			
스포츠 의류			

　따라서 시장 세분화를 통해 대기업은 다수의 세분 시장이나 제품/서비스를 개발하지만, 창업 기업은 소수의 시장에 관심을 갖게 된다. 시장 세분화는 다양한 특성을 지닌 전체 시장을 목적에 따른 소비자 집단으로 나누는 것이다.

6 목표 시장(Targeting) 선정

창업 기업이 표적으로 하는 시장을 세분화(Segmentation)하고 나면 목표 시장(Targeting)을 선정한다. 3C 분석에 의한 평가를 통해 선정한 표적시장은 제품과 시장이라는 두 요인을 적용하면 5가지 시장 유형으로 나타난다[8]. 창업 기업이나 중소기업의 경우는 단일 세분화 집중 전략이나 선택적 특화 전략을 통해 특정 시장을 공략하는 것이 효과적이다. 중견기업은 상품 특화 전략이나 시장 특화 전략으로 집중할 필요가 있으며 대기업은 전체 시장 진출 전략으로 모든 고객층을 대상으로 다양한 제품이나 서비스를 제공할 수 있다[그림-4].

[그림-4] 시장 유형

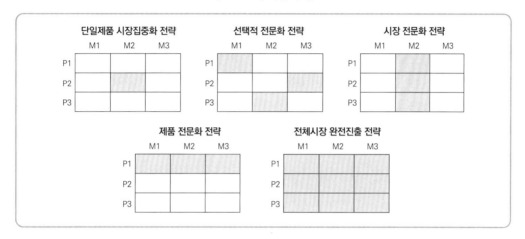

- 단일 세분화 집중 전략은 특정 시장(M)에서 하나의 상품(P)만 집중적으로 공략하는 전략으로 건강식품 시장(M1)에서 비건 전용 식품(P1)만을 취급하여 특정 고객층을 공략한다.

- 선택적 특화 전략은 여러 시장(M)을 대상으로 특정 상품(P)만을 선택적으로 제공하는 전략으로 스타벅스 리저브는 기존의 대중적 커피 시장(M1)뿐만 아니라 고급 커피 시장(M2)에서도 한정판 원두(P1)를 제공하는 차별화 전략을 사용한다.

- 시장 특화 전략은 특정 시장(M) 내에서 다양한 상품을 제공하는 전략으로 교육 시장(M1)에 iPad(P1), MacBook(P2)처럼 다양한 제품을 제공하는 시장이다.

- 상품 특화 전략은 다양한 시장(M)에 특정 상품(P)만을 선택적으로 제공하며 3M의 특정 제품으로 사무시장(M1), 의료 시장(M2), 건축 시장(M3)에 제공한다.

- 전체 시장 진출 전략은 모든 시장(M)에 모든 상품(P)을 제공하는 전략으로 삼성전자가 가전(M1), 모바일(M2), 반도체(M3) 등 거의 모든 시장에 다양한 제품(P1~P3)을 제공한다.

---

8 조명광, 마케팅 무작정 따라하기, 길벗, 2020, pp96~97

목표 시장(Targeting)은 시장(Marketing)과 고객(Customer)에 따라 4가지 마케팅 전략으로 접근할 수 있다[표14].

[표-14] 목표시장 마케팅 전략

분류	전체 고객	특정 고객
단일 시장	비차별 마케팅	맞춤 마케팅
차별화 시장	차별화 마케팅	집중화 마케팅

1) 비차별화 마케팅(Non-Differentiated Marketing) 전략

한 가지 제품으로 전체 시장에 모든 고객을 대상으로 마케팅 활동을 하는 전략이다. 고객의 욕구보다는 공통적인 사항을 추적하여 단일 마케팅 믹스를 적용하여 규모 경제를 실현할 수가 있다.

2) 차별화 마케팅(Differentiated Marketing) 전략

세분시장에 따라 맞춤 메시지를 전달하거나 세분화된 시장에 세분화된 마케팅 믹스를 이용하여 고객의 다양한 욕구를 충족시킨다. 따라서 고객 지향적인 마케팅 활동은 고객 만족과 구매력을 높여 매출 증대 효과를 기대한다.

3) 집중화 마케팅(Concentrated Marketing) 전략

여러 개의 세분시장 가운데 특정한 한 개의 세분시장에 마케팅 믹스를 집중하는 전략이다. 특히 조직이 작거나 틈새시장을 목표로 하는 경우에 적합하며 세분시장에 대한 풍부한 지식과 축적된 노하우로 전문화를 이루는 것이 마케팅 성공에 유리하다.

4) 맞춤 마케팅(Customized Marketing) 전략

맞춤 마케팅은 고객의 선호와 요구를 반영하여 제품이나 서비스를 맞춤형으로 제공되는 마케팅 전략이다. 이 접근 방식은 개별 고객의 니즈를 완벽히 충족시켜 주기 위해 고객의 행동, 구매 이력, 관심사, 라이프 스타일 등을 분석하여 마케팅 성과를 달성하는 것이다.

● 시장 세분화와 표적시장 사례[9]

[A 침대]

구 분	세분 시장 – 1	세분 시장 – 2	세분 시장 – 3
추구하는 편익	정통성 / 다양성	기능성 / 가격	조화성
인구 통계학적 특성	35세 이상 주부	25~34세	미혼 여성
주요 구매 브랜드	전문 업체	종합 가구업체 중소 가구업체	종합 가구업체

(세분시장 – 1): 고급 침대의 점유율이 높은 시장

(세분시장 – 2): 가격이 비싼 침대를 외면하는 시장

(세분시장 – 3): 다른 가구와 세트 구매로 가격 경쟁력이 있는 시장

→ 1단계로 (세분시장 – 2)에서 점유율을 높이기 위해 가격 인하보다는
'침대는 과학입니다'로 인체공학적 기능 강조 전략을 활용하여 (세분 시장 – 2) 진입
가능성을 높임

---

9 정무성 외, 사회복지 마케팅, 신정, 2013, p151에서 발췌

⑦ 포지셔닝 프로세스(Positioning Process)

포지셔닝(Positioning)의 개념을 주창한 잭 트라우트(Jack Trout)와 알리스(Al Ries)는 '포지셔닝(Positioning)'을 커뮤니케이션 과잉 사회에서 잠재고객의 마인드에 자기 자신을 차별화하거나 상품의 위치를 잡아주는 것이며 잠재 고객의 관심에 집중하게 하는 최초의 구체적인 사유 방식이다[10].

STP 전략의 마지막 단계인 포지셔닝(Positioning)은 시장을 세분하고 목표시장에 따라 마케팅 전략을 결정한 후 고객 인식을 위한 과정이다. 포지셔닝(Positioning)에서 인식을 가장 강력하게 하는 방법 중에 하나가 최초(First)가 되는 것이다. 심리학 용어에 각인이라는 것이 있다. 사전에 각인은 동물이 본능적으로 가지는 학습양식이라고 했다. 시장에서 포지셔닝(Positioning)은 이러한 심리적 기저를 갖고 있어서 기존의 것보다 더 나은 것(Better)보다 최초의 것(First)를 적극 지지한다.

[표-1] 포지셔닝 프로세스

고객 분석	경쟁사 분석	자사 분석

		제품 / 서비스

경쟁사 제품(서비스) 포지션 분석

자사 제품(서비스) 포지셔닝 개발

포지셔닝 결정 및 리포지셔닝 검토

---

10 잭 트라우트,알 리스, 안진환 역, 포지셔닝, 을유문화사, 2002, p19

⑧ 차별화

공급 과잉 시대이며 소비자가 공급자인 프로슈머(Prosumer) 시대 그리고 온·오프라인의 구분이 사라진 시대에 창업 기업은 어떻게 시장에서 포지셔닝을 해야 할까? 라는 고민을 할 수밖에 없다. 우선은 자신의 역량을 최고로 담아낸 제품 또는 서비스로 무장한 가치 제안이다. 고객이 고도화된 기술력이 바탕이 된 제품이나 높은 수준의 서비스를 체험한 사람들에게 다가갈 수 있는 것은 경쟁사와는 다른 차별화된 체험이다.

[표-15] 차별화 기준

차별화 요인	내 용
중요성	충분히 많은 소비자에게 편익을 제공
독특성	독특한 아이템이나 방식으로 제공
우월성	다른 상품보다 앞선 기술이나 방법으로 편익을 제공
전달 가능성	소비자에게 가시적 전달 가능
선점성	경쟁사 모방이 어려움
구매 가능성	소비자의 여유와 구매력에 맞는 가격
수익성	회사의 이익이 나오는 구조

출처: 조명광(2020), 마케팅 무작정 따라하기, p106

또한 시장에서 기업이 경쟁 우위를 확보하기 위해서는 어떻게 차별화할 것인가에 대한 고민을 하게 된다. 차별화는 싸우지 않고 서로가 이기는 방법이다. 그렇다면 차별화는 어떻게 해야 하는 것일까? 그 시작은 생각을 다르게 하는 것부터 시작한다. 생각을 달리하며 바라보는 관점에 따라 해석이나 표현을 다르게 하는 것이다. 최용주(2023)는 차별화가 고객에게 의미 있는 차이를 제공하는 것으로 내용의 차별화와 전달의 차별화가 있다. 내용 차별화는 고객에게 의미 있는 가치 차이를 제공하며 전달 차별화는 고객에게 의미 있는 인식 차이를 전달한다[11]. 차별화는 곧 고객에게 어떤 가치를 제공할 것인가에 대한 설루션이다.

---

11 최용주, 무엇을 어떻게 차별화할 것인가, 공감, 2023, p21

■ 포지셔닝(Positioning) 차별화

고객 니즈나 욕구로부터 시작하여 새로운 가치를 발견하면서 포지셔닝의 차별화는 시작한다. 즉 포지셔닝의 차별화는 시장 구조의 차별화와 포지셔닝 관점의 차별화로서 인지상의 차별화로 구분한다[11]. 구조 차별화는 경쟁 회피를 도모하여 세분화하는 시도 하면서 다른 구조를 선택하는 것을 말한다. 예를 들어 PC 시장에 데스크형 PC와 노트북 시장이 있으며 휴대용 PC로서 탭 PC가 있다. 인지상의 차별화는 고객에게 경쟁사와 인지적인 차별화를 목적에 두고 상품이나 서비스에 부가가치를 추가하는 것이다. 이 방법은 우리가 자주 볼 수 있는 표현 방법의 변경으로서 디자인, 네이밍, 포장 또는 광고나 판촉 방법 등이 있다.

필립 코틀러(Philip Kotler)는 기업이 시장에서 최대한 경쟁우위를 확보하기 위하여 어떻게 제품을 차별화하여 자리매김할 것인가에 목표를 두고 포지셔닝의 차별화 요소로서 제품, 서비스, 유통 경로, 사람, 이미지로 5가지를 제시하였다[12].

[표-16] 포지셔닝의 차별화

차별화 요소	내 용
제품	브랜드를 기능, 성능, 스타일, 디자인으로 차별화
서비스	제품에 수반되는 고객 만족 서비스
유통 경로	유통 경로의 범위, 전문성, 성과를 설계하는 방식의 차별화
사람	경쟁사보다 우수한 인력을 고용하고 교육하여 경쟁우위를 확보하는 차별화
이미지	고유한 기업 이미지나 브랜드 이미지에 대한 차별화

---

[11] 방용성, 컨설팅 방법론, 학현사, 2015, p192
[12] Philip Kotler, Gary Armstrong, 김건하 외 역, 코틀러의 마케팅 원리(18판), 시그마프레스, 2021, p206

2 포지셔닝(Positioning) 성공 6단계[13]

1. 지금 갖고 있는 포지션은 무엇인가?

공급 과잉 커뮤니케이션 시대에 고객의 마인드를 바꾸는 것보다 고객의 마음속에 어떤 위치에 있는지를 살펴본다. 왜냐하면 시장에서의 대답은 기업에서 나오는 것이 아니라 고객으로부터 나오기 때문이다.

2. 당신은 어떤 포지션을 갖고 싶은가?

오늘날 너무 많은 기업의 포지션은 후발 주자이며 신생 기업으로서 들어설 자리가 쉽지 않다. 그러나 기업은 쉽지 않은 자리다툼에 광범위한 포지션으로 모두에게 호소하고 싶은 유혹에 이끌린다. 지금은 다재다능의 시대가 아니라 전문가의 시대로서 자신만의 포지션을 찾는 것이다.

3. 누구를 상대로 승리해야 하는가?

경쟁자와 충돌은 막대한 자원을 필요로 한다. 더구나 시장의 리더급과의 충돌은 피해 가기를 추천한다. 경쟁자의 관점에서 충분한 시간을 갖고 경쟁력이 약한 포지션을 찾아야 한다. 결국 싸우지 말고 피해 가는 것이다.

4. 자금은 충분한가?

포지셔닝의 성공 여부는 자금이다. 고객의 인식에서부터 위치 선정과 유지에 이르기까지 자금이 필요하다. 그렇다면 자금을 극복할 수 있는 방법은 무엇일까? 바로 활동 범위를 좁혀서 하나의 지역에 집중하는 것이다.

5. 얼마나 참고 견딜 수 있는가?

급속한 변화가 이루어지면서 아이디어가 아이디어를 대체하는 사회에서는 장기적인 안목을 갖고 대처하는 것이 필요하다. 포지셔닝은 점진적으로 누적되는 성질을 갖고 있는 컨셉이다. 성공적인 포지셔닝의 전략은 단기적인 전술 변화가 필요할 뿐 기본적인 포지셔닝의 전략은 계속 유지해야 한다.

6. 광고는 원하는 포지션에 어울리는가?

광고는 창의성을 요구한다. 그러나 포지셔닝 사고는 창의성을 제한한다. 창의성이 강조된 광고는 포지셔닝 전략을 압도하여 전략의 부재가 나타난다. 즉 광고는 포지셔닝 목적에 부합한 창의적 광고에 가치가 있다.

---

13 잭 트라우트,알 리스(2002), 안진환 역, 포지셔닝, 을유문화사, pp243~252 요약정리

③ 포지셔닝(Positioning) 유형

포지셔닝(Positioning)을 개발하기 위해서는 기업에서 검토해야 할 사항이 있다. 우선은 시장이 요구하는 것이 무엇인가 둘째는 무엇이 특색이 있는지 점검하고 셋째는 위치 선정의 유지가 가능한지 여부를 살펴보는 것이다. 또한 포지셔닝(Positioning) 유형 전개는 크게 3가지로 제품 포지셔닝, 고객 포지셔닝, 용도 포지셔닝으로 구별하며 제품은 속성 포지셔닝, 편의 포지셔닝, 품질-가격 포지셔닝, 비교 포지셔닝, 고객은 타깃 포지셔닝, 용도로는 용도 포지셔닝, 제품 범주 포지셔닝이 있다[표-17].

[표-17] 포지셔닝 유형

구분	방법	내용
제품	속성 포지셔닝	대체로 친숙한 제품류이며 경쟁이 치열한 제품에서 구체적인 속성이 중요하게 부각되어야 할 때 예) 무설탕의, ㅇㅇ성분이 함유된
	편의 포지셔닝	가장 일반적인 포지셔닝 방법으로 제품에서 자사의 차별화된 편익을 찾아 이를 선정 예) 고성능의, 속도가 빠른. 언제 어디서든
	품질-가격 포지셔닝	품질과 가격을 대비시키는 것으로 말함 예) 외제차의 고품격과 경제의 경제성
	비교 포지셔닝	주로 앞선 경쟁자의 편익을 지적하며 경쟁자 약점을 공격하는 것 예) 카페인 없는 드링크제(박카스 vs 비타500)
고객	타켓 포지셔닝	특정 타깃을 위해 편익과 함께 강조 예) 남자의 맥주, CEO를 위한 승용차
용도	용도 포지셔닝	자사의 제품이 특정한 용도에서 뛰어난 편익을 주장함 예) 아침에 주스, 화장실 전용 세제
	제품 범주 포지셔닝	특정 세분화 범주를 창출하여 새로운 용도로 개발된 제품 예) 엔진 세정제(불스원 샷), 김치 냉장고(딤채)

출처: 창업보육협회(2015), 기술경영가이드, p94

⑨ 마케팅 믹스(Marketing Mix)는 무엇인가?

　창업 기업은 목표시장에서 제품이나 서비스를 제공하며 고객의 필요와 욕구를 충족시켜주는 마케팅 전략이 필요하다. 그리고 마케팅 믹스(Marketing Mix)는 목표 시장을 공략하기 위한 마케팅 활동으로서 마케팅 활동 요소를 무엇으로 하는가에 따라서 마케팅 전략이 달라지게 된다. 즉 목표시장에서 마케팅 목표를 달성하기 위해 기업이 통제할 수 있는 마케팅 수단을 효과적으로 믹스하여 마케팅 활동을 수행하는 것을 말한다.

　1960년 제롬 맥카시(Jerome McCarthy)에 의해 탄생한 4P MIX는 마케팅의 핵심 요소인 제품(Product), 가격(Price), 유통(Place), 판매촉진(Promotion)을 어떻게 혼합했는가에 따라 결과에 차이가 발생한다.

　한편 필립 코틀러(Pilip Kotler)는 고객 지향적인 마케팅을 주장하면서 공급자 중심의 4P 대신에 소비자 중심의 4C를 제안하였다. 4C는 소비자 혜택(Customer Benefits), 소비자 부담 비용(Cost to Customer), 커뮤니케이션(Communication), 편리성(Convenience)을 말한다.

　그렇다면 마케팅 믹스(Marketing Mix)를 어떻게 조합했느냐에 따라 결과가 달라진다면 최적의 조합을 어떻게 해야 하는가에 대한 궁금증이 일어날 수밖에 없다. 그 대답은 4가지 요소가 조화롭게 어울려야 하며 그 조합은 구성 요소와 시장 조건 및 상황 그리고 기업 자원에 따라 변할 수밖에 없다는 사실이다. 따라서 마케팅 믹스(Marketing Mix)는 시간, 장소, 고객 인식, 트랜드 등이 항상 변화하고 있기 때문에 마케팅 믹스 역시 변화할 수밖에 없다는 것이다. 다만 최적의 마케팅 믹스(Marketing Mix)는 타깃 시장을 위한 최적의 포지셔닝 전략을 지원하여 고객에게 만족을 주기 위한 마케팅 배합 과정을 의미한다.

⑩ 제품(Product) 전략

1 제품(Product) 개념

제품(Product)은 고객의 욕구나 필요를 충족시켜 주는 유형 또는 무형의 대상으로서 기능이나 디자인 및 브랜드까지 포함한다. 특히 무형의 대상으로서 서비스(Service)는 제품과 달리 소유할 수는 없지만 편익이나 만족의 대상을 말한다.

제품에는 다차원적 의미로서 소비자가 필요(Needs)로 하는 기본적인 의미와 2차적인 욕구(Wants) 및 잠재적 욕구(Latent needs)를 내포하고 있다. 즉 고객의 기본 욕구를 충족해 주는 핵심 제품은 고객이 제품을 구매하는 이유이며, 실제 제품은 핵심 제품을 제품화하여 제품 자체로서 물리적인 형태를 보이며 디자인 브랜드 기능 등을 포함하고 있다. 그리고 확장 제품은 실제 판매된 이후에 발생하는 고객 지원, 애프터서비스(A/S), 보증 등 모든 부가 활동 서비스를 의미한다. 이처럼 다차원적 의미를 제시한 필립 코틀러는 제품 개념을 핵심제품, 실제 제품, 확장제품으로 3단계를 제시하면서 각 단계마다 부가가치적 의미를 제시하였다[14]. 따라서 제품은 기업이 목표를 달성하기 위해 구사하는 가장 기본적인 마케팅 전략이 제품이며 마케팅 믹스를 구성하는 근본이기도 하다[표-18].

[그림-5] 제품의 구성 차원

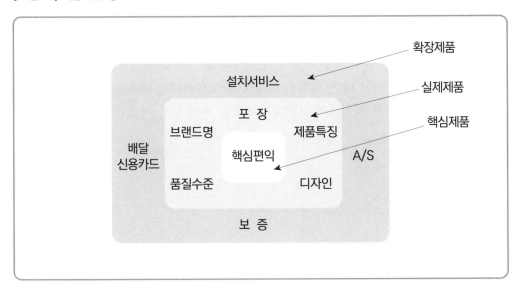

---

14 Philip Kotler 외, 김건하 외, kotler의 마케팅 원리(18), 시그마프레스, 2021, p217

2 제품(Product)의 종류

제품과 서비스는 소비자의 유형에 따라 소비 용품과 산업용품으로 구분된다. 소비 용품은 최종 소비자가 개인적으로 소비하기 위해 구매하는 제품이나 서비스를 말한다[15]. 소비 용품은 구매 동기에 따라 편의품(Convenience goods), 선매품(Shopping goods), 전문품 (Specialty goods), 미탐색품(Unsought goods)으로 구분한다.

[표-18] 제품 분류에 따른 특징과 마케팅 전략

구분	편의품	선매품	전문품
구매빈도	높음	낮음	매우 낮음
관여도 수준	낮은 관여도	비교적 높은 관여도	매우 높은 관여도
문제해결 방식	습관적 구매	복잡한 의사 결정	상표 충성도
제품 유형	치약	가전제품	명품 시계
	세제	의류	명품 핸드백
	비누	승용차	고급 카메라
마케팅 전략	저가격	고가격	매우 높은 가격
	광범위한 유통	선택적 유통	독점적(전속적) 유통
	낮은 제품 차별성	제품 차별성 강조	높은 상표 독특성
	빈번한 판매촉진	제품 특징 강조 광고	구매자 지위 강조 광고
	높은 광고비 지출	인적 판매	

출처: 유순근(2016), 중소기업마케팅, p364

편의품은 소비자가 비교 구분 없이 구매하는 제품으로 필수품이나 충동적으로 제품을 손쉽게 구매할 수 있다. 선매품은 소비자가 제품을 구매하는데 매장을 방문하여 타제품들과 가격이나 디자인, 품질 등을 비교하여 구매하는 제품으로 온라인 리뷰나 브랜드 차별성을 중요하게 생각하며 편의품보다 중요한 품목인 경우가 많다. 전문품은 소비자가 특정 브랜드나 제품을 강하게 선호하며 대체 불가한 제품을 말한다. 특히 가격이 높고 구매 빈도가 낮으며 구매 결정까지 오랜 시간이 걸리기도 한다.

반면에 산업용품은 다른 제품의 생산이나 서비스 제공을 위해 추가적인 가공이나 상업적인 용도로 사용하는 제품이다. 산업용품에는 원자재와 부품, 자본재, 소모품과 서비스가 있다. 산업용품 구매자의 특성은 해당 산업에 대한 이해가 높아 구매를 결정할 때는 합리적이다.

---

15 유순근, 중소기업 마케팅, 북넷, 2013, p364

3 제품 믹스(Product Mix)

제품 믹스(Product Mix)는 한 기업의 제품들이 각각 모여 제품라인을 구성하는데 이 제품라인의 집합을 말한다. 따라서 제품 믹스(Product Mix)는 한 기업이 생산 판매 중인 모든 제품라인 전체를 말하며 제품 구색(Product assortment)이라고도 한다

제품 믹스 구조는 제품 믹스 너비(Width of product mix), 제품 믹스 길이(Length of product mix), 제품 믹스 깊이(Depth of product mix)로 구성되어 있다.

1) 제품믹스의 너비: 기업이 가지고 있는 전체 제품 라인 수를 말하며 제품믹스 폭이라고도 한다.

　　예) 삼성전자의 경우 제품믹스 너비=3

2) 제품믹스의 길이: 기업이 가지고 있는 전체 제품의 수를 말한다.

　　예) 가전 계열에 대한 제품믹스 길이=3

3) 제품믹스의 깊이: 제품 라인 내의 특정 제품이 제공하는 품목 수

　　예) 가전 계열 내 QLED TV 제품의 제품믹스 깊이=4

[표-19] 제품믹스의 구성

제품믹스 (길이)	제품믹스(너비)		
	스마트폰	가전제품	웨어러블
	갤럭시 S시리즈	비스포크 냉장고	갤럭시 워치
	갤럭시 Z시리즈	그랑데 세탁기	갤럭시 버즈
	갤럭시 A시리즈	QLED TV	갤럭시 핏

제품믹스 깊이
QLED 4K
QLED 8K
Neo QLED 4K

⑪ 가격 (Price) 전략

가격(Price)은 시장에서 판매자가 제품이나 서비스 가치를 구입하기 위해 지불하는 수단이다. 기업의 이익에 직접적인 영향을 미치는 가격은 경영에 순환적 요소를 지니고 있을 뿐만 아니라 경쟁기업들이 쉽게 모방할 수 있는 마케팅 믹스의 요소이기도 하다. 특히 가격 결정에 미치는 몇 가지 요인들에 의해 가격을 결정하는 전략이 필요하다[16]. 일반적으로 가격은 고객들이 경제적으로나 비용적인 면에서 감당할 수 있는 수준으로 책정하는 것이 유리하다.

1. 원가 중심적 가격 결정 (Cost Based Pricing/비용 중심적 가격 결정)

비용을 기반으로 안정적인 마진을 확보하는 수준에서 가격을 결정하는 방식으로 기본적인 비용에 목표 이익을 가산한다. 원가 중심적 가격 전략에는 비용 가산에 의한 가격 결정, 가산이익률에 따른 가격 결정, 목표 이익률에 따른 가격 결정, 손익 분기점 분석에 의한 가격 등이 있다.

2. 소비자 중심적 가격 결정 (Consumer Based Pricing)

소비자 경험을 바탕으로 목표시장 고객들의 평가와 수요에 따른 바탕으로 가격을 결정하는 방법으로 소비자의 구매 의도, 가격 변화에 대한 가격 탄력성, 목표 시장의 특성 등 소비자 조사를 통해 획득한 정보를 바탕으로 가격 결정의 기초로 삼는다.

3. 경쟁 중심적 가격 결정 (Competition Based Pricing)

제품의 비용 구조나 수요보다도 경쟁사 가격을 기준으로 비교하여 가격을 결정하며 시장 가격 매칭이나 저가 전략, 고가 전략이 있다.

4. 심리적 가격 결정 (Psychological Pricing)

제품의 가격을 경제적 가치보다도 구매 심리를 자극하는 가격 결정 방식으로 단수 가격, 프리미엄 가격, 묶음 가격 등이 있다.

5. 신제품 가격 결정 (New Product Pricing)

신제품을 개발한 기업에서는 제품의 수명주기에 따라 가격 전략의 변화를 해야 하며 시장 반응을 고려하여 가격을 책정해야 한다. 시장 침투 가격 전략이나 스키밍(Skimming) 전략, 가격 차별화 전략이 있다. 특히 가격 차별화 전략은 가격 변화에 탄력적인 시장에서는 낮은 가격을 제시하고 비탄력적인 시장에서는 높은 가격을 제시한다.

---

16 채상균 편, 마케팅 관리론, 정평 경영컨설팅, 2015, pp267~272

● 제품믹스 가격 결정(Product-Mix Pricing)

　기업의 제품들 가운데 한 제품이 제품 믹스(Product-Mix)의 구성요소일 경우 제품의 가격은 변할 수밖에 없으며 이익 극대화를 위한 가격 전략이 필요하다.

1. 제품라인 가격 계열 (Product Line Price Lining)

소비자는 가격에 차등이 있을 때 가치를 인식한다는 가정에서 시작한다. 한 제품을 단일 가격으로 책정하는 것이 아니라 품질이나 디자인에 따라 가격 범위를 정하고 그 범위에서 품질이나 디자인에 따라 가격을 결정하는 방법이다. 예를 들면 화장품의 에센스 가격대를 10만원으로 설정하고 에센스 성분에 따라 6만 원, 8만 원, 10만 원으로 결정하는 것이다.

2. 사양 제품 가격 전략 (Optional Product Price)

사양 제품 가격 전략은 어떤 제품을 판매할 때 기본 제품과 사용 가격을 구분하여 판매하는 방법이다. 예를 들어 놀이공원 입장료에 놀이 시설 이용료를 추가하는 방식이다.

3. 제품 묶음 가격 전략 (Product Bundle Price)

기업이 기본적인 제품이나 서비스에 결합하여 할인된 가격으로 판매하는 방식으로 재고 소진이나 전략적 시장 개척이나 매출 증대를 목적으로 사용한다. 예를 들어 휴대전화 요금에 가족 할인이나 친구 및 연인 할인이나 호박 숙박에 객실 이용, 식사, 부대시설 이용 할인 등이 있다.

⑫ 유통(Place) 전략

유통(Place)은 유통 경로를 통해 고객들이 필요한 제품이나 서비스를 구매할 수 있고 구매하고 싶어 하는 곳에다 배치해 주어 시간과 공간의 간격을 줄여주는 가치 창출 활동이다. 이러한 개념적 이해를 위해서는 유통 구조를 이해해야 한다. 유통의 구조는 유통 흐름을 위해 구축된 유통 기관과 유통 경로를 말한다. 유통기관은 유통 과정에 참여하는 경로의 구성원이며 유통 경로(또는 마케팅 경로)는 기업에서 생산한 생산품이 최종 소비자에게 이전되는 과정으로서 유통 과정의 각각 유통 단계를 말한다. 또한 유통의 유형은 직접 유통과 간접 유통이 있으며 직접 유통은 생산자가 소비자가 직접 거래하는 방식이고 간접 유통은 생산자와 소비자 사이에 유통기관을 활용하는 형태이다. 간접 유통은 중간상이 개입하여 기업의 생산품을 고객이 원하는 장소나 시간에 제공하는 방식이며 직접 유통과 간접 유통을 혼합한 혼합적 유통 경로는 기업과 중간 유통상이 나누어 유통하는 방법을 말한다.

■1 유통 기능

유통의 기능은 수요와 공급에 기반한 수급 적합 기능과 물류 이동 기능 이를 지원하는 조정 기능이 있다. 수급 적합 기능이나 물류 이동 기능은 다양한 판매 활동과 보관 및 운송 기능을 포함하는 복합적인 기능이 있다[17]. 또한 조정기능에는 정보 전달, 금융 지원, 서비스 제공과 같은 다양한 부가가치를 창출하는 기능도 내포하고 있다.

[표-20] 유통 기능

기능	내용
정보 흐름	거래 기획과 자원을 위해 마케팅 환경 내에 존재하는 주요 행위자와 영향력에 관한 정보를 수집 보급하는 일
촉진	공급에 대한 커뮤니케이션을 개발하고 확산시킴
접촉	유상고객을 탐색하고 커뮤니케이션 활동을 수행
중개	구매자의 요구에 부합하는 제조, 제품 평가, 분류, 구색화, 포장 등의 활동
협상	상품 이전이 가능하도록 가격 또는 기타 조건 상담과 조건 결정

---

17 서상혁, 창업 마케팅, 두남, 2010, p276

2 유통 경로의 구조

기업은 생산된 제품을 고객에게 전달하기 위해서는 하나의 경로가 아니라 다양한 유형으로 존재한다. 유통 경로의 기능은 유통 기능을 바탕으로 교환 활성화 기능, 제품 구색 기능, 고객에 대한 서비스 기능, 거래 표준화 기능 등이 있다.

유통 경로 유형에는 제품 분류에 따라 소비재 유통 경로와 산업재 유통 경로가 있다 [그림-6]. 산업재 유통 경로는 소비재 유통 경로, 산업재 유통 경로, 서비스 유통 경로, 농 수산물 유통 경로가 있다. 특히 서비스 유통 경로는 육안으로 판단할 수 없기 때문에 소비재 유통 경로, 산업재 유통 경로, 농수산물 유통 경로와 같은 유형적 재화와 달리 무형적 특징을 지니며 서비스를 생산하는 자와 제공하는 자가 동일하며 유통 경로가 짧고 단순한 특성을 지니고 있다.

[그림-6] 유통 경로 구조

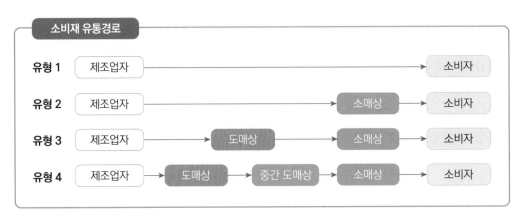

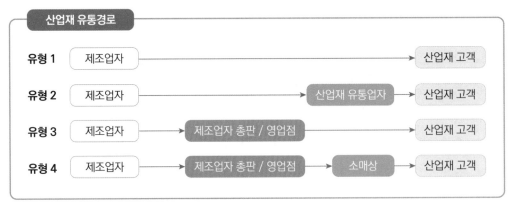

3 유통 경로 시스템

유통 경로 시스템은 사람과 기업이 각각의 목적을 달성하기 위해 상호작용하는 복잡한 시스템이다. 유통 경로의 효율적인 시스템은 경로 구성원의 역할과 경로 갈등을 관리해야 한다[18]. 또한 경로에 따라 기업과의 비공식적인 상호작용이나 공식적인 상호 작용을 한다.

1. 전통적 유통 경로 시스템 (Conventional Distribution Channel System)

전통적 유통 경로는 독립적인 경로 기관들로 구성된 경로 조직으로 마케팅 기능보다는 기관에게 주어진 마케팅 기능만을 수행하기 때문에 경로 구성원 간의 결속력이 약하여 갈등 조정에 어려움이 있다.

2. 수직적 유통 경로 시스템 (Vertical Marketing System : VMS)

수직적 유통 경로는 운영의 효율성을 끌어내기 위해 전문적으로 관리되고 설계된 네트워크 형태의 경로 조직이다.

1) 기업형 VMS : 유통 경로에 있는 한 경로 구성원이 다른 경로 구성원을 법적으로 소유하고 관리하며 조정과 갈등 관리를 정규적인 조직 경로를 통해 이루어진다.

2) 계약형 VMS : 생산과 유통이 각각 다른 독립된 기업들이 계약에 의해 합의하여 공식적인 경로 관계를 형성하는 경로 조직이다.

3) 관리형 VMS : 공동 구성원이나 계약 관계가 아니라 어느 한 경로 구성원이 한 곳 아니면 우월한 몇몇 구성원의 힘으로 리더십을 행사한다.

3. 수평적 유통 경로 시스템 (Horizontal Marketing System, HMS)

동일한 유통 경로 단계에 있는 두 개 이상의 기업이 자원과 마케팅 프로그램을 결합하여 수행하는 경로 시스템이다. 이 시스템은 수평적 통합을 통해 시너지를 얻는 것이 목적이다.

4. 다채널 유통 경로 시스템 (Multichannel Marketing System, MMS)

세분시장이 가속화되고 다양한 유통 경로의 활용이 가능해지면서 한 기업이 하나 이상의 고객 세분시장에 도달하기 위해 둘 이상의 마케팅 경로를 활용하는 경로 시스템이다.

---

18 Philip Kotler 외, 김건하 외, Kotler의 마케팅 원리(18), 시그마 프레스, 2021, pp334~338

4 유통 경로 전략

유통 경로 전략은 유통 경로 방식에 의해 유통 경로 목표를 달성하게 된다. 유통 경로 방식은 특정 지역의 범위에 점포 숫자나 유통 서비스 등 유통 경로 범위와 유통 경로 범위에 참여하는 유통 업체의 길이와 형태에 관해서 결정한다. 유통 경로 범위는 집약적 유통, 전속적 유통, 선택적 유통이 있다[19]. 집약적 유통은 소비자의 구매 편의성을 증대시키기 위해 구매자의 적은 노력과 시간 제약 없이 손쉽게 구입할 수 있는 생필품 위주의 제품을 취급하는 전략이다. 전속적 유통은 특정 판매 지역에 자사의 전문 제품을 독점적으로 취급하도록 권한을 부여하여 마케팅하는 전략으로 주로 고가제품인 자동차나 귀금속 고급 의류 등이 있다. 선택적 유통은 집약적 유통과 전속적 유통의 중간 형태로 특정 지역에서 자사의 제품을 취급하려는 소수의 유통업자를 선택하여 취급하게 하는 전략으로 구매자들이 구매 전에 상표들을 파악하고 비교할 수 있는 선매품에 적합하다.

[표-21] 유통 경로 범위

구분	집약적 유통	전속적 유통	선택적 유통
전략	가능한 많은 점포에서 자사 제품을 취급하게 함	한 지역에 하나의 점포에게 판매권을 부여함	한 지역에 제한된 수의 점포에게 판매권을 부여
점포 수	가능한 많은 점포	하나	소수
통제	제조업자의 통제력이 낮음	제조업자의 통제력이 매우 높음	제한된 범위에서 제조업자가 통제 가능함
제품 유형	편의품	전문품	선매품
제품 예시	비누, 세제, 생수 등	명품, 자동차	제조업자 직영 매장

유통 경로 길이에서 짧은 유통 길이는 표준화되지 않고 고도의 전문적인 기술을 취급하는 제품이기 때문에 구매 빈도 수가 낮고 구매 단위가 크다. 특히 고객에게는 기술적인 서비스가 제공되어야 한다. 유통 길이가 긴 제품은 구매 빈도가 높으며 표준화가 되어 있어 구매 단가가 낮은 단순한 편의품의 경우이다.

또한 기업의 경로 목적은 기업의 특징이나 제품 및 유통 중간상, 경쟁 환경 등에 영향을 받기 때문에 기업은 유통 경로 목적을 분명히 밝히면서 고객 서비스에 대한 목표를 설정해야 한다. 그리고 목표 설정은 세분시장을 결정하고 그 세분시장에 적합한 유통 경로를 결정하는 것이다.

---

19 유순근, 중소기업마케팅, 북넷, 2016, p493

⑬ 촉진(Promotion) 전략

촉진은 기업이 소비자를 대상으로 제품이나 서비스를 구매하도록 유도하기 위해 정보를 제공하거나 설득하는 것을 말하며 마케팅 커뮤니케이션(Marketing Communication)이라고도 할 수 있다. 이러한 촉진 활동에는 광고, 인적 판매, 판매 촉진, PR, 디지털 마케팅 등이 있다.

■1 광고

광고는 매체를 활용하여 기업이 제품이나 서비스를 특정한 메시지로 전달하고 브랜드 인지도를 높이고 소비자 행동을 자극해 판매 촉진을 야기하는 핵심 전략 중에 하나이다. 또 소비자의 구매 유도를 나타내는 심리 모델은 소비자가 상품에 주목하여 제품 구매에 이르는 AIDMA 모델, 인터넷과 SNS 등장으로 나타난 구입 프로세스 AISAS, 구글의 검색 과정이 구매 결정에 중요한 영향을 미친다는 ZMOT 모델 등이 있다[표-22] .

AIDMA 모델은 소비자가 상품에 대한 관심을 두고 욕구로부터 제품을 구매하는 심리적 단계를 Attention(주의), Interest(흥미), Desire(욕구), Memory(기억), Action(행동/구매) 5단계로 설명하며 영문자 앞 글자를 따서 AIDMA를 표기하였다. AISAS는 AIDMA의 확장 모델로서 정보와 상거래의 패러다임이 변하여 디지털 시대에 맞게 확장된 모델이다. Attention(주의), Interest(흥미), Search(검색/비교), Action(행동), Share(공유) 역시 영문자 앞 글자를 따서 AISAS로 표기하였다. HOE 모델은 소비자가 브랜드를 인식하고 구매로 이어지는 심리적 변화를 인지(Awareness), 지식(Knowledge), 호감(Liking), 선호(Preference), 확산(Conviction), 구매(Purchase) 6단계로 설명하였다. ZMOT(Zero Moment of Truth) 모델은 구글이 정의한 소비자 행동 모델로서 구매 전 검색 과정(ZMOT)이 중요하다는 모델이다[표-22].

[표-22] 구매 심리 모델

모델	핵심 개념	주요 활용 방법
AIDMA	단계별 구매 유도	SNS 광고, 랜딩 페이지 최적화
AISAS	검색 및 공유 강조	유튜브 리뷰, 블로그나 인플루언서 마케팅
HOE	브랜드 신뢰 구축	브랜드 스토리텔링, 단계별 광고 전략
ZMOT	구매 전 검색 행동	후기 마케팅, SEO 최적화

출처: 참고문헌 블로그 사이트 게재

광고는 마케팅 가운데 소비자에게 자사의 제품이나 서비스를 알리는 가장 강력한 커뮤니케이션이다. 하지만 전통적 미디어의 영향력이 약해지고 모바일 시대로 접어들면서 뉴 미디어의 출현, 사회구조의 변화, 고객 맞춤형 트랜드로 과거에 비해 중요성이 현저히 낮아졌다.

광고 매체는 신문, 잡지, 옥외 광고와 같은 인쇄 매체, TV나 라디오와 같은 공중파 매체 광고가 있으며 이러한 매체 제품은 소비자들에게 신뢰를 높여주고 표준을 알리는 효과가 있다. 이외에도 인터넷 매체가 있다[표-23].

[표-23] 광고 매체 특성

매체	장점	단점
TV	· 시청각 효과가 크다 · 짧은 시간 내 다수 청중 전달 · 강한 주의력과 유인력	· 고가의 광고비와 긴 제작 기간 · 짧은 광고 시간과 간섭효과가 크다 · 표적화에 어려움
신문	· 제작 기간이 짧다 · 다량의 정보 전달이 가능 · 특정 독자층 전달 가능	· 광고 수명이 짧다 · 시각에만 의존 · 주의력 유인에 어려움
잡지	· 광고 수명이 길다 · 표적화 가능 · 다량의 정보 전달 기능	· 한정적 독자층 · 급한 광고 게재 곤란 · 간섭효과가 크다
라디오	· 저렴한 광고비 · 전문 채널로 표적화 용이 · 제작 변경의 즉시성	· 청각에만 의존 · 정보 전달량과 광고 시간 제약 · 주의력 유인 어려움
옥외광고	· 저렴한 광고비 · 반복적 시각 접근 · 특정 지역 표적 가능	· 정보 전달량 제한 · 환경과 미관을 저하 · 표적 고객 전달에 어려움
인터넷 매체	· 정확한 타깃팅 · 실시간 분석 및 데이터 활용 · 고객과 직접적인 소통	· 신뢰성 문제 · 과도한 경쟁과 노출 피로도 · 부정적 리뷰 및 위기관리 필요

출처: 유순근(2018), 벤처창업과 경영에서 일부 수정, p431

광고의 전략은 기업의 마케팅 목표에서부터 시작하며 그 목표에 따라 광고의 방향이 결정된다. 마케팅 목표에 의한 방향 설정이 정해지면 광고 타깃이 선정되고 광고의 커뮤니케이션 컨셉을 설정한다. 광고의 컨셉에서 가장 중요한 것은 차별화이다. 그 이후 광고 문구와 스토리 라인을 만들어 완성한다.

2 인적 판매

인적 판매를 판매원이 고객과 직접 대면하면서 신뢰를 쌓아가면서 맞춤형 설루션을 제공하는 판매 방식이다. 고객과의 대면은 상품에 대한 확신과 구매를 유도하기 때문에 단순한 상품 판매를 넘어서 커뮤니케이션을 통한 신뢰 관계를 형성한다. 특히 고객과의 상호 관계는 궁금증이나 불만을 현장에서 처리할 수 있고 고객의 반응을 즉시 발견할 수 있다.

판매원이 가망 고객이나 잠재 고객 앞에서 고객의 욕구를 파악하고 상품의 편익을 설명하는 것은 어떤 판매 촉진보다 성공적인 결과를 얻을 가능성이 높다. 판매원의 전문성과 설득력은 판매 능력을 높여 매출액 큰 영향력을 미친다. 특히 인적 판매가 기업에 입장에서 가장 비싼 촉진 도구이기 때문에 인적 판매의 효과적인 활용은 판매원의 교육 강화와 고객과의 지속적인 관계 유지 전략이 필요하다.

[표-24] 고객 응대 기본단계

세부 점검		표준안
대기	장소	진열장을 가운데 두고 양쪽에 위치한다
		진열장의 중앙에 위치하되 매장 크기에 따라 적절하게 자리를 바꾼다
		판매원이 한곳에 모이거나 서로 잡담을 삼간다
	자세	진열장에 배가 닿지 않을 정도 즉 주먹 하나가 들어갈 만한 간격이 적당하다
		고객이 방문하면 언제든지 접객할 수 있도록 자세를 가다듬고 있어야 한다
손님맞이		웃는 얼굴로 고객의 눈을 마주 본다
		인사를 한다 "안녕하세요? OOO입니다"
		안부를 묻거나 계절, 날씨, 교통 상황 등에 대한 가벼운 화제부터 시작한다 "오늘 날씨 좋지요?" "오시는데 길이 막히지는 않았나요?"
경청		"홈 씨어터 있나요?" "세탁기 사려고 하는데요?"
충족		"대형 TV 말씀이시군요!" "잘 알겠습니다"
안내		"대형 TV를 직접 보면서 말씀드리겠습니다" "이 쪽으로 안내해 드리겠습니다"

출처: 삼성전자 유통연구소(2005), 삼성전자 고객 맞춤 세일즈, p109

3 PR(Public Relations) & 홍보(Publicity)

1. 홍보 (Publicity)

홍보(Publicity)는 비용 지불 없이 기업이나 제품을 미디어를 통해 소비자에게 정보를 제공하는 촉진 방법이며 신문 기사나 뉴스 및 기자 회견 등이 있다. 그리고 기업은 기업과 제품의 우호적인 평가를 얻기 위해 많은 시간과 노력이 필요하다. 그러나 최근 지나친 광고에 의한 부정적 수용 현상으로 혼란을 야기하고 있다. 분명한 것은 홍보가 소비자에게 신뢰를 구축하고 긍정적인 이미지를 형성하는 데 도움을 준다는 것이다. 따라서 홍보(Publicity)는 제품·서비스의 즉각적인 인지도 상승과 매출 증가에 초점이 맞춰져 있다.

[표-25] 홍보의 특징

특 성	내 용
진실성	미디어 매체에서 전달하는 뉴스에 대한 인식의 객관성
친밀성	방송이나 뉴스로 접근하기 때문에 광고보다는 친밀하게 받아들이는 수용성
비통제성	미디어 매체의 편집으로 기업이 통제하기에 어려움

출처: 이유재(2001), 서비스 마케팅(2th), p292

2. PR (Public Relations)

PR(Public Relations)은 홍보보다 넓은 개념으로 기업에 대한 호의적인 이미지를 구축하고 장기적으로는 제품이나 서비스 판매를 유도하는 방법이다. 특히 PR은 이미지를 높여 장기적인 관계 형성에 초점이 맞춰 있기 때문에 광고와는 다른 특징적인 요소가 있다.

첫째가 기업의 직접적인 메시지가 아니라 제3자의 보도나 평가 방식이기 때문에 신뢰기반이다. 둘째는 지속적인 커뮤니케이션을 통해 대외적인 관계와 브랜드 인지를 강화한다. 셋째는 비용의 효율성으로 다른 판매 촉진보다 직접적인 비용이 적기 때문이다.

더불어 캠페인과 같은 활동은 바이럴 효과를 일으켜 추가적인 효과를 획득할 수 있다. 넷째는 기업의 비우호적인 이야기나 사건 등에 직면했을 때 신속한 대처하거나 시정하는 활동을 할 수가 있다. 끝으로 다양한 채널 활용으로 기존 매체뿐만 아니라 다양한 디지털 채널을 활용할 수 있다는 것이다. 그리고 PR(Public Relations) 수단으로는 언론 보도나 특별행사, 간행물 발행 등이 있다.

4 판매 촉진

판매에는 고객들에게 제품의 친밀도를 높여주고 인식시켜 주기 위한 활동이 필요하다. 또한 판매의 전제에는 설득이 필요하며 설득을 위해서는 판매 상품에 대한 풍부한 지식, 고객의 요구사항에 대한 해결, 상품의 효익 등을 고객에게 설명하여 납득시켜야 한다. 따라서 판매 촉진은 인적 판매, 광고, 홍보, 인터넷 촉진을 제외한 모든 방법을 사용하기 때문에 촉진 요소 이외의 특성을 지니고 있다.

[표-24] 판매 촉진 특성

특 성	내 용
단기적 매출 증진 효과	할인이나 한정판 행사로 판매량 극대화
구매 장벽 완화	구매 장벽 완화를 통한 구매 자극 유도
다양한 채널 활용	판매촉진의 활동은 다양한 방식과 채널을 활용할 수 있음
소비자 경험 체험 강화	소비자의 체험 프로그램으로 브랜드 충성도에 기여
경쟁적 차별화 전략	동일한 경쟁 시장에서 판매촉진 활동으로 단기적인 소비자 선택의 가능성이 높음

판매 촉진을 위해 제품이나 서비스 구매를 유도하는 직접적인 방법으로는 단기적인 인센티브를 제공하여 효과를 높이는 것이다. 예를 들어 이벤트 행사, 전단 배포, 박람회 참가, 쿠폰 발행, 샘플 증정, 가격 할인, 사은품 등 제품을 통해서 창출되기 힘든 부가적인 면을 제공한다. 따라서 판매촉진은 다양한 종류의 수단으로 광고나 인적 판매를 지원하면 마케팅의 효과를 더욱 높일 수 있다.

5 촉진믹스 전략

촉진 믹스의 종류에는 Push 전략과 Pull 전략이 있으며 전략의 선택에 따라 달라진다 [표-24] Push 전략은 중간상 판매촉진으로 중간상들이 자사의 신제품을 판매하고 많은 재고를 보유하여 넓은 진열 공간을 확보하기 위한 것이다. Pull 전략은 구매를 촉진하기 위해 구매자의 관여도를 높이는 전략이다[20].

촉진 믹스는 기업이 마케팅 목적을 달성하기 위해 사용하며 촉진 믹스 전략은 단기적으로 판매 증대를 높이고 장기적으로는 시장 점유율을 증대하기 위한 것에 목적이 있다. 따라서 촉진 믹스 전략이 마케팅 커뮤니케이션 프로그램 중에 하나로서 그 역할을 다하기 위해서는 기업이 고객과 커뮤니케이션에 개방적이어야 한다.

따라서 통합적인 마케팅 활동의 하나로서 촉진 믹스 전략은 일시적인 매출이 아닌 촉진 믹스 활동을 장기적으로 접근하고 고객을 확보하여 브랜드 강화에 활용되는 것이 바람직하다. 더불어 촉진 믹스의 통합은 고객으로부터 시작하여 고객 접점에서 촉진 믹스 요소들을 통해 일관성 있는 메시지와 포지셔닝을 전달해야 한다.

[표-25] 촉진믹스 전략

중간상 · 소매상 판매 촉진	소비자 판매 촉진
Push 전략	Pull 전략
구매할인	쿠폰, 샘플
지원금	가격할인
보조금	프리미엄
협동광고	리베이트
교육훈련 프로그램	콘테스트, 추첨
콘테스트	구매시점 촉진

---

20 유순근, 중소기업 마케팅, 북넷, 2016, p521

6 통합형 마케팅 커뮤니케이션(Integrated Marketing Communication/IMC)

촉진 믹스가 판매 활동을 의미한다면 마케팅 커뮤니케이션은 촉진 믹스 가운데 미디어나 매체를 통한 고객과의 소통을 말한다. 그리고 통합적 마케팅 커뮤니케이션(IMC)는 모든 형태의 촉진 도구들이 통합하여 메시지가 연결되는 것을 말한다. IMC를 실행하는 데는 혜택과 장벽이 존재하지만, 실행에 대한 통합을 위한 행동 규범이 있다[21].

그리고 IMC의 궁극적인 목표가 브랜드의 일관적인 메시지와 이미지 제공을 통해 강력한 브랜드 자산을 구축하는 데 있다. 그러한 목표를 위해서는 고객에게 제품에 대한 핵심 개념을 통합적인 커뮤니케이션으로 관리를 할 필요가 있다.

또한 IMC 특성으로는 첫째 소비자들에게 특정한 행동 반응을 유도하여 제품을 구매하게 하는 데 있다. 왜냐하면 IMC 목표가 소비자에게 구매 행동을 자극하게 하는 데 있다. 둘째 브랜드의 목표 고객에게 메시지를 가장 효과적으로 전달할 수 있다는 것이다. 셋째 잠재 고객을 포함한 유망 고객의 발굴은 마케팅 커뮤니케이션 도구가 효과적이라는 것이다. 넷째 고객과 브랜드 간의 관계 구축으로 반복 구매나 브랜드 충성도를 실현하도록 하는데 IMC가 그 역할을 하기 때문이다.

[표-26] IMC 황금률

특 성	내 용
IMC 지지 확보	최고 경영진의 IMC 혜택 이해
경영 단계에서 통합	기업 내부 간부들의 마케팅 메시지 통합 전달
이미지 표준 유지	로고, 서체, 색상 등 공통된 비주얼 유지
마케팅 커뮤니케이션 집중	핵심 가치와 경쟁우위 확보에 모든 커뮤니케이션 연결
커뮤니케이션 비용 순위 선정	예산에 대한 커뮤니케이션 비용 순위 산정
고객 제일주의	고객 구매과정을 위해 커뮤니케이션 활동 순서를 전함
고객 관계 강화	모든 커뮤니케이션 활동은 고객과 관계 강화
마케팅 정보 시스템 개발	마케팅 정보 활용을 위한 시스템을 개발
제작물 공유	기업 홍보에 대한 매체 간의 공유
모든 변화에 대비	최적의 커뮤니케이션 믹스를 찾기 위한 준비 자세

---

[21] Paul R. Smith, 최경남 역, 마케팅이란 무엇인가, 거름, 2005, pp393~395

통합형 마케팅 커뮤니케이션(IMC)은 기업의 모든 기능이 협력하는 것뿐 아니라 기업의 이해 당사자까지도 커뮤니케이션 계획에 참여시키는 것이 좋다. 촉진 믹스의 성과를 위해서는 마케팅 커뮤니케이션 최적화 작업이 필요하다[22]. 따라서 촉진 믹스 결합의 효과 극대화는 통합형 촉진믹스의 결과이다.

[표-27] 마케팅커뮤니케이션 최적화

구 분	내 용
적절한 사람 (Right Person)	고객이 어디에 있는지 어떤 사람들인지 정확하게 아는 것 데이터에 의한 고객 세분화를 통해 적절한 타깃 확인
적절한 장소 (Right Channel)	전통적인 채널과 새로운 채널의 적절한 조화 고객별 최적화된 채널 탐색
적절한 때 (Right Time)	고객 반응을 이끌어낼 수 있는 적당한 타이밍 데이터를 통한 고객 활동 이력과 반응에 대한 분석
적절한 메시지 (Right Message)	고객의 아이덴티티에 맞는 메시지로 적합한 내용을 전달 브랜드 이미지를 반영한 메시지

---

22 조명광, 마케팅 무작정 따라하기, 길벗, 2020, p166

● 마케팅믹스 통합 유형 사례[23]

[표-28]

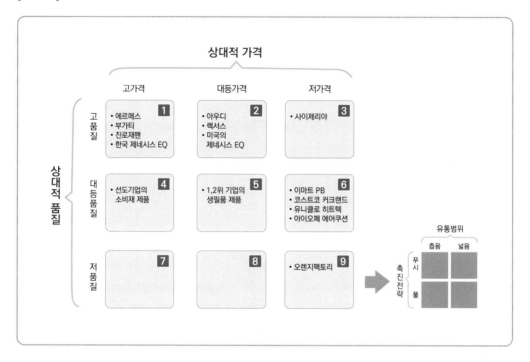

마케팅 믹스의 통합은 개별적 마케팅 믹스인 제품 믹스, 가격 믹스, 유통 믹스, 촉진 믹스를 조합하면 [표-28]처럼 $3 \times 3 \times 2 \times 2 = 36$개 조합이 도출된다. 이 중에 제품과 가격의 조합을 정위하고 유통 범위와 촉진 전략을 9개 위치 중 하나를 선정하여 통합한 후 의사 결정을 한다.

23 채서일 외, Marketing(6판), 비앤엠북스, 2017, p525

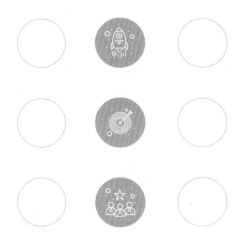

11장_디지털 마케팅 :
최소의 자원으로 디지털 마케팅 시장에 진입하라

1 디지털 마케팅 이해
2 디지털 마케팅 종류
3 이커머스 마케팅 전략
4 해외 이커머스

11 디지털 마케팅

① 디지털 마케팅 이해

디지털 마케팅의 사전적 의미는 온라인을 기반으로 하는 디지털 기술과 채널을 통해 온라인을 통해 제품 및 서비스를 광고와 홍보하고 제품을 구입하도록 하는 마케팅이다.

디지털 기기에는 컴퓨터, 태블릿, 스마트폰 등이 포함되며 과거 전통적인 마케팅이 명함, 판촉물, 카탈로그 등의 인쇄물을 제공하거나 우편을 활용하는 방식이었다면 컴퓨터와 스마트폰이 발달한 현재는 대부분의 사람이 이를 통해 정보를 검색하고 제품 및 서비스를 구매하고 있어서 디지털을 활용한 마케팅의 중요성이 더욱 커지고 있다.

[그림-1] 디지털 마케팅의 유형

기업 및 소상공인, 자영업자는 제품이나 서비스가 고객에게 노출되도록 하기 위해 온라인 쇼핑몰에 제품을 등록하고, 블로그·인스타그램·유튜브 등의 채널을 활용하여 홍보하며 맛집 검색에서 상위에 노출되거나 좋은 리뷰가 등록될 수 있도록 관리하는 등의 마케팅 활동이 필수적으로 되었다. 이를 효과적으로 운영해야 원하는 매출을 달성할 수 있다.

[그림-2] 온라인 / 오프라인 매출 비중

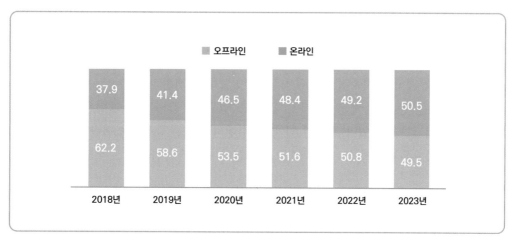

출처 : 삼정KPMG 경제연구원. 주요 온·오프라인 유통업체 매출 비중 추이

식품 및 뷰티, 전자 제품뿐만 아니라 서비스 상품의 구입에 있어서도 오프라인 매장에서의 구입에서 디지털 기기를 이용한 온라인 유통에서의 구입 비중은 2023년부터 50% 이상을 넘어서고 있다[그림-2].

이처럼 우리의 일상생활은 아침에 일어나면서부터 잠들기까지 스마트폰과 컴퓨터를 활용해 업무를 보고 정보를 검색하며 제품과 서비스를 구매하는 방식으로 변화하고 있다. 또한 초등학생들의 인기 직업 1위가 유튜버가 될 만큼 파워 블로거나 유명 인플루언서가 각광받는 시대가 되었다. 이에 따라 기업 및 소상공인, 자영업자들은 인기 유튜버, 파워블로거, 유명 인플루언서에게 마케팅을 의뢰하는 것이 일반적인 전략이 되었다.

따라서 제품과 서비스의 매출을 올리기 위해서는 네이버, 쿠팡, SSG닷컴, 마켓컬리, 무신사, 에이블리 등의 주요 온라인 쇼핑몰에서 상위 노출이 이루어져야 하며 지역 맛집이나 카페, 지도 검색에서도 상위에 노출되거나 블로그·인스타그램 등 SNS에서 노출 빈도를 높여야 하기 때문에 고객에게 효과적으로 접근하고 구매로 연결되는 전략이 필수적인 시대가 되었다.

한편 디지털 마케팅이 대세가 된 현재 시장 상황에서 마케팅의 목표를 달성하기 위해서는 마케팅에 대한 기본적인 이해가 필요하다. 마케팅은 제품(Product), 가격(Price), 유통(Place), 판매촉진(Promotion) 등 4가지 핵심 요소를 기본으로 하고 있다.

제품(Product)은 고객이 원하는 상품을 경쟁자 대비 경쟁 우위의 제품을 만들고 가격(Price)은 제품에 대한 합당한 가치를 감안하여 가격을 제시하고 유통(Place)은 고객이 쉽게 구입할 수 있도록 유통망을 개척하고 입점시키는 활동을 말하며 판매촉진(Promotion)은 제품과 서비스의 우수성을 충분히 홍보하여 인지도를 향상하고 고객이 구입할 수 있도록 판촉 활동을 전개하고 지속적으로 구입할 수 있도록 고객관리를 함으로써 충성고객을 만든다. 이것을 흔히 마케팅 4P라고 말하고 있으며. 잘되는 마케팅은 한가지라도 미흡함이 없이 4가지를 얼마나 균형 있게 잘 수행하게 하는 4P MIX 전략이 필요하다. 실패하는 마케팅은 마케팅 4P가 전체적으로 부실하거나 어느 한 개라도 부실한 경우이다.

[그림-3] 잘되는 마케팅과 실패하는 마케팅

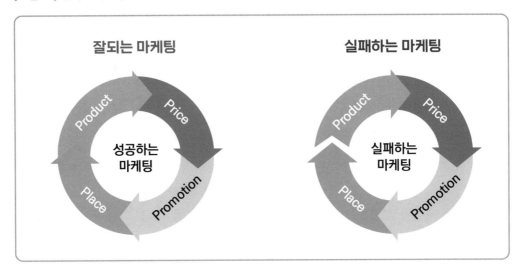

② 디지털 마케팅의 종류

[그림-4] 디지털 마케팅의 종류

 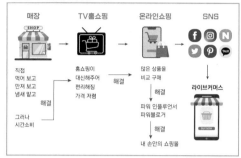

출처: 네이버 쇼핑, 네이버 지도, 네이버 블로그 화면 캡처

1 온라인 유통 마케팅

온라인 유통 마케팅이란 네이버 쇼핑, 쿠팡과 같은 온라인 플랫폼뿐만 아니라 포털 사이트, 앱을 통한 개별 쇼핑몰 또는 페이스북·인스타그램·밴드 등에 연결된 쇼핑몰 사이트 등을 활용한 마케팅을 의미한다.

▶ 직접적으로 구매 활동이 이루어지는 핵심적인 마케팅 수단이며 효과적인 온라인 유통 마케팅을 위해서는 검색엔진 최적화(SEO) 마케팅이 필수적으로 수반되어야 한다.

2 소셜 마케팅

소셜 마케팅은 흔히 SNS(Social Network Service) 마케팅이라고 하며 사회적으로 연결된 네트워크를 활용한 마케팅을 의미한다. 인스타그램, 페이스북, 카카오톡, 밴드 등의 소셜 미디어를 활용하는 방식으로 소셜 미디어 마케팅이라고도 불린다.

▶ 직접적으로 구매 활동이 이루어지기도 하며 SNS 계정에 온라인 쇼핑몰을 연결해 구매를 유도할 수도 있다. 또한 고객 및 팔로워와의 소통을 통해 유대감을 강화하고 브랜드 인지도를 높이는 데 활용되는 중요한 마케팅 수단이다.

③ 인플루언서 마케팅

인플루언서 마케팅은 대중에게 영향을 미치는 인플루언서를 활용한 마케팅을 의미한다. 인플루언서는 연예인 못지않은 인기와 많은 팔로워를 보유하고 있어서 그들의 행동 하나하나가 대중에게 큰 영향을 미친다. 이러한 영향력을 활용하는 것이 인플루언서 마케팅이다.

▶ 내 제품 및 서비스 이미지와 잘 어울리며 신뢰도가 높은 인플루언서를 선별해 제품 홍보뿐만 아니라 이벤트 활동까지 수행하는 마케팅 수단이다.

④ 콘텐츠 마케팅

콘텐츠 마케팅은 목표로 하는 잠재 고객의 니즈를 파악한 후 이에 맞춘 콘텐츠를 제작하여 소셜 미디어에 공개하는 마케팅 방법을 의미한다. 대표적인 형태로는 유튜브 영상, 숏폼 콘텐츠, 블로그 포스팅 등이 있다.

▶ 소셜 마케팅이 소통 중심이라면 콘텐츠 마케팅은 보다 구체적으로 정보와 지식을 제공하는 경우가 많아 제품과 서비스를 효과적으로 어필하는 데 중요한 역할을 한다. 또한 콘텐츠 마케팅은 단순히 브랜드 인지도를 높이는 것뿐만 아니라 온라인 쇼핑몰과 연계하여 매출 증대를 유도하는 마케팅 수단으로 활용된다.

③ 이커머스 마케팅

1) 국내 이커머스 시장 현황

국내 이커머스 시장은 세계적으로도 주목받는 성장세를 보이며 경제적 규모 측면에서도 핵심적인 시장으로 자리 잡고 있다. 2023년 기준 국내 이커머스 시장 규모는 약 229조 원으로 집계되었으며, 이는 전년 대비 약 8% 증가한 수치이다. 이러한 지속적인 성장은 디지털 기술의 발전과 소비자들의 쇼핑 패턴이 오프라인에서 온라인으로 빠르게 이동하고 있음을 시사한다.

[그림-5] 연도별 온라인쇼핑액 규모 추이 / 단위 : 억원

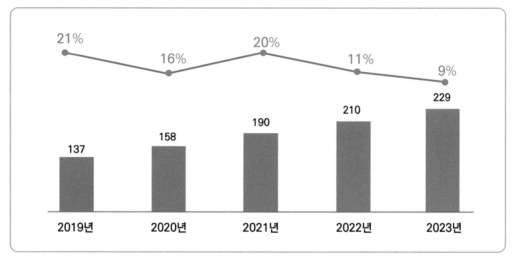

출처: 통계청. 연도별 온라인쇼핑 동향

그러나 최근 몇 년간의 폭발적인 성장세와 비교하면 경제 불확실성 증가와 물가 상승으로 인한 소비 심리 위축이 영향을 미치면서 이커머스 시장 또한 이전과는 달리 완만한 성장세를 기록하고 있다. 하지만 이러한 환경에서도 온라인 쇼핑은 여전히 가장 빠르게 성장하는 유통 채널로 자리 잡고 있으며 다양한 혁신과 차별화된 서비스를 통해 지속적으로 확장될 가능성이 높다.

2) 이커머스 시장의 성장과 모바일 쇼핑의 확대

국내 이커머스 시장은 지속적으로 성장하고 있으며 소비자들의 쇼핑 방식도 빠르게 변화하고 있다. 특히 모바일 쇼핑의 비중이 급격히 확대되면서 온라인 쇼핑의 핵심 채널로 자리 잡고 있다[그림-4]. 국내 이커머스 시장에서 모바일 쇼핑 거래액은 약 169조 원을 기록했으며 이는 전체 거래액의 73.9%를 차지하고 있다.

스마트폰을 이용한 간편한 검색과 결제 방식이 보편화되면서 소비자들은 오프라인보다 온라인을 더욱 선호하는 경향을 보이고 있다. 또한 앱 기반 쇼핑 환경의 개선, 다양한 간편 결제 시스템 도입, 개인 맞춤형 상품 추천 서비스 확대 등이 이러한 변화를 더욱 가속화하고 있다.

이는 스마트폰을 활용한 쇼핑이 더욱 보편화되었으며 디지털 환경에 익숙한 소비자들이 모바일 앱 기반의 간편한 쇼핑 방식을 선호하는 경향이 강해졌기 때문이다. 소비자들은 이제 단순한 상품 검색뿐만 아니라 결제와 배송 추적까지 모든 과정을 모바일에서 손쉽게 처리하는 것을 당연하게 여기고 있으며 이러한 트렌드는 앞으로도 지속될 것으로 전망된다.

[그림-6] 모바일과 데스크탑 매출 비교

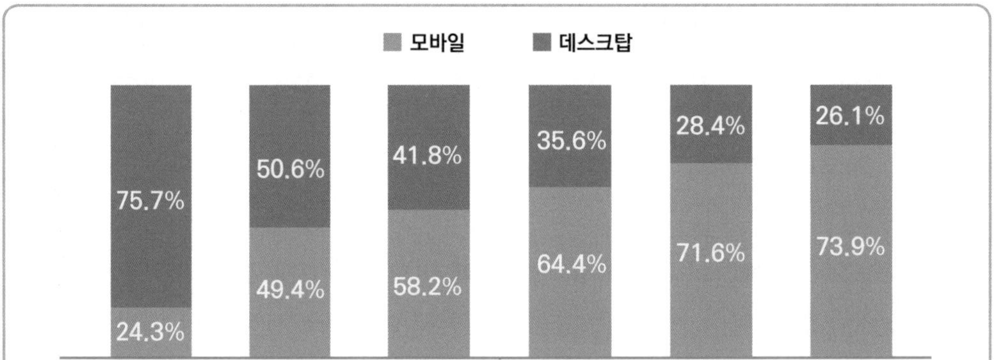

출처: 통계청. 연도별 온라인쇼핑 모바일쇼핑액 동향

3) 플랫폼 내(內) 시장 동향

2023년 기준 온라인쇼핑 거래액은 228조 8,600억 수준으로서 서비스상품이 66조 1,600억 원으로 28.9%, 패션이 55조 2,100억 원으로 24.1%, 식품이 40조 6,900억 원으로 17.8%를 차지하고 있으며 일반 상품뿐만 아니라 여행 서비스 업종에 이르기까지 온라인쇼핑을 통해 구입하고 있다.

[표-1] 상품군별 온라인쇼핑 거래액

(단위:조원)

구분	2022년	2023년	증감액	증감률
합계	209.9	228.9	19.0	9.0%
가전	30.0	30.0	0	0.0%
도서	4.4	4.3	▽0.2	▽1.0%
패션	52.1	55.2	3.1	6.0%
식품	36.1	40.7	4.6	12.7%
생활	28.3	29.6	1.3	4.9%
서비스	55.3	66.2	10.9	19.7%
기타	3.8	2.8	▽1.0	▽25.9%

출처: 통계청(https://kostat.go.kr)

① 음·식료품 시장의 성장

음·식료품 카테고리는 연간 거래액이 약 40.7조 원 규모로 전체 이커머스 거래액의 약 17.8%를 차지하며 지속적인 성장세를 보인다. 특히 신선식품 및 가공식품의 온라인 구매가 증가하면서 이 시장의 성장 가능성이 더욱 커지고 있다. 새벽 배송과 당일배송 서비스가 확대되면서 소비자들은 이제 대형마트나 전통시장을 방문하는 대신 온라인 플랫폼을 통해 신선한 식품을 빠르게 받아볼 수 있게 되고 있다. 로켓프레시, 마켓컬리, SSG닷컴과 같은 플랫폼은 차별화된 배송 시스템을 구축하며 소비자들의 만족도를 높이고 있다. 또한 가정 간편식(HMR) 및 밀키트 시장도 급격히 성장하고 있다. 간단한 조리만으로 완성할 수 있는 간편식 제품들은 바쁜 현대인들에게 큰 인기를 얻고 있으며 1인 가구 및 맞벌이 부부의 증가가 이러한 수요를 더욱 확대하고 있다.

건강식품과 지역 특산물에 대한 관심도 높아지고 있으며 유기농 식품, 프리미엄 가공식품, 건강 기능식품의 인기가 증가하면서 특정 고객층을 타깃으로 한 온라인 판매 전략이 효과적인 방식으로 떠오르고 있다.

② 온라인 중심으로 전환되는 의류 및 패션 시장

패션 시장은 연간 거래액이 약 55.2조 원에 달하며 이커머스 시장에서 약 24.1%의 비중을 차지하고 있다. 전년 대비 6.0%의 성장률을 기록하며 안정적인 확장세를 이어가고 있으며, 특히 패션 전문 플랫폼의 성장과 라이브 커머스의 활성화가 주요한 성장 요인으로 작용하고 있다.

무신사, 지그재그, 29CM와 같은 패션 전문몰들은 소비자의 쇼핑 경험을 더욱 정교하게 맞춤화하고 있으며 AI 기반의 개인 맞춤 추천 시스템을 활용해 구매 전환율을 높이고 있다.

또한 인플루언서를 활용한 SNS 마케팅과 라이브 커머스도 온라인 패션 시장의 핵심 전략으로 자리 잡고 있으며 소비자들은 이제 단순한 제품 사진보다 라이브 방송을 통해 실시간으로 제품을 확인하고 판매자와 직접 소통하는 방식을 선호하고 있다. 이러한 변화는 브랜드 충성도를 높이고 즉각적인 구매로 이어질 가능성을 극대화하고 있다.

③ 가전·디지털 제품의 온라인 구매 비중 증가

가전·디지털 제품의 온라인 거래액은 약 30조 원 규모로 여전히 이커머스 시장에서 높은 비중을 차지하고 있지만 전년 대비 성장률이 0% 답보 상태로 성장세가 둔화하고 있다.

이러한 변화의 주요 원인 중 하나는 스마트폰과 태블릿, 노트북 등의 필수 전자기기 보급률이 이미 높은 수준에 도달했기 때문이다. 또한 고가 전자제품의 경우 여전히 오프라인 매장에서 실물을 확인한 후 구매하려는 소비자들이 많다는 점도 영향을 미치고 있다.

그러나 연중 진행되는 대형 할인 행사(예: 블랙 프라이데이, 빅 스마일데이, 십일절 프로모션) 에서는 온라인 가전 매출이 급증하는 경향을 보이고 있으며 특히 계절성 가전(에어컨, 난방기구 등)의 경우 소비자들이 가격 비교를 철저히 한 후 온라인으로 주문하는 비율이 증가하고 있다.

④ 생활용품, 가구 및 자동차용품, 애견용품 시장의 확대

생활용품, 가구 및 자동차용품, 애견용품 시장은 연간 거래액이 약 29.6조 원에 달하며 전년 대비 4.9% 성장을 기록하고 있다. 코로나19 이후 집에서 보내는 시간이 늘어나면서 홈 인테리어 및 라이프스타일 제품에 대한 관심이 꾸준히 증가하고 있다. 과거에는 대형 가구를 직접 매장에서 구매하는 소비자가 많았지만 이제는 소형 가구, DIY 소품, 모듈형 가구를 중심으로 온라인 구매가 활성화되고 있다.

특히 오늘의 집과 같은 인테리어 전문몰은 단순한 상품 판매를 넘어 소비자들에게 인테리어 아이디어와 가이드라인을 제공하는 콘텐츠 기반 전략을 펼치며 높은 충성도를 확보하고 있다. 또한 소셜미디어를 통한 인테리어 트렌드 공유도 소비자들의 구매에 영향을 미치는 요소로 작용하고 있으며 셀프 인테리어 및 홈데코 제품의 인기가 지속적으로 확대되고 있다. 또한 이커머스 시장은 단순한 상품 판매 플랫폼을 넘어 소비자들의 라이프스타일 전반을 지원하는 형태로 발전하고 있다.

빠른 배송 시스템, AI 기반 상품 추천 기술, 모바일 중심의 구매 방식, 콘텐츠 기반 마케팅 등 이 모든 요소들이 결합하면서 카테고리별 매출 성장에 영향을 미치고 있으며 플랫폼들은 이러한 흐름에 맞춰 지속적으로 서비스를 개선하고 있다. 특히 모바일 쇼핑의 비중이 75%에 육박하면서 온라인 판매자들은 모바일 환경에 최적화된 쇼핑 경험을 제공하는 것이 필수적인 요소로 자리 잡고 있다. 따라서 창업자들은 이러한 변화를 면밀히 분석하고 소비자들의 구매 패턴을 반영하여 차별화된 고객 경험을 제공하는 것이 시장에서 성공하는 핵심 요소가 될 것이다.

4) 플랫폼 종류와 특성

국내 이커머스 시장은 소비자들의 다양한 요구를 충족시키기 위해 점점 더 세분화된 플랫폼 구조를 형성하고 있다.

각 플랫폼은 고유한 비즈니스 모델과 차별화된 서비스를 통해 독자적인 쇼핑 경험을 제공하며 창업자들은 이러한 특성을 정확히 이해하는 것이 성공적인 시장 진입의 중요한 요소가 된다. 특히 시니어 창업자의 경우 자신에게 적합한 플랫폼을 선택하고 운영 방식에 대한 명확한 전략을 수립하는 것이 필수적이다.

① 오픈마켓

오픈마켓은 플랫폼이 직접 상품을 보유하거나 재고를 관리하지 않고 판매자와 소비자를 연결하는 중개형 이커머스 플랫폼이다. 판매자는 자유롭게 입점하여 상품을 등록하고 플랫폼을 통해 소비자에게 직접 제품을 판매할 수 있다.

이러한 방식은 진입 장벽이 낮아 신규 창업자들도 부담 없이 시장에 진입할 수 있도록 돕는 특징을 가지고 있다. 또한 판매자가 개별적으로 상품을 운영하고 가격을 책정할 수 있어 효과적인 마케팅 전략과 가격 경쟁력을 확보하는 것이 중요하다. 성공적인 판매를 위해서는 각 플랫폼의 광고 도구, 프로모션 운영 방식, 수수료 구조 등을 파악하고 최적의 운영 전략을 수립하는 것이 필수적이다.

국내 대표적인 오픈마켓으로는 네이버 스마트스토어, G마켓, 옥션, 11번가 등이 있으며 각 플랫폼은 차별화된 운영 방식과 강점을 가지고 있다. 네이버 스마트스토어는 네이버 검색과 연계된 높은 트래픽을 활용해 판매 기회를 극대화할 수 있는 반면에 G마켓과 옥션은 대규모 할인 행사와 멤버십 프로그램을 통해 가격 경쟁력을 강조하는 전략을 펼치고 있다. 11번가는 SK텔레콤과의 제휴를 통해 추가 할인과 멤버십 혜택을 제공하는 것이 강점이다. 오픈마켓은 다양한 판매 기회를 제공하지만 플랫폼별 특성과 소비자 구매 패턴을 고려한 맞춤 전략이 필요하다.

[그림-7] 오픈마켓 홈페이지

출처: 네이버 쇼핑, G마켓, 11번가 홈페이지

② 종합몰

종합몰은 다양한 카테고리의 상품을 한곳에서 제공하는 대형 이커머스 플랫폼으로 소비자가 여러 브랜드와 제품을 한 번에 비교하고 구매할 수 있도록 운영되고 있다. 이들 플랫폼은 직접 재고를 보유하고 판매하는 형태와 입점한 판매자의 상품을 유통하는 형태를 모두 포함하며 보다 광범위한 쇼핑 경험을 제공하고 있다.

대표적인 예로 쿠팡은 자체 물류망을 활용한 로켓배송 시스템을 통해 빠른 배송 서비스를 제공하고 있으며 신선식품, 생활용품, 가전제품 등 배송 속도가 중요한 카테고리에서 강점을 발휘하고 있다. 또한 로켓와우 멤버십과 AI 기반 상품 추천 시스템을 도입하여 소비자의 편의성을 높이고 맞춤형 쇼핑 경험을 제공하는 전략을 펼치고 있다.

이 외에도 SSG닷컴, 롯데온, Hmall(현대백화점몰) 등 백화점 및 대형 유통업체 기반의 종합몰도 있으며 브랜드 신뢰도와 프리미엄 서비스를 강점으로 내세우는 전략을 활용하고 있다. 종합몰은 자체 물류 및 브랜드 신뢰도를 기반으로 소비자 만족도를 극대화하는 것이 중요한 운영 요소가 되고 있다.

[그림-8] 종합몰 홈페이지

출처: SSG닷컴, 롯데온 홈페이지

③ 전문몰

전문몰은 특정 상품 카테고리에 집중하여 특정 소비자층의 요구를 충족시키는 것을 목표로 하는 이커머스 플랫폼이다. 일반적인 종합몰이나 오픈마켓과 달리 전문몰은 차별화된 상품 구성과 전문적인 큐레이션을 통해 충성도 높은 고객층을 확보하는 전략을 펼치고 있다. 예를 들어 무신사는 패션 분야에 특화된 전문몰로 특히 MZ세대의 트렌드를 반영한 다양한 상품 구성을 강점으로 내세우고 있다. 패션 소호 브랜드부터 유명 디자이너 브랜드까지 폭넓은 제품군을 제공하고 있으며 소비자들은 개성 있는 스타일을 손쉽게 찾을 수 있다.

오늘의 집은 인테리어 및 가구 분야에 특화된 플랫폼으로 단순히 제품을 판매하는 것을 넘어 집 꾸미기 아이디어와 스타일링 가이드를 함께 제공하는 방식으로 소비자와의 접점을 넓혀가고 있다. 이러한 콘텐츠 기반의 운영 방식은 브랜드 충성도를 높이는 데 중요한 역할을 하며 소비자가 단순 구매를 넘어 지속적으로 플랫폼을 이용하도록 유도하고 있다.

이처럼 각 전문몰은 자신만의 차별화된 강점과 소비자 경험을 바탕으로 독자적인 시장 입지를 구축해 왔다. 시니어 창업자는 자신이 보유한 전문성을 활용하여 특정 분야에 특화된 상품과 서비스를 제공하는 전문몰 모델을 벤치마킹할 수 있다.

그 외에도 올리브영(뷰티 및 헬스케어 전문몰), 지그재그(패션 큐레이션 플랫폼), 마켓컬리(프리미엄 신선식품 전문몰) 등 다양한 카테고리에 특화된 전문몰들이 시장에서 성공적인 운영을 이어가고 있다.

[그림-9] 전문몰 홈페이지

 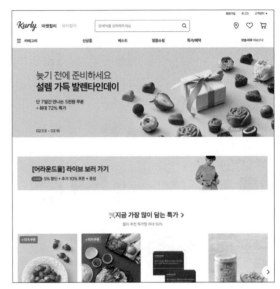

출처: 무신사, 마켓컬리 홈페이지

④ C2C 플랫폼

C2C(Customer-to-Customer) 플랫폼은 개인 간의 거래를 중개하는 형태의 이커머스 모델로 중고 거래 및 지역 기반 거래에 특화되어 있다. 기존의 유통 과정을 거치지 않고 판매자와 구매자가 직접 연결되며 이를 통해 보다 유연하고 경제적인 거래가 가능하다는 특징이 있다.

대표적인 C2C 플랫폼으로는 당근마켓과 번개장터가 있다. 당근마켓은 '이웃 간 거래' 라는 개념을 중심으로 지역 기반 직거래 플랫폼으로 성장하고 있다. 사용자는 거주 지역을 기반으로 상품을 등록하고 거래할 수 있으며 빠른 거래와 신뢰성을 강조한 커뮤니티 중심의 운영 방식이 강점이다. 또한 채팅을 통한 직거래 기능과 지역 정보 공유 기능을 통해 플랫폼의 활용도를 극대화하고 있다.

한편 번개장터는 중고 명품 및 희소성 있는 제품 거래에 강점을 두고 있으며 번개페이(안전 결제 시스템)와 정품 인증 서비스를 도입해 보다 신뢰할 수 있는 거래 환경을 구축하고 있다. 단순한 중고 거래를 넘어 한정판 스니커즈, 프리미엄 전자기기 등 고가의 상품이 활발하게 거래되는 플랫폼으로 자리 잡고 있다.

C2C 시장은 경제적인 소비 트렌드와 지속 가능한 소비 문화의 확산에 따라 점점 더 성장할 것으로 전망되며 창업자는 지역 기반 서비스 및 특정 소비자층을 타겟으로 한 차별화된 C2C 모델을 고려할 수 있다.

[그림-10] C2C 플랫폼 홈페이지

출처: 당근마켓, 번개장터 홈페이지

5) 플랫폼별 특성 비교

국내 이커머스 플랫폼들은 운영 방식, 수수료 정책, 정산 주기, 광고 도구 등에서 차별화된 전략을 펼치며 판매자들에게 다양한 선택지를 제공하고 있다. 각 플랫폼은 판매자 지원 방식과 소비자 접근 방식이 다르기 때문에 창업자는 자신이 판매하고자 하는 제품과 고객층에 맞춰 최적의 플랫폼을 선택하는 것이 중요하다.

쿠팡은 평균 3.5~10.9%의 수수료를 부과하며 로켓배송과 자체 물류 시스템을 활용해 빠른 배송 서비스를 제공하는 것이 강점이다. 특히 로켓와우 멤버십과 AI 기반 상품 추천 시스템을 통해 소비자의 쇼핑 경험을 개인화하는 전략을 활용하고 있다.

네이버 스마트스토어는 비교적 낮은 3~5.85%의 수수료를 적용하며 검색 트래픽을 활용한 광고 최적화와 키워드 검색 기능을 통해 판매자의 노출 기회를 극대화하는 것이 특징이다. 판매자가 직접 물류를 운영해야 하지만 초기 비용 없이 쉽게 입점할 수 있어 소규모 창업자들에게 진입 장벽이 낮다는 장점이 있다.

시니어 창업자들이 이러한 플랫폼의 특성을 이해한다면 자신이 판매하고자 하는 상품과 고객층에 맞는 플랫폼을 선택해 효율적인 비즈니스 모델을 구축할 수 있다. 이를 위해 각 플랫폼의 수수료 구조, 물류 방식, 광고 운영 방식 등을 분석하고 전략적으로 접근하는 것이 필수적이다.

[표-2] 플랫폼 종류별 대표 쇼핑몰

구분	대상 쇼핑몰
오픈마켓	네이버 스마트스토어, G마켓, 옥션, 11번가
종합몰	쿠팡, SSG닷컴, 롯데온, 현대Hmall
전문몰	무신사(패션), 오늘의집(인테리어), 올리브영(뷰티), 마켓컬리(식품)
C2C 플랫폼	당근마켓, 번개장터

6) 국내 주요 플랫폼 소개

국내 이커머스 시장은 다양한 플랫폼들이 각기 다른 운영 전략과 차별화된 서비스로 소비자와 판매자를 유치하고 있다. 특히 쿠팡과 네이버 스마트스토어는 각자의 비즈니스 모델을 바탕으로 국내 온라인 쇼핑 시장을 선도하고 있으며 이 두 플랫폼을 효과적으로 활용하는 것은 창업자들에게 필수적인 요소가 되고 있다. 온라인 판매를 시작하는 창업자는 플랫폼별 수수료 정책, 운영 방식, 소비자 접근성을 신중히 비교 분석하여 자신에게 가장 적합한 플랫폼을 선택하는 것이 중요하다.

① 쿠팡

쿠팡은 국내 이커머스 시장에서 가장 혁신적인 플랫폼 중 하나로 자리 잡고 있다. 특히 로켓배송, 판매자 로켓(로켓그로스), 마켓플레이스(오픈마켓) 등 세 가지 운영 방식을 통해 다양한 소비자와 판매자의 요구를 충족하며, 경쟁력을 더욱 강화하고 있다.

[표-3] 쿠팡 운영 방식 및 특징

구분	로켓그로스	로켓배송	마켓 플레이스
배지	로켓와우, 로켓배송 제트배송	로켓와우, 로켓배송	해당 없음
판매 주체	판매자	쿠팡	판매자
판매가격 결정	판매자	쿠팡	판매자
입고 요청	판매자	쿠팡	판매자
배송	쿠팡	쿠팡	판매자
물류창고 내 재고관리	쿠팡	쿠팡	판매자
교환 / 반품처리	쿠팡	쿠팡	판매자
고객 문의 대응	쿠팡	쿠팡	판매자

A) 쿠팡의 강점

● 로켓배송

 쿠팡은 국내 최초로 당일 및 다음 날 배송을 실현한 로켓배송 서비스를 통해 소비자들의 온라인 쇼핑 패턴을 근본적으로 변화시켰다. 쿠팡은 전국적으로 분포된 자체 물류망을 통해 상품 입고, 보관, 배송 과정을 모두 통제하며 소비자에게 신속하고 정확한 배송을 제공하고 있다. 또한 신선식품, 생필품 등 시간 민감도가 높은 상품에서도 빠르고 안정적인 배송이 가능해 소비자 신뢰도를 높이고 있다.

● 자체 브랜드(PB) 전략

쿠팡은 자체 브랜드인 곰곰과 탐사를 통해 가격 경쟁력을 강화하며 소비자들에게 가성비 높은 상품을 제공하고 있다. PB 상품은 품질과 가격의 균형을 맞춘 제품으로 소비자들에게 경제적이면서도 만족스러운 구매 경험을 제공하고 있다.

● 로켓와우 멤버십

[그림-11] 쿠팡 홈페이지

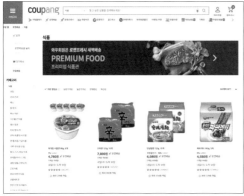

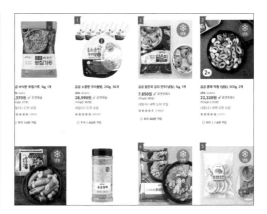

출처: 쿠팡 홈페이지(왼쪽 로켓배송, 곰곰 PB제품 이미지)

 쿠팡은 월 구독형 멤버십인 로켓와우를 통해 무료 배송, 추가 할인, 빠른 환불 등 다양한 혜택을 제공하고 있다. 소비자들은 로켓배송 상품을 무제한 무료로 이용할 수 있으며 일부 상품에서는 추가 할인 혜택까지 누릴 수 있다. 또한 반복 구매를 유도하는 멤버십 모델은 높은 재구매율을 기록하고 있다.

● 판매자 로켓(로켓그로스)

로켓그로스는 중소 판매자들이 쿠팡의 강력한 물류망과 로켓배송 혜택을 활용할 수 있도록 지원하는 프로그램이다. 운영 방식으로는 판매자가 쿠팡 물류센터에 상품을 입고시키면 쿠팡이 상품의 보관, 포장, 배송, 반품 과정을 전담해준다. 이를 통한 판매자로서 장점은 로켓배송의 혜택을 판매자 상품에도 적용해 소비자 신뢰도를 높이고 판매자 부담을 줄일 수 있으며 배송 신뢰도가 높아짐에 따라 상품 노출 증가와 함께 매출 향상이 가능해진다. 또한 물류 운영에 대한 경험이 부족하거나 물류 비용 절감을 원하는 창업자들에게 이상적인 선택이 될 수 있다.

● 마켓플레이스(오픈마켓)

쿠팡은 자체 물류를 활용하는 로켓배송과 로켓그로스 외에도 마켓플레이스(오픈마켓) 형태의 판매 방식도 지원하고 있다. 운영 방식으로는 판매자가 상품을 등록하고 배송 및 고객 서비스(CS)를 직접 관리하는 구조이며 플랫폼 이용 수수료는 약 3.5~10.9% 이다. 판매자들의 장점으로는 자유롭게 상품을 등록할 수 있어 다양한 상품군을 손쉽게 소비자에게 제공할 수 있다. 또한 소비자들은 쿠팡의 검색 알고리즘을 통해 마켓 플레이스 상품도 로켓배송 상품과 동일하게 노출되어 쉽게 구매할 수 있다.
마켓플레이스는 소규모 판매자부터 대형 사업자까지 다양한 규모의 판매자들이 쿠팡 플랫폼에 참여할 수 있는 기회를 제공한다.

● 창업자 관점에서의 쿠팡 판매 전략

쿠팡은 로켓배송, 판매자 로켓(로켓그로스), 마켓플레이스를 통합적으로 운영하며 소비자와 판매자 모두에게 다양한 선택지를 제공한다. 판매자 관점에서 로켓그로스를 활용한 초기 안정성을 확보할 수 있다. 물류와 배송에 대한 부담 없이 상품 개발과 판매 전략에 집중할 수 있으며 특히 빠른 배송이 강점이기 때문에 로켓그로스를 활용하면 경쟁력을 높일 수 있다.
또한 마켓플레이스를 활용한 상품 다각화도 주요 전략이다. 다양한 카테고리의 상품을 자유롭게 등록하여 초기 시장 반응을 확인하고 소비자 피드백을 바탕으로 상품군을 확장할 수 있다. 그리고 광고 도구를 통해 초기 상품 노출을 극대화할 수 있다.

그 외에도 쿠팡이 제공하는 데이터 분석과 광고 설루션을 활용하여 소비자 행동을 파악하고 효과적인 마케팅 전략을 실행할 수 있다. 이러한 각각의 시스템을 적절히 활용하면 창업 초기의 불확실성을 줄이고, 안정적인 비즈니스 성장을 도모할 수 있을 것이다.

② 네이버 스마트스토어

네이버 스마트스토어는 국내 대표적인 오픈마켓형 플랫폼으로 검색 기반의 강력한 연결 구조를 통해 판매자와 소비자를 효과적으로 이어주는 역할을 하고 있다. 초기 비용 없이 손쉽게 입점할 수 있으며 소규모 창업자는 물론 대형 브랜드까지 폭넓게 활용할 수 있는 것이 특징이다. 또한 네이버 검색과 쇼핑 경험을 유기적으로 결합하여 소비자들이 자연스럽게 상품을 탐색하고 구매하도록 유도하며 이를 통해 광고 효과를 극대화할 수 있는 강점을 가지고 있다.

또한 네이버 스마트스토어는 네이버 검색과 연계되어 있어 소비자들이 특정 키워드를 검색하면 스마트스토어 상품이 우선적으로 노출된다. 이는 판매자들에게 별도의 광고 비용을 들이지 않고도 자연 유입 트래픽을 확보할 수 있는 기회를 제공한다. 소비자들은 검색을 통해 원하는 제품을 손쉽게 찾을 수 있으며 검색 결과에서 바로 구매로 이어지는 과정이 매우 직관적으로 설계되어 있다.
검색 최적화를 활용하면 판매자들은 키워드 광고나 상품 태그를 통해 더욱 효과적으로 소비자들에게 도달할 수 있다. 특히 특정 키워드의 검색량이 높아지는 시기를 분석하여 마케팅 전략을 조정하는 것도 중요한 요소가 된다.

[그림-12] 네이버 스마트스토어 로그인 및 네이버 쇼핑 검색 이미지

출처: 네이버 스마트스토어 홈페이지

A) 네이버 스마트스토어의 강점

● 네이버페이

네이버 스마트스토어는 네이버페이와 연동되어 있어 소비자들이 빠르고 편리하게 결제할 수 있도록 지원한다. 네이버페이를 사용하면 카드 정보를 입력할 필요 없이 간단 인증만으로 결제가 가능하며 네이버페이 포인트 적립 혜택을 제공하여 소비자들의 재구매를 유도한다.

이러한 간편 결제 시스템은 구매 전환율을 높이는 데 중요하게 작용하며 소비자들이 반복적으로 네이버쇼핑을 이용하도록 유도하는 효과를 불러일으킨다. 또한 네이버페이 사용 시 네이버 멤버십과 연계된 혜택이 제공되기 때문에 가격 민감도가 높은 프리미엄 제품도 판매 기회가 확대될 수 있다.

[그림-13] 에어팟 네이버페이 결제 이미지

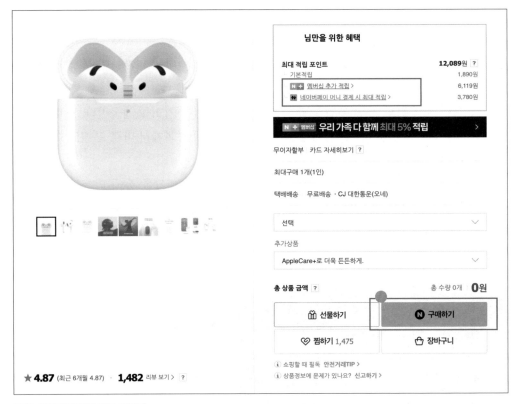

출처: 네이버 에어팟 검색 이미지

● 라이브 커머스

　네이버는 네이버 쇼핑 라이브 기능을 통해 실시간으로 소비자에게 상품을 홍보하고 판매할 수 있는 기회를 제공한다. 특히 패션, 뷰티, 생활용품과 같이 시각적인 요소가 중요한 제품군과 더불어 그 외 카테고리 제품에서도 효과적으로 활용되고 있다. 라이브 커머스를 활용한 판매 전략은 지속적으로 성장하는 추세이며 소비자와의 직접적인 소통이 가능한 만큼 브랜드와 자사 제품 충성도를 높이는 데도 중요한 역할을 한다.

[그림-14] 네이버 쇼핑 라이브 이미지

출처: 네이버 쇼핑라이브 홈페이지

● 창업자 관점에서의 네이버 스마트스토어 판매전략

• 원쁠딜(1+1 프로모션) 활용

네이버는 원쁠딜(1+1 Deal) 이라는 프로모션 기능을 제공하여 판매자들이 소비자들에게 보다 경쟁력 있는 할인 혜택을 제공할 수 있도록 지원하고 있다. 이 프로모션은 제품 한 개를 구매하면 추가로 한 개를 증정하는 방식으로 운영되며 소비자들에게 강한 구매 유인을 제공하여 판매량을 빠르게 증가시키는 효과를 가지고 있다.

특히 소모품이나 반복 구매가 잘 이루어지는 상품군에서 원쁠딜을 활용하면 단기간 내 매출을 극대화할 수 있다. 판매자 입장에서는 초기 인지도 확보를 위한 강력한 마케팅 도구로 활용될 수 있으며 구매자의 재구매율을 높이는 데도 효과적일 수 있다.

187

[그림-15] 원쁠딜 이미지

출처: 네이버 원쁠딜 홈페이지

● 키워드 광고를 활용한 검색 최적화

• 원쁠딜(1+1 프로모션) 활용

네이버 스마트스토어는 키워드 광고(네이버 검색광고)를 통해 판매자가 특정 키워드 검색 결과에 자신의 상품을 상위 노출시킬 수 있도록 지원한다.

키워드 광고는 소비자의 제품에 대한 검색 의도를 반영하여 광고를 노출하기 때문에 다른 유형의 광고보다 높은 전환율을 기대할 수 있다. 특히 데이터 분석을 통해 특정 키워드의 검색량이 급증하는 시기를 파악하여 해당 기간 동안 광고를 집중적으로 운영하면 보다 효과적인 성과를 이룰 수 있다.

또한 네이버 검색 광고는 클릭당 비용(CPC) 방식으로 운영되기 때문에 광고 예산을 효율적으로 관리하면서도 원하는 고객층에게 노출될 수 있도록 최적화시킬 수 있다.

● 도착보장 서비스로 신뢰도 확보

네이버는 도착보장 서비스를 통해 소비자들에게 보다 신뢰할 수 있는 배송 경험을 제공하고 있다. 도착보장이 적용된 상품은 특정 날짜까지 배송이 보장되며 이를 통해 소비자들은 예상치 못한 배송 지연에 대한 불안감을 해소할 수 있다.

특히 특정 기간 내에 받아야 하는 선물용 상품이나 시즌성이 강한 상품, 보관이 중요한 냉장, 냉동 상품에서는 도착보장 서비스가 큰 장점으로 작용할 수 있다. 판매자는 이 서비스를 통해 소비자들에게 빠른 배송을 보장할 수 있으며 소비자 신뢰도를 높임으로써 구매 전환율을 향상할 수 있다. 도착보장 서비스가 적용된 상품에는 '도착보장' 배지가 부여되며 이는 소비자들이 안심하고 구매할 수 있도록 돕는 역할을 한다.

[그림-16] 네이버 도착보장 이미지

출처: 네이버 쇼핑 홈페이지 내 도착보장 페이지

[표-4] 플랫폼별 비교

항목	쿠팡	네이버 스마트스토어
운영 방식	종합몰 (플랫폼 직접 재고 보유)	오픈마켓 (판매자 직접 등록 및 판매)
수수료	약 3.5~10.9%	약 3~5.85%
배송	로켓배송 (다음 날 또는 당일 배송)	판매자 개별 배송 관리 네이버 도착보장
결제 시스템	쿠팡 간편결제	네이버페이
마케팅 도구	쿠팡 광고 (로켓배송 노출)	키워드 광고, 쇼핑광고, 라이브 커머스
고객 충성도 유도	로켓와우 멤버십	네이버페이 포인트 적립

결론적으로 쿠팡과 네이버 스마트스토어 등의 플랫폼들는 각각 차별화된 장점과 접근 방식을 통해 국내 이커머스 시장을 선도하고 있다. 시니어 창업자들은 플랫폼의 운영 방식을 깊이 이해하고 자신의 제품군과 고객층에 맞는 플랫폼을 선택해 최적의 전략을 설계해야 한다. 여러 플랫폼을 동시에 활용하여 시너지를 창출한다면 더욱 성공적인 비즈니스 모델을 구축할 수 있을 것이다.

7) 창업자 준비 사항

이커머스 시장은 진입장벽이 낮아 누구나 쉽게 시작할 수 있는 비즈니스 모델로 보일 수 있지만 치열한 경쟁 속에서 성공적인 사업을 구축하기 위해서는 철저한 준비와 체계적인 전략이 필수적이다. 특히 시니어 창업자들이 안정적이고 지속 가능한 비즈니스를 설계하려면 시장의 흐름을 이해하고 자사의 강점과 경험을 활용해 명확한 목표를 설정해야 한다.

① 창업 아이템 선정: 소비자 니즈와 트렌드 분석

이커머스 창업의 첫걸음은 소비자 니즈와 시장 트렌드에 부합하는 상품을 선정하는 것이다. 이를 위해 시장조사를 철처하게 진행하여야 한다. 플랫폼별 인기 카테고리 데이터 분석과 현재 소비자들이 가장 많이 찾는 상품, 서비스 유형을 확인해야 한다. 특히 식음료, 패션, 뷰티, 디지털 가전, 리빙 등은 안정적인 성장세를 보이는 주요 카테고리이기 때문에 중점적으로 확인해야 한다. 시장 트렌드를 파악하기 위한 구글 확장 프로그램을 소개하자면 '아이템 스카우트'와 '셀러 라이프' 등이 있다. 확장 프로그램을 통해 네이버 쇼핑 키워드 검색 시에 검색 키워드에 대한 상품 수, 매출액, 검색량 추이 등과 관련한 데이터를 제공해 준다. 이러한 기능을 활용하여 판매하고자 하는 카테고리의 상품을 사전에 분석해 볼 수 있으며 광고 키워드 선정에도 활용할 수 있다.

[그림-17] 아이템 스카우트, 셀러라이프 확장프로그램 활용 이미지

출처: 아이템 스카우트, 셀러라이프 검색 화면

② 플랫폼 선택: 판매 채널 분석과 활용 전략

시니어 창업자는 앞서 언급된 플랫폼들의 장점과 특징을 이해하고 판매하려는 상품의 특성과 목표 소비자층을 고려하여 활용하면 좋다. 중요한 점은 한 플랫폼에만 판매하기 보다는 이러한 플랫폼들의 특장점에 맞는 상품군을 기획하여 판매한다면 매출과 더불어 앞으로의 판매 전략이 더욱 확고해질 수 있다.

③ 운영 준비: 물류, 광고, 고객 관리

● 물류 및 재고 관리

초기 창업자는 물류 부담을 줄이기 위해 플랫폼의 물류 지원 서비스를 활용하는 것이 중요하다. 대표적인 예로 3PL(Third Party Logistics) 서비스를 활용한 쿠팡의 로켓그로스나 네이버의 도착보장 서비스가 있다. 재고 관리의 경우에는 초기 비용 부담과 직결되기 때문에 소량으로 시작해 시장 반응에 따라 점진적으로 확대하는 것이 바람직하다.

● 광고와 마케팅 전략

이커머스에서 성공적인 판매를 위해서는 초기 트래픽 확보와 소비자 인지도를 높이는 광고와 마케팅 전략이 필수적이다. 그래서 플랫폼 내 광고 도구를 적극적으로 활용해야 하며 특히 네이버 키워드 광고, 쿠팡의 상품 노출 광고를 활용해 상품을 효과적으로 노출해야 한다. 또한 인스타그램이나 유튜브와 같은 SNS 채널을 활용해 고객과의 접점을 확대하고 브랜드 이미지를 강화할 수 있다.

● 고객 관리와 후기 전략: 신뢰 구축

• 소비자 경험 및 후기 관리

소비자 경험 관리에 가장 큰 핵심은 배송 품질 관리와 CS(Customer Service)이다. 빠르고 정확한 배송은 소비자 만족도를 높이는 중요한 요소로 후기와 리뷰는 이커머스 판매의 중요한 신뢰 요소이다. 또한 소비자들의 솔직한 의견을 수집하고 긍정적인 후기를 활용해 신규 소비자에게 신뢰를 제공할 수 있으며 부정적인 피드백은 적극적으로 해결하고 개선 과정을 공개하여 고객 만족도를 높일 수 있다.

④ 데이터 분석: 지속 가능한 비즈니스 구축

● 판매 데이터 분석

판매 이후 데이터를 분석하여 어떤 상품이 가장 잘 팔리는지 그리고 판매량이 높은 시간대를 파악해야 한다. 이를 위해 플랫폼에서 제공하는 판매 리포트와 소비자 행동 데이터(클릭률, 장바구니 추가, 구매 전환율 등)를 활용하여 향후 전략을 개선할 수 있다. 특히 데이터 분석 시 상품별 CS 및 리뷰를 함께 분석하면 더욱 효과적인 판매 전략을 수립할 수 있다.

[그림-18] 쿠팡 및 네이버 리뷰 이미지

★★★★★ 5
kyeo***** · 25.01.31. · 구성: 7. 마트리카리아 반단+절화보...
아들 생일기념으로 골랐어요. 마트리카리아를 고르기에 처음사봤네요. 한파를 피해서 주문했는데 아무래도 겨울이니 날이 추워서그런지 많이 힘이없...

★★★★★ 5
sang*** · 25.01.19. · 구성: 2. (상등급)프리지아20송이+절화...
랜덤 선택했는데 노란색 프리지아가 왔어요 향기 좋네요 다 피면 더 좋겠죠? 꽃대는 진짜 약해요 손만 대면 톡 뿌러집니다 조심 조심 다뤄야해요

출처: 네이버, 쿠팡 홈페이지 내에 구매자 리뷰

결론적으로 성공적인 이커머스 창업을 위해서는 단순히 상품을 판매하는 것 이상으로 철저한 준비와 전략적 사고가 필요하다. 창업자는 자신의 강점을 살리고 플랫폼의 특성을 적절히 활용해 초기 시장 진입에 유리한 환경을 조성해야 하며 고객 경험 관리와 데이터 분석을 통해 비즈니스를 지속적으로 발전시킨다면 시니어 창업자들도 이커머스 시장에서 충분히 성공적인 결과를 만들어낼 수 있을 것이다.

② 해외 이커머스

1) 해외 직구·역직구 시장 현황

이커머스 시장은 국가 간 경계를 허물며 빠르게 성장하고 있다. 과거에는 국가별 관세 장벽, 유통망과 언어적 한계 등이 해외 거래의 진입 장벽으로 작용했지만 최근에는 글로벌 물류 네트워크의 발전과 플랫폼 간 연계 강화, 모바일 결제 시스템의 확산으로 국가 간 이커머스 거래가 빠르게 확대되고 있다. 그 결과 해외 소비자들이 국내 플랫폼에서 직접 상품을 구매하는 역직구(Cross-border E-commerce) 시장과 국내 소비자들이 해외 플랫폼에서 직접 구매하는 직구(Direct Purchase) 시장이 동시에 성장하고 있으며 이는 이커머스를 활용한 창업자들에게도 새로운 기회를 제공하고 있다.

2) 국가별 이커머스 시장 규모 및 성장 동향

세계적으로 이커머스 시장의 성장은 모바일 쇼핑 증가, 물류 및 결제 시스템의 발전, 소비자의 온라인 쇼핑 선호도 확대 등의 요인에 의해 가속화되고 있다.

[표-5] 주요국 이커머스 시장 규모 추이('20~'23)

(단위:십억달러,전년대비%)

연도	중국		미국		한국		일본	
	매출액	성장률	매출액	성장률	매출액	성장률	매출액	성장률
2020	2,297	27.5	811	42.0	134	14.5	111	18.7
2021	2,779	21.0	951	17.3	166	23.9	118	5.6
2022	3,085	11.0	1,013	6.5	163	-1.7	122	4.0
2023	3,331	8.0	1,104	9.0	175	7.3	127	3.8
'20-'23 CAGR	22.7		24.6		14.4		10.6	

자료: USITA, Euromonitor, US Census Bureau

① **미국 시장**: 세계 최대의 이커머스 시장 중 하나로서 아마존(Amazon)이 시장의 상당 부분을 차지하고 있고 가격과 브랜드 신뢰도가 중요한 요소로 작용하며 프라임 회원제 기반의 무료 배송 및 빠른 배송 서비스가 강세를 보인다.

② **중국 시장**: 알리바바(Alibaba), 징둥(JD.com), 테무(Temu) 등의 플랫폼이 주요 시장을 차지하고 있으며 최근 급격한 글로벌 시장 침투율을 보이고 있다. 중국 소비자들은 K-뷰티, K-패션, K-푸드에 대한 높은 관심을 보이며 샤오홍슈(小红书, Xiaohongshu)와 같은 SNS와 연계된 쇼핑이 활성화되고 있다.

③ 동남아 시장: 쇼피(Shopee), 라자다(Lazada)와 같은 플랫폼이 주요하게 활용되며 모바일 퍼스트(mobile-first) 전략이 필수적이다. 또한 동남아는 특히 소비자들은 가격 민감도가 높은 편이며 프로모션과 할인 쿠폰을 적극적으로 활용하는 것이 중요하다.

④ 유럽 시장: 아마존, 육스(Yoox), ASOS, 이케아 등 다양한 글로벌 브랜드가 시장을 차지하고 있으며 국가별로 규제와 소비자 성향이 다르다. 특히 패션과 명품 카테고리의 전문몰이 많은 편이며 유럽 소비자들은 친환경 및 지속 가능성(Sustainability)에 대한 관심이 높다.

3) 글로벌 이커머스 시장의 주요 특징

① 모바일 쇼핑의 지배적 역할

대부분의 국가에서 모바일을 통한 온라인 쇼핑이 빠르게 증가하고 있으며 특히 동남아 및 중국 시장에서는 모바일 쇼핑 비율이 80% 이상에 달하고 있다.

② SNS 기반의 쇼핑 트렌드

해외 소비자들은 인스타그램, 틱톡, 유튜브, 샤오홍슈 등의 SNS에서 제품을 탐색하고 구매하는 경향이 강하며 라이브 커머스를 활용하여 실시간으로 소비자와 소통하는 전략이 점점 더 중요한 요소가 되고 있다.

③ 로컬화(Localization)의 중요성

국가별로 언어, 결제 시스템, 선호하는 브랜드가 다르므로, 해당 시장에 맞는 현지화 전략이 필요하다. 예를 들어 중국에서는 위챗페이(WeChat Pay), 동남아에서는 쇼피페이 (Shopee Pay) 등의 결제 수단을 지원해야 경쟁력이 강화되어진다.

④ 빠르고 신뢰할 수 있는 물류 시스템

해외 소비자들은 빠르고 안정적인 배송을 기대하며 이를 충족시키지 못할 경우 고객 신뢰도가 크게 떨어질 수 있다. 아마존 FBA(Fulfillment by Amazon), 쿠팡 로켓그로스, 알리바바의 물류 서비스 등을 활용하여 안정적인 물류 시스템을 확보하는 것이 중요하다.

4) 해외 직구(Direct Purchase) 시장 현황

① 해외 직구 시장 규모 및 성장 동향

한국의 해외 직구 시장은 매년 빠른 성장세를 기록하고 있다. 2023년 기준 국내 소비자의 해외 직구 거래액은 약 6조 4천억 원을 기록하며 전년 대비 약 7% 증가하였고 이는 글로벌 브랜드에 대한 소비자 신뢰 증가와 함께 국내 유통망에서는 찾기 어려운 희귀 상품, 가성비 높은 해외 브랜드 제품에 대한 수요가 증가한 결과로 분석된다.

② 해외 직구 시장의 주요 특징

가장 먼저 가격 경쟁력이다. 같은 상품이라도 국내보다 해외에서 직접 구매하는 것이 더 저렴한 경우가 많아 소비자들이 해외 직구를 선호하는 경향이 강화되고 있다. 두 번째로 다양한 상품군이다. 해외 직구는 주로 명품, 화장품, 건강기능식품, 전자제품, 의류 등의 카테고리에서 높은 수요를 보이고 있기 때문이다. 세 번째로 모바일 쇼핑의 비중 증가이다. 해외 직구 플랫폼도 모바일 앱을 통해 편리한 결제와 배송 서비스를 제공하면서 모바일 이용률이 급증하고 있는 이유이다.

5) 역직구(Cross-border E-commerce) 시장 현황

① 한국 역직구 시장의 성장 동향

한국의 역직구 시장은 한류(韓流) 열풍과 함께 글로벌 소비자들의 관심이 높아지면서 빠르게 성장하고 있다. 2023년 기준으로 한국의 역직구 시장 규모는 약 8조 2천억 원으로 집계되었으며 이는 전년 대비 10% 이상 증가한 수치이다.

[그림-19] K푸드 수출액 규모

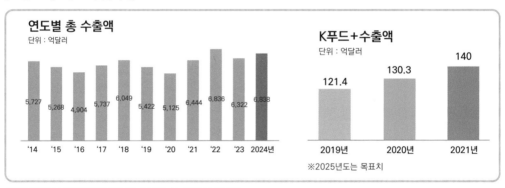

출처: 산업통상자원부 연도별 총 수출액 / 농림축산식품부

특히 K-뷰티(화장품), K-패션(의류 및 액세서리), K-푸드(한식, 건강식품), K-팝(음반, 굿즈) 등에 대한 글로벌 소비자들은 한국 제품의 우수한 품질과 트렌디한 디자인, 신뢰할 수 있는 브랜드 이미지를 선호하며 이로 인해 한국 기업들의 해외 진출 기회가 더욱 확대되고 있다. 이러한 흐름 속에서 역직구 시장은 지속적인 성장을 이어갈 것으로 전망되며 글로벌 이커머스 시장에서 한국 브랜드의 영향력이 더욱 강화될 것으로 보인다.

6) 해외 직구·역직구 시장의 향후 전망

① 지속적인 성장세를 보이는 글로벌 이커머스 시장

코로나19 이후 비대면 소비 트렌드가 정착되면서 글로벌 이커머스 시장은 앞으로도 꾸준한 성장을 이어갈 것으로 전망되고 있다. 온라인 쇼핑이 일상화됨에 따라 소비자들은 더욱 편리한 구매 경험을 선호하게 되었고 이에 맞춰 글로벌 이커머스 기업들은 빠른 배송, 개인 맞춤 추천, 간편 결제 시스템 등 다양한 기술적 혁신을 도입하고 있다. 특히 글로벌 플랫폼들은 점점 더 많은 국가로 진출하고 있으며 AI 기반의 상품 추천 시스템과 실시간 번역 서비스 등의 기술을 활용해 국가 간 쇼핑 장벽을 낮추고 있다. 이로 인해 소비자들은 국경을 넘어 보다 쉽게 다양한 국가의 제품을 구매할 수 있게 되었으며 기업들도 글로벌 시장을 대상으로 한 온라인 판매 기회를 더욱 확대할 수 있는 환경이 조성되고 있다.

② 모바일 중심으로 변화하는 쇼핑 패턴

전 세계적으로 모바일 이커머스 거래액이 급격히 증가하고 있으며 특히 동남아와 중국 시장에서는 모바일 쇼핑이 전체 온라인 거래의 80% 이상을 차지할 정도로 강세를 보인다. 스마트폰을 통한 쇼핑이 보편화되면서 소비자들은 언제 어디서든 간편하게 제품을 검색하고 구매할 수 있는 환경을 기대하게 되었다. 이에 따라 네이버, 카카오, 인스타그램, 틱톡과 같은 SNS 플랫폼들은 쇼핑 기능을 강화하며 소비자와 브랜드 간의 직접적인 연결을 확대하고 있다.

특히 라이브 커머스의 인기가 높아지면서 실시간 방송을 통한 제품 소개와 판매가 활발하게 이루어지고 있으며 SNS 기반의 역직구(해외 소비자들이 한국 제품을 직접 구매하는 방식)도 더욱 활성화될 것으로 전망되고 있다.

③ 해외 판매자들을 위한 지원 정책 확대

국내 기업들이 글로벌 시장에서 경쟁력을 확보할 수 있도록 정부와 기업 차원에서 다양한 지원 정책이 확대되고 있다. 특히 중소기업들이 해외 이커머스 시장에 보다 쉽게 접근할 수 있도록 수출 지원 프로그램, 교육, 마케팅 컨설팅 등 다양한 지원이 이루어지고 있다. 예를 들어 '수출바우처'와 같은 글로벌 이커머스 플랫폼 입점을 돕는 정부 주도의 프로그램이 운영되고 있으며 이를 통해 국내 브랜드들은 해외 소비자들에게 보다 효율적으로 접근할 수 있는 기회를 얻고 있다. 또한 물류 인프라 개선 및 해외 판매자 대상의 금융 지원 정책도 강화되면서 초기 비용 부담을 줄이고 안정적인 해외 진출을 모색하는 기업들이 증가하고 있다.

이와 같은 흐름을 종합해 볼 때 글로벌 이커머스 시장은 지속적인 성장을 이어가며 모바일 중심의 쇼핑 트렌드와 국가 간 전자상거래 확대가 더욱 가속화될 것으로 예상된다. 기업들은 이러한 변화에 적응하기 위해 모바일 환경에 최적화된 판매 전략을 수립하고 해외 진출을 위한 맞춤형 지원 프로그램을 적극적으로 활용하는 것이 중요하다.

7) 글로벌 이커머스 플랫폼 종류와 특성

① 글로벌 직구 플랫폼

가장 대표적인 해외 직구 플랫폼으로는 미국의 아마존이 있다. 아마존(Amazon)은 미국과 유럽을 중심으로 직구가 활발하게 이루어지는 대표적인 글로벌 이커머스 플랫폼으로 다양한 국가의 셀러들이 진입하여 제품을 판매할 수 있는 환경을 제공하고 있다. 알리익스프레스(AliExpress)는 중국을 기반으로 한 글로벌 마켓 플레이스로 저렴한 가격과 폭넓은 상품군을 강점으로 하며 전 세계 소비자들에게 접근성이 좋은 플랫폼으로 자리잡고 있다.

건강기능식품 분야에서는 아이허브(iHerb)가 두각을 나타내고 있으며 미국과 유럽의 건강 관련 제품을 중심으로 높은 신뢰도를 구축하며 직구 시장에서 강세를 보이고 있다. 패션 분야에서는 SSENSE와 FARFETCH와 같은 플랫폼이 명품 및 프리미엄 브랜드 제품을 전문적으로 취급하며 고급 브랜드를 선호하는 소비자들에게 인기가 높다. 이처럼 글로벌 이커머스 시장은 각 플랫폼이 특정 카테고리에 강점을 가지며 소비자의 니즈에 맞춘 차별화된 서비스를 제공하는 방향으로 발전하고 있다.

[표-6] 해외직구 플랫폼 상위 5개사

플랫폼	아마존(美)	알리익스프레스(中)	쉬안(中)	테무(中)	이베이(美)	기타
비중	24	16	9	7	7	37

주:41개국 32,510명 소비자 대상 설문조사 결과
자료: Dynata, IPC('23.9)

② 글로벌 역직구 플랫폼

한국 판매자들이 해외 소비자들에게 직접 제품을 판매할 수 있도록 지원하는 글로벌 이커머스 플랫폼이 다양하게 운영되고 있다. 대표적인 플랫폼으로는 알리바바닷컴과 아마존 글로벌 셀링(Amazon Global Selling)이 있으며 이를 통해 한국의 기업과 소상공인들은 미국, 유럽 등 주요 글로벌 시장에 진출할 수 있다. 아마존은 강력한 물류 네트워크와 방대한 소비자층을 활용하면 보다 효율적으로 해외 판매를 확대할 수 있다.

알리바바 닷컴(Alibaba.com)은 전 세계 B2B 거래를 지원하는 대표적인 플랫폼으로 대량 구매와 도매 시장에서 강점을 보인다. 한국 기업들은 이 플랫폼을 활용해 글로벌 바이어들에게 제품을 공급할 수 있으며 특히 제조업체나 도매업체들이 해외 바이어를 확보하는 데 유리한 구조를 가지고 있다.

중국 시장을 공략하려는 한국 브랜드들이 많이 활용하는 플랫폼으로는 알리바바의 티몰 글로벌(Tmall Global)이 있다. 티몰 글로벌은 중국 소비자들에게 한국 제품을 직접 판매할 수 있는 구조를 제공하며 K-뷰티, K-푸드, K-패션 등 한류 소비재 브랜드들의 주요 진출 경로로 자리 잡고 있다.

큐텐(Qoo10)은 일본과 동남아 시장에서 한국 제품을 직접 판매할 수 있는 이커머스 플랫폼으로 한국 판매자들에게 비교적 진입 장벽이 낮은 것이 특징이다. 현재는 이베이 재팬을 통한 일본 역직구 판매로 운영되고 있어 일본 시장을 타겟으로 하는 한국 셀러들에게 효과적인 판매 채널이 되고 있다.

또한 Shopee(쇼피)는 동남아시아 최대의 이커머스 플랫폼 중 하나로서 한국 셀러들이 쉽게 진출할 수 있도록 지원하고 있다. Shopee는 싱가포르, 인도네시아, 태국, 필리핀, 베트남 등 동남아 주요 시장에서 강력한 유통망을 갖추고 있으며 한국 제품에 대한 높은 수요를 바탕으로 성장하고 있다.

이처럼 한국 판매자들은 다양한 글로벌 이커머스 플랫폼을 활용하여 해외 소비자들에게 직접 제품을 판매할 수 있으며 각 플랫폼이 가진 특징과 시장 접근 방식에 따라 최적의 전략을 수립하는 것이 중요하다.

8) 글로벌 주요 플랫폼 소개

① 글로벌 직구 플랫폼

국제 이커머스 시장은 국가 간 무역 장벽이 낮아지고 디지털 결제 및 물류 인프라가 발전하면서 빠르게 성장하고 있다. 글로벌 소비자들은 국내에서 구매할 수 없는 상품을 해외 직구를 통해 손쉽게 구매하고 있으며 동시에 한국 기업들도 역직구 시장을 통해 해외 소비자에게 직접 판매하는 기회를 넓히고 있다. 특히 글로벌 이커머스 시장을 주도하는 플랫폼인 아마존(Amazon)과 알리바바 닷컴(Alibaba.com)은 각각 해외 직구 및 역직구 시장에서 가장 영향력 있는 채널로 자리 잡고 있다. 창업자들은 각 플랫폼의 운영 방식을 이해하고 목표 시장과 제품 특성에 맞는 전략을 수립하는 것이 중요하다.

[그림-20] 글로벌 상위 10개 이커머스 플랫폼

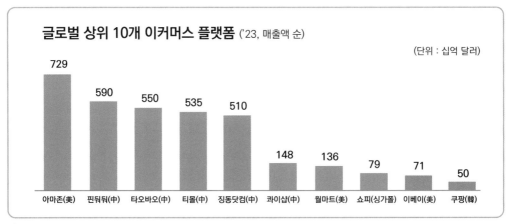

자료 : ecommerceDB, Statista

또한 타오바오(C2C)와 티몰(B2C)은 알리바바 그룹 내 타오바오티몰 그룹을 대표하는 플랫폼이 있다. 이외에도 1688(B2B) 플랫폼이 있으며 알리바바 인터내셔널 그룹에는 알리바바 닷컴(B2B), 알리 익스프레스(B2C) 그리고 동남아시아 전용 플랫폼인 라자다 (B2C) 등이 있다.

[그림-21] 아마존(Amazon) 홈페이지

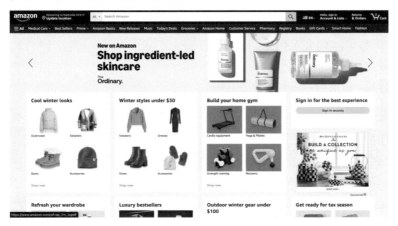

아마존은 미국을 비롯한 글로벌 소비자들이 가장 많이 이용하는 이커머스 플랫폼으로 직구 시장에서 독보적인 입지를 확보하고 있다. 북미, 유럽, 아시아 등 다양한 국가에서 운영되며 한국 소비자들도 아마존을 통해 해외 브랜드 제품을 직접 구매하는 경우가 많 다. 반대로 한국 기업들은 아마존 글로벌 셀링(Amazon Global Selling) 프로그램을 활용 해 자사 제품을 해외 소비자들에게 직접 판매할 수 있다.

A) 아마존의 강점

● 광범위한 소비자 기반

아마존은 전 세계 20여 개국에서 온라인 마켓을 운영하며 수억 명의 소비자를 보유하고 있다. 판매자들은 아마존을 통해 미국, 유럽, 일본, 인도 등 다양한 국가의 고객을 대상으로 비즈니스를 확장할 수 있다.

● 효율적인 물류 시스템 (FBA, Fulfillment by Amazon)

아마존은 자사의 물류 네트워크를 활용해 빠르고 신뢰할 수 있는 배송을 제공한다. 판매자가 FBA(Fulfillment by Amazon) 서비스를 이용하면 제품을 아마존 물류센터에 입고시킨 후 아마존이 포장, 배송, 반품 처리를 대신 수행한다. 이는 특히 해외 시장에서 물류 인프라가 부족한 중소기업들에게 매우 유용하다.

● 강력한 검색 및 추천 시스템

아마존은 AI 기반의 상품 추천 시스템을 운영하며 소비자들의 구매 패턴을 분석해 맞춤형 제품을 추천한다. 또한 판매자들은 키워드 광고(Amazon Sponsored Ads)를 활용해 상품의 노출도를 높일 수 있다.

● 구독 서비스 (Amazon Prime)

아마존은 프라임 멤버십(Amazon Prime)을 통해 빠른 배송, 프라임 전용 할인 등의 혜택을 제공하며 충성 고객을 확보하고 있다. 프라임 회원이 많은 시장에서는 프라임 전용 상품으로 등록하는 것이 경쟁력을 높이는 데 도움이 된다.

B) 아마존 글로벌 셀링을 활용한 판매 전략

▶ **글로벌 물류 네트워크**(Fulfillment by Amazon, FBA): 아마존은 자체 물류 네트워크를 통해 빠른 배송 서비스를 제공한다. 판매자가 아마존의 FBA 서비스를 이용하면 제품 보관부터 포장, 배송, 반품 처리까지 아마존이 전담하여 진행한다. 이를 통해 글로벌 판매자들은 물류 부담을 줄이고 보다 효율적인 운영이 가능하다.

▶ **아마존 프라임 멤버십:** 아마존 프라임 회원은 무료 빠른 배송 혜택을 제공받으며 이를 통해 높은 충성도를 유지하는 고객층이 형성되어 있다. 프라임 회원 대상 프로모션을 활용하면 판매자들은 보다 많은 고객을 확보할 수 있다.

▶ **광고 및 마케팅 도구**(Amazon Ads): 아마존은 상품 노출을 극대화하기 위해 PPC(Pay-Per-Click) 광고, 브랜드 광고, 디스플레이 광고 등의 다양한 광고 도구를 제공한다. 키워드 최적화와 데이터를 기반으로 한 광고 운영이 중요하며 이를 통해 높은 전환율을 확보할 수 있다.

▶ 글로벌 셀링 프로그램(Amazon Global Selling)

[그림-22] 아마존(Amazon) 글로벌 셀링 코리아 홈페이지

한국 판매자들은 아마존 글로벌 셀링을 통해 미국, 유럽, 일본 등 다양한 국가에 제품을 판매할 수 있다. 각 국가별 마켓 플레이스에서 성공하기 위해서는 현지 소비자들의 선호도를 분석하고 로컬라이제이션 전략을 적용하는 것이 필수적이다.

▶ 글로벌 수출 플랫폼 알리바바 닷컴(Alibaba.com)

[그림-23] 알리바바 닷컴(Alibaba.com) 홈페이지

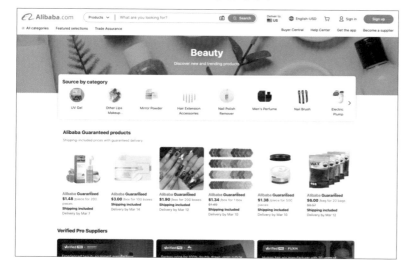

알리바바 닷컴은 글로벌 B2B(Business-to-Business) 이커머스 시장을 선도하는 대표적인 플랫폼으로 중소기업과 대형 기업 모두가 해외 바이어를 대상으로 제품을 판매할 수 있도록 지원한다. 특히 한국 브랜드의 해외 진출을 위한 강력한 판매 채널로 자리 잡고 있으며 알리바바의 다양한 기능을 효과적으로 활용하면 글로벌 시장에서 안정적인 수익을 창출할 수 있다.

A) 알리바바닷컴의 주요 특징과 강점

▶ **글로벌 B2B 플랫폼:** 알리바바 닷컴은 전 세계 200개 이상의 지역 및 국가 바이어가 이용하는 B2B 이커머스 플랫폼으로 대량 구매 및 수출을 통한 도매 판매를 원하는 기업들에게 적합한 판매 환경을 제공한다. 중국 사업자가 없어도 입점 가능하다는 장점이 있으며 2억 개 이상의 글로벌 상품, 5,900개 이상 세부 카테고리의 제품이 판매되고 있다. 특히 최근 국내의 경우에는 주요 수출 및 역직구 품목인 K-뷰티, K-푸드 뿐만 아니라 의류 원단, 산업 장비에 이르기까지 다양한 카테고리에서 꾸준한 성장을 이루어 내고 있다.

▶ **강력한 바이어 네트워크:** 알리바바 닷컴에는 4천 8백만 명 이상의 활성 바이어가 활동하고 있으며 매일 28만 개 이상의 신규 바이어가 거래를 진행하고 있다. 북남미를 비롯하여 유럽과 아프리카를 포함한 전 세계 바이어의 수요가 확대되고 있으며 이를 활용하면 한국 기업들은 효과적으로 해외 시장에 진출할 수 있다.

▶ **바이어 문의 기능(Inquiry) 활용:** Inquire(문의하기) 기능을 통해 바이어가 제품 및 거래 조건에 대한 정보를 요청하면 판매자는 이를 바탕으로 상세한 제안을 제공할 수 있다. 알리바바 닷컴 내에서는 매일 40만 건 이상의 바이어 제품 문의가 이루어지고 있다. 또한 AI 기반의 매칭 시스템을 통해 판매자가 적합한 해외 바이어를 찾을 수 있도록 지원한다.

A) 알리바바 닷컴을 활용한 판매 전략

▶ 효과적인 스토어 설정 및 브랜드 최적화

[그림-24] 알리바바닷컴 Verified(베리파이드) 서플라이어 이미지

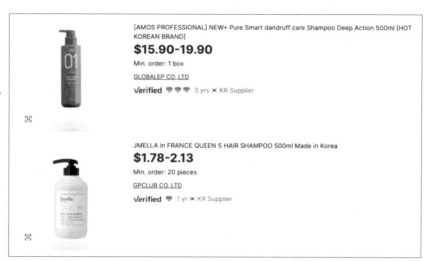

먼저 회사에 맞는 프리미엄 셀러 계정 활용이 중요하다. 알리바바 닷컴은 Gold Supplier(골드 서플라이어) 멤버십과 Verified(베리파이드) 멤버십이 존재한다. 특히 Verified(베리파이드) 멤버십은 제조업체 대상으로 많이 이용하며 제품 노출이 증가하고 바이어와의 거래 가능성이 높아지며 Verified(베리파이드) 멤버십을 활용하면 Supplier(공급자)의 신뢰도를 높일 수 있다.

또한 브랜드 페이지 최적화를 통해 알리바바 닷컴에서는 브랜드 페이지(미니 사이트)를 커스터마이징하여 제품을 효과적으로 홍보하고 브랜드 가치를 강조할 수 있다. 고화질 이미지 그리고 동영상, 상세한 제품 설명, 바이어 후기 등을 포함하여 신뢰도를 높이는 것이 중요하다. 그 외에도 여러 수출과 상품 안전성에 대한 인증서와 이미지의 경우에도 상품 이미지뿐만 아니라 사무실 전경, 운영하는 물류 창고 및 제조 공장 등의 이미지를 제공함으로써 바이어와의 신뢰도를 높일 수 있고 이는 결국 구매 전환율을 높일 수 있다.

▶ 검색 광고 활용

[그림-25] 알리바바 닷컴 S-Brand / PSA 배너 이미지

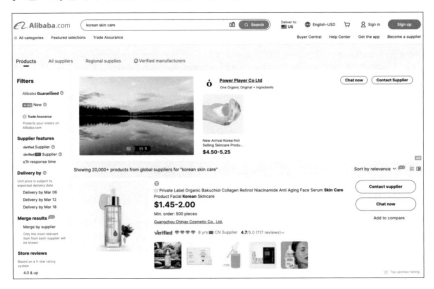

알리바바 닷컴과 같은 B2B 플랫폼의 특성상 주요 고객(바이어)은 쇼핑 차원의 웹 서칭이 아닌 목적성을 가지고 해당 플랫폼에 방문하게 된다. 이는 결국 구매를 원하는 제품의 키워드를 검색 입력하여 경쟁력 있는 상품과 판매자를 비교하여 구매까지 이루어지게 된다. 상위 노출 종류로는 최상단 노출되는 S-Brand(Sponsored Brand) 배너(Cost per time)와 그 하단에 노출되는 PSA(Premium Sponsored Ads) 배너(Cost per time) 그리고 그 하단에 KWA(Keyword Advertising) 광고(Cost per click)이 있다. 이렇듯 알리바바 닷컴은 검색 광고(P4P)를 통해 특정 키워드에서 제품이 상위 노출될 수 있도록 지원한다. 광고 캠페인을 전략적으로 운영하면 보다 많은 바이어들에게 제품을 홍보할 수 있다.

▶ 바이어와의 신뢰 구축 및 거래 활성화

Supplier(공급자)는 알리바바 닷컴의 RFQ(Request for Quotation) 기능을 활용하여 바이어들의 요청에 맞는 맞춤형 견적을 제공할 수 있다. 이를 통해 Supplier(공급자)는 전통 온라인 플랫폼과는 다르게 능동적으로 바이어와 접촉하여 바이어의 요구 사항을 빠르게 파악하고 맞춤형 제안을 하면 거래 성사율을 높일 수 있다.

또한 오프라인 및 온라인의 글로벌 전시회와 비즈니스 매칭 프로그램 참여를 통해 해외 바이어들과 직접 만날 수 있는 기회를 제공하며 이를 적극 활용하면 새로운 시장을 개척할 수 있다.

따라서 알리바바 닷컴은 글로벌 B2B 시장에서 한국 기업들이 해외 바이어를 확보하고 장기적인 거래 관계를 구축할 수 있도록 강력한 지원 시스템을 제공한다. 효과적인 브랜드 최적화, 검색 광고 활용, 바이어 신뢰 구축 등의 전략을 체계적으로 운영하면 중소기업부터 대형 기업까지 글로벌 시장에서 성공적인 역직구 비즈니스를 운영할 수 있을 것이다.

[표-7] 아마존과 알리바바 닷컴의 특징

항목	아마존(Amazon)	알리바바닷컴(Alibaba.com)
운영 방식	B2C(소비자 대상) 직구 플랫폼	B2B(기업 간 거래) 수출 플랫폼
주요 시장	북미, 유럽, 일본, 인도 등 20여 개국	200여 개 이상 국가 및 지역의 글로벌 바이어 대상
판매 방식	개별 판매자 또는 브랜드가 입점하여 소비자에게 직접 판매	기업이 대량 구매를 원하는 글로벌 바이어를 대상으로 제품 공급
물류 시스템	FDA (Fulfillment by Amazon) : 아마존 물류센터를 이용해 포장, 배송,반품 관리 가능	판매자가 직접 국제 물류 관리, 바이어 요청에 따라 대량 배송
광고 및 마케팅 도구	Amazon Sponsored Ads (PPC 광고) 활용, 키워드 최적화	P4P광고(검색 광고), S-Brand광고, RFQ(견적 요청)활용
결제 시스템	아마존 자체 결제 시스템, 다양한 국가별 결제 수단 지원	바이어와 판매자 간 개별 결제 협상, 알리바바 결제 솔루션 지원
회원제 서비스	아마존 프라임(Amazon Prime) : 프리미엄 고객층 대상 빠른 배송, 전용 할인 제공	Gold Supplier(골드 서플라이어) 및 Verified(베리파이드) 멤버십을 통한 판매 신뢰도 확보
바이어 네트워크	개별 소비자 중심의 글로벌 직구 플랫폼	4천 8백만 명 이상의 활성 바이어, 매일 28만 개 이상의 신규 바이어 유입
제품 노출 전략	키워드 광고, 검색 최적화, 프라임 전용 상품 등록	SEO 최적화, RFQ(견적 요청) 활용, 글로벌 전시회 및 온라인 비즈니스 매칭
바이어 문의 기능	소비자가 상품 검색 후 직접 구매	Inquiry(문의하기) 기능 활용, 판매자는 바이어 요청에 맞춰 맞춤형 제안 가능
주요 카테고리	전자제품, 생활용품, 도서, 패션, 뷰티, 식품 등	k-뷰티, k-푸드, 제조업, 가전, 의류 등 대량 구매 가능 품목

9) 창업자가 고려해야 할 주요 요소

▶ 목표 시장 선정 및 시장 조사

해외 창업을 시작하는 첫 단계는 목표로 할 주요 타겟 시장을 선정하는 것이다. 단순히 전 세계를 대상으로 판매하는 것보다 특정 국가를 구체적으로 정하고 해당 시장의 특성과 소비자 니즈를 깊이 이해하는 것이 성공 가능성을 높이는 핵심 전략이 된다. 이를 위해 철저한 시장 조사가 필수적이며 먼저 해당 국가에서 내 제품에 대한 수요가 충분한지 분석해야 한다. 또한 경쟁 제품의 가격대와 소비자 선호도를 면밀히 살펴보고 주요 이커머스 플랫폼에서 내 제품이 효과적으로 판매될 수 있는 환경인지 검토하는 과정도 중요하다.

예를 들어 중국 시장에서는 K-뷰티, K-패션, K-푸드에 대한 관심이 높아 한국 제품에 대한 수요가 꾸준히 증가하고 있다. 반면에 동남아 시장은 가격 경쟁력이 뛰어난 제품들이 인기를 끄는 경향이 있으며 미국과 유럽 시장에서는 브랜드 신뢰도를 중요시하고 프리미엄 제품에 대한 선호도가 높은 편이다.

이러한 시장 조사는 감각적인 판단만으로 이루어져서는 안 되며 신뢰할 수 있는 데이터를 기반으로 객관적인 분석이 이루어져야 한다. 통계청의 해외 직구·역직구 데이터, 주요 이커머스 플랫폼의 트렌드 리포트 등을 활용하면 국가별 시장성을 보다 정밀하게 파악할 수 있으며 이를 바탕으로 최적의 타겟 시장과 판매 전략을 수립할 수 있다.

▶ 플랫폼 선택 및 판매 방식 결정

해외 판매를 할 때, 어떤 방식으로 판매할 것인가도 중요한 결정 요소이다. 주요 방법 중 첫 번째로 글로벌 마켓플레이스 입점이 있다. 북미·유럽 중심, 빠른 물류 시스템 활용 가능한 아마존 글로벌 셀링(Amazon Global Selling)과 중국과 글로벌 시장을 한 번에 공략하는 알리바바, 타오바오·티몰 그룹의 플랫폼(알리바바닷컴, 알리익스프레스, 타오바오, 티몰 등)을 활용할 수 있다. 또한 동남아 및 신흥 시장 진출에 유리한 쇼피(Shopee), 라자다(Lazada)도 활용 가능하다. 그 외에도 글로벌 쇼핑몰 플랫폼인 Shopify, WooCommerce 등도 활용 가능하다. 이는 각 플랫폼의 특징과 수수료, 광고 방식, 배송 지원 여부 등을 분석하여 내 제품과 가장 적합한 플랫폼을 선택하는 것이 가장 중요하다.

▶ 물류 및 배송 전략

해외 고객들에게 신속하고 안정적인 배송을 제공하는 것은 성공적인 이커머스 운영의 핵심 요소이다. 이를 실현하기 위해 기업들은 글로벌 풀필먼트 서비스를 활용하거나 국제 배송을 직접 운영하는 방식을 선택할 수 있다. 글로벌 풀필먼트 서비스는 해외 물류 인프라를 활용하여 배송 속도를 단축하고 운영 효율성을 극대화할 수 있는 방식이다.

대표적인 예로 아마존 FBA(Fulfillment by Amazon)가 있으며 판매자가 제품을 아마존의 물류센터에 미리 보관해 두면 주문이 들어올 때 아마존이 직접 배송과 고객 서비스를 담당하는 구조로 운영된다. 이 방식은 물류와 배송을 아마존이 관리하기 때문에 판매자는 제품 판매에 집중할 수 있으며 빠른 배송을 원하는 글로벌 소비자들에게도 유리한 옵션이 될 수 있다.

반면에 국제 배송 직접 운영 방식은 판매자가 자체적으로 해외 배송을 담당하는 형태로 DHL, FedEx, EMS와 같은 글로벌 배송 서비스를 활용하여 직접 소비자에게 상품을 배송하는 방식이다. 이 경우 물류비와 배송 속도, 국가별 배송 정책을 고려하여 가장 적합한 서비스를 선택하는 것이 중요하다. 또한 일부 판매 플랫폼은 자체 물류 파트너십을 제공하기도 하므로 이를 비교 분석하여 전략적으로 활용하는 것이 필요하다.
두 가지 방식 모두 장단점이 존재하므로 판매자의 제품 특성과 목표 시장에 맞춰 최적의 물류 전략을 구축하는 것이 해외 이커머스 성공의 핵심 요소가 될 것이다.

▶ 국가별 규제 및 법적 고려 사항

해외 시장에서 성공적으로 판매를 운영하기 위해서는 수출입 규정, 관세, 제품 인증, 소비자 보호법 등 관련 법률을 철저히 숙지하는 것이 필수적이다. 이를 간과할 경우 예상치 못한 법적 문제나 비용이 발생할 수 있어서 사전에 충분한 검토와 대비가 필요하다. 우선은 수출입 규제를 확인해야 한다. 국가마다 특정 제품의 수입을 제한하거나 추가적인 인증을 요구하는 경우가 많기 때문이다. 예를 들어 식품, 화장품, 의료기기 등의 제품은 수출국의 기준을 충족해야 하며 할랄 인증(이슬람권), FDA 승인(미국), CE 인증(유럽) 등과 같은 별도의 인증이 필요할 수 있다. 사전에 각 국가의 수입 규정을 파악하고 필요한 인증 절차를 준비하는 것이 중요하다.

다음으로 세금 및 관세에 대한 고려가 필요하다. 국가별 관세율과 VAT(부가가치세) 정책이 다르기 때문에 해당 시장의 세금 체계를 분석하는 것이 필수적이다. 또한 관세를 판매자가 부담할 것인지 소비자가 부담할 것인지에 대한 결정을 내려야 한다. 일반적으로 판매자가 모든 비용을 포함해 최종 판매 가격을 설정하는 DDP(Delivered Duty Paid, 관세 및 세금 포함 가격) 방식과 소비자가 관세를 부담하는 DAP(Delivered at Place, 관세 별도 가격) 방식 중 하나를 선택할 수 있다.

마지막으로 개인정보 보호법을 철저히 준수해야 한다. 유럽연합(EU)은 GDPR(General Data Protection Regulation)을 통해 소비자의 개인정보 보호를 강화하고 있으며 미국, 중국 등 주요 국가에서도 데이터 보호 관련 법규가 점점 강화되는 추세이다. 이에 따라 판매자는 고객의 개인정보를 저장·활용하는 방식이 해당 국가의 규정을 위반하지 않는지 검토해야 한다.

이러한 법적 리스크를 최소화하기 위해서는 글로벌 셀링 컨설팅 업체를 활용하거나 해외 마켓플레이스의 판매 정책을 철저히 숙지하는 것이 중요하다. 각국의 법률과 정책은 지속적으로 변화하기 때문에 정기적으로 업데이트된 정보를 확인하며 대응 전략을 세우는 것이 해외 판매 성공의 필수 요소가 될 것이다.

▶ 글로벌 마케팅 전략 및 현지화(Localization)

해외 소비자들은 단순한 가격 경쟁력뿐만 아니라 브랜드 신뢰도와 현지화(Localization) 전략을 중요한 구매 요인으로 고려한다. 따라서 성공적인 해외 판매를 위해서는 제품과 서비스가 해당 시장에 최적화될 수 있도록 철저한 현지화 작업이 필요하다.

우선 언어 현지화가 필수적이다. 판매하는 제품의 썸네일, 상세페이지, 고객 응대 등의 콘텐츠는 현지 언어로 제공해야 하며 단순 번역이 아닌 소비자가 이해하기 쉬운 표현과 문화적 맥락을 반영한 설명이 중요하다. 또한 고객 문의에 대한 응답이 원활하게 이루어질 수 있도록 현지 언어를 지원하는 고객 서비스 체계를 갖추는 것이 바람직하다.

최근 알리바바 닷컴 등과 같은 플랫폼에서는 AI를 활용한 20개국 이상의 언어 지원을 비롯하여 플랫폼 파트너사를 활용한 현지화 상세페이지 번역 및 작업 등을 도와주고 있다.

다음으로는 현지 결제 시스템을 반영하는 것이 필요하다. 국가별로 선호하는 결제 방식이 다르기 때문에 이를 적극적으로 도입하면 구매 전환율을 높일 수 있다. 예를 들어 미국에서는 신용카드와 페이팔(PayPal)이 일반적이며 중국은 알리페이(Alipay), 위챗페이(WeChat Pay)를 선호한다. 동남아 시장에서는 쇼피페이(ShopeePay)와 라자다 월렛(Lazada Wallet)이 널리 사용된다.

또한 문화적 요소를 고려한 브랜딩과 마케팅 전략이 중요하다. 국가별로 선호하는 색상, 디자인, 광고 표현 방식 등이 다르기 때문에 제품 패키징, 홍보 콘텐츠, 광고 메시지 등을 현지 소비자들의 감성과 소비 심리에 맞춰 조정해야 한다. 예를 들어 서구권에서는 미니멀한 디자인과 친환경 패키징이 선호되는 반면에 중국과 동남아 시장에서는 화려한 색상과 고급스러운 포장이 소비자의 신뢰도를 높이는 요소가 될 수 있다.

마케팅 측면에서는 SNS와 라이브 커머스를 활용한 글로벌 콘텐츠 마케팅이 효과적인 전략으로 꼽힌다. 틱톡(TikTok), 인스타그램(Instagram), 유튜브(YouTube), 샤오홍슈(小红书, Xiaohongshu) 등 국가별 주요 플랫폼을 활용해 소비자와 적극적으로 소통할 수 있으며 현지 인플루언서와 협업하여 제품 리뷰 및 홍보 콘텐츠를 제작하면 브랜드 신뢰도를 높이는 데 도움이 된다. 이를 통해 소비자들의 관심을 유도하고 최종적으로 구매 전환율을 증대시킬 수 있다.

특히 성공적인 해외 판매를 위해서는 단순한 가격 경쟁력을 넘어 언어, 결제 시스템, 문화적 요소를 철저히 고려한 현지화 전략이 필요하다. 현지 소비자의 구매 경험을 세심하게 분석하고 이를 반영한 브랜딩과 마케팅을 실행한다면 글로벌 시장에서 경쟁력을 확보할 수 있을 것이다.

해외 이커머스 창업은 국내 시장보다 더 넓은 기회와 잠재력을 제공하는 만큼 철저한 준비와 전략적인 접근이 필수적이다. 성공적인 글로벌 판매를 위해서는 목표 시장을 신중하게 선정하고 플랫폼과 물류 운영을 최적화하며 국가별 규제를 철저히 준수하는 것이 기본이 되어야 한다. 또한 단순하고 반복적인 상품 판매를 넘어 현지 소비자들과 소통을 강화하고 그들의 구매 패턴과 문화적 특성을 반영한 차별화된 마케팅 전략을 수립하는 것이 중요하다.
해외 시니어 창업자들도 해외 이커머스 시장을 적극적으로 활용하면 국내 시장의 한계를 넘어 더 큰 성장 기회를 확보할 수 있으며 새로운 글로벌 판로를 개척함으로써 비즈니스 확장의 가능성을 넓힐 수 있다. 글로벌 이커머스는 단순히 제품을 해외로 판매하는 것을 넘어 브랜드를 세계적으로 성장시킬 전략적인 기회를 제공하는 시장이므로 각자의 강점과 경험을 살려 체계적인 진출 전략을 수립하는 것이 필요하다.

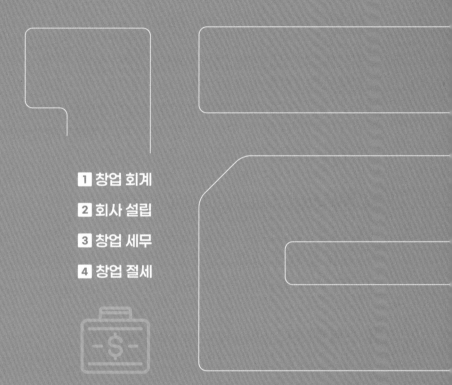

12장_창업 회계와 세무 :
창업자라면 반드시 알아야 할 회계와 세무 지식을 익혀라

1 창업 회계
2 회사 설립
3 창업 세무
4 창업 절세

12 창업 회계

① 창업 회계

창업자에게 회계는 기업의 재무 상태와 경제 활동을 기록, 정리, 보고하기 위해 금전적인 거래 내역을 식별 기록뿐만 아니라 비즈니스 성장과 영속성을 유지하기 위한 중요한 수단이다. 즉 경제 활동을 하는 조직은 시스템을 통하여 정보 이용자들의 의사 결정을 위해 재무 정보를 전달하는 것을 말한다.

재무 정보의 전달 수단은 재무제표이다. 재무제표는 회계상 회사 경영 상태를 재무적으로 파악하기 위해 회계 원칙에 따라 작성한다. 재무제표의 종류는 재무상태표, 손익계산서, 현금흐름표, 자본 변동표, 주석을 말하며 표준재무제표라고 하기도 한다. 재무제표 중에서 꼭 이해하고 파악해야 할 것은 재무상태표와 손익계산서 그리고 현금 흐름표 등 3대 재무 제표이다.

■ 재무상태표(Statement of Financial Position)

재무상태표(Statement of Financial Position)는 회사가 어디에서 자금을 조달(부채, 자본)하는지를 표기하는 자금 조달과 이 자금을 어떻게 투자(유동자산, 고정자산)하였는지를 나타내는 자금 운용으로 구분한다[표-1].

② 손익계산서(Profit and Loss Statement/PL)

손익계산서(Profit and Loss Statement/PL)는 일정 기간 회사의 경영 성과를 제공하는 재무 보고서이다. 경영 성과는 일정 기간의 수익 산정, 일정 기간 비용 산정, 지출, 순수익의 결정이라는 4가지가 포함되어 있다. 손익계산서(Profit and Loss Statement/PL)는 수익, 비용, 이익 등 3가지 구조적 항목으로 구성되어 있다[표-2].

③ 현금흐름표(Statement of Cash Flows, CF)

기업이 일정 기간 동안 발생한 현금의 유입과 유출이 어떻게 이용되었는지 보여주는 재무제표로서 기업이 실제로 현금을 얼마나 벌고 쓰는지 분석한다. 기업의 현금 운용은 영업 활동, 투자 활동, 재무 활동으로 나누어 실제 현금 흐름의 이동을 파악하고 재무 건전성을 평가하는 기능을 한다[표-3].

[표-1] 재무상태표 양식

재무상태표(요약계정식)
제 XX기 202X년 X월 X일 현재
㈜ 성공기업

(단위 : 천 원)

자산	금액	부채/자본	금액
자산		부채	
Ⅰ. 유동자산		**Ⅰ. 유동부채**	
1. 현금과 예금		1. 매입채무	
2. 유가증권		2. 단기 차입금	
3. 매출채권		**Ⅱ. 고정부채**	
4. 재고자산		1. 사채	
		2. 장기차입금	
Ⅱ. 고정자산			
(1) 투자자산		부채 총계	
1. 장기성예금			
2. 특정 현금과 예금		자본	
3. 투자유가증권		**Ⅰ. 자본금**	
(2) 유형자산		**Ⅱ. 자본잉여금**	
1. 토지		1. 자본준비금	
2. 건물		2. 재평가적립금	
3. 건설 중인 자산		**Ⅲ. 이익잉여금**	
(3) 무형자산		1. 이익준비금	
—		2. 기타 적립금	
—		3. 이월이익잉여금	
(4) 이연자산			
—		당기순이익	
—		**Ⅳ. 자본조정**	
		자본 총계	
		부채와 자본 총계	

4 재무상태표 분석 시 검토 사항[1]

과목	유의 사항
현금/현금성 자산	· 자금수지 계획에 따라 단기적인 적정자금 보유 · 자금 유형에 따라 이자율을 고려한 효율적인 자금 운용
매출채권	· 전년도와 비교하여 매출액 대비 매출채권 잔액의 증감 여부 · 매출채권 증가로 단기 운용 자금 압박 요인 · 매출처별, 기간별 회수 주기 계산하여 매출채권 적시 회수 여부 확인
재고자산	· 판매 및 생산계획에 연동된 적정재고 유지 및 관리
투자자산	· 안전성과 수익성을 전제로 운영을 추천 · 사업 관련 전략적 제휴나 자사 주식 취득의 필요성 제시 · 자금 수지 계획에 따른 여유자금을 활용하는 것이 필요
유형자산	· 투자계획에 따른 올바른 집행에 의한 실행된 자산 증감
매입채무	· 전년 대비 증가한 경우 현금 흐름에 양(+) 효과를 나타냄 · 적절한 상환 스케줄을 통해 안정적인 구매처 확보 필요
단기차입금	· 적시 상환을 대비하여 현금흐름을 유지 · 단기적 현금 흐름 장애에 대비한 자금 운용
비유동부채	· 전년 대비 증가한 경우 자금 소요 원인과 정확한 사용 여부 확인 · 사업계획 수립 시 적절한 상황 계획 수립
기타	· 부분이 아닌 전체를 파악 · 전기와 비교 · 유동 자산과 비유동 자산의 적정 배분 파악 · 자기 자본과 부채를 비교 · 유동 부채와 유동 자산 검토

---

[1] 중소기업청, 기술창업가이드, (사)한국창업경영컨설팅협회, 2015, p369

[표-2] 손익계산서 양식

손익계산서(요약계정식)
제XX기 202X년 X월 X일부터
202X년 X월 X일까지
㈜성공기업

(단위 : 천 원)

과목	제 X(당)기
Ⅰ. 매출액	
Ⅱ. 매출원가	
Ⅲ. 매출 총이익	
Ⅳ. 판매비와 관리비 　1. 급여 　2. 지급 임차료 　3. 광고선전비 　4. 대손상각비	
Ⅴ. 영업이익	
Ⅵ. 영업외 수익 　1. 이자수익 　2. 임대료	
Ⅶ. 영업외 비용 　1. 이자 비용	
Ⅷ. 경상이익	
Ⅸ. 특별이익	
Ⅹ. 특별손실	
ⅩⅠ. 법인세 차감 전 순이익	
ⅩⅡ. 법인세 비용	
ⅩⅢ. 당기순이익 　(주당 경상이익 :　　) 　(주당 순이익 :　　　)	

5 손익계산서 분석 시 검토 사항[2]

구분	유의 사항
매출액	· 전반적으로 전년도 대비 증감 상황을 분석하여 매출처 별, 제품별, 증감 사항이나 그 사유 등의 분석을 통해 매출 증대 방안을 수립
매출원가	· 전년 대비 원가율 증감과 원가 명세서를 통해 세부적인 증감 사유를 분석하여 매출 원가율을 줄이는 것이 필요
매출 총이익	· 매출액에서 매출 원가를 차감한 금액으로 상품이나 제품 등에 직접 관련된 비용을 고려하여 산출된 이익
판매비와 관리비	· 예산 수립을 통해 전체적인 비용 규모를 사전에 계획하여 수립 · 예산 대비 실적 분석을 통해 초과한 부분에 대해 사유를 정확하게 분석하여 필수 불가결한 비용 이외의 것은 절감하도록 함 · 계획적인 비용관리를 함
영업이익	· 기업 본연의 영업 활동에서 창출되는 수익성 검증의 척도이며 기업 가치를 평가하기 위한 최우선적인 이익 항목 · 최소한의 이익 기준을 볼 경우 영업 이익이 기업 경영을 위한 차입 이자를 상쇄할 정도가 되어야 계속기업의 가능성으로 판단 · 매출액에 대한 영업이익의 비율을 영업 이익률이라고 함
법인세비용 차감 전 순이익	· 기업 성과를 표시하는 손익이므로 이해관계자의 의사 결정 시 가장 중요한 회계 정보
기타	· 매출액에 대한 비율을 산출하고 전기 등과 비교 · 각 항목별 발생액을 전기 등과 비교

---

2 전게서, p372

[표-3] 현금흐름표 양식

현금흐름표
202X년 X월 X일부터
202X년 X월 X일까지
㈜성공기업

(단위 : 천 원)

과목	금액	
Ⅰ. 영업활동으로부터 창출된 현금 흐름		
1. 당기순이익(손실)		
2. 현금의 유출이 없는 비용 등의 가산		
3. 현금의 유입이 없는 수익 등의 차감		
4. 영업활동으로 인한 자산·부채의 변동		
Ⅱ. 투자활동으로부터 창출된 현금 흐름		
1. 투자활동으로 인한 현금 유입액		
2. 투자활동으로 인한 현금 유출액		
Ⅲ. 재무활동으로부터 창출된 현금 흐름		
1. 재무 활동으로 인한 현금 유입액		
2. 재무 활동으로 인한 현금 유출액		
현금 증가(감소)		
기초의 현금		
기말의 현금		

● 재무 비율[3]

번호	비율	의미	분석 항목
1	수익성	· 회사 경영활동의 종합적인 결과를 투자 자본 또는 매출액에 대한 이익으로 나타내는 비율	– 매출액순이익률 – 매출액영업이익률 – 총자산순이익률 – 자기자본순이익률 – 금융비용대매출액
2	안정성	· 보통 1년 이내에 갚아야 하는 채무를 이행할 수 있는 회사 능력을 측정하는 비율	– 유동비율 – 차입금의존도 – 비유동비율
3	생산성	· 회사가 생산활동에 사용하고 있는 생산요소의 성과를 측정하는 비율	– 부가가치율 – 노동생산성 – 자본생산성
4	성장성	· 회사의 외형 및 수익의 성장성을 측정하는 비율	– 총자산증가율 – 매출액증가율 – 순이익증가율
5	활동성	· 자산의 물리적 이용도를 측정하는 비율로 회전율에 의해서 측정	– 총자산회전율 – 고정자산회전율 – 재고자산회전율 – 매출채권회전율
6	종합	· 다각적으로 분석한 결과를 종합적으로 분석하여 회사가 직면한 문제점을 파악하고 대책 강구	

---

[3] 박철주, 성과지표를 활용한 프랜차이즈 경영, 형설출판사, 2022, p291

② 회사 설립

창업하면 반드시 거쳐야 하는 회사의 형태는 개인기업 또는 법인기업에 대한 결정이다. 창업자는 두 기업에 대한 특징이나 장단점을 살펴보고 선택할 수 있지만 판단에 어려움이 있다면 개인 기업으로 시작 후 법인 기업으로 전환하는 방법도 있다[4]. 개인 기업은 개인이 운영의 주체가 되는 사업체로서 개인과 기업이 법적으로 분리가 되지 않은 형태이다. 반면에 법인기업은 상법에 의해 합명회사, 합자회사, 유한책임회사, 유한회사, 주식회사 등 5종류가 있다. 이 구분은 회사 종류법에서 규정하고 있으며 이외에 협동조합 기본법에 의한 협동조합이 있다[표-5]. 그 기준은 대외적으로 사원이 회사 채무에 대한 책임과 대내적으로 사원 간 자치 허용 폭을 기준으로 하고 있다.

합명회사는 사원이 중심이 되는 인적회사로서 2인 이상 무한 책임사원으로 구성되며 합자회사는 1인 이상 무한 책임사원과 1인 이상 유한 책임사원으로 구성되어 있다. 유한 책임회사는 1인 이상 유한 책임을 지며 대외적으로 사원 전원이 유한 책임을 진다. 유한회사는 사원이 유한책임의 장점을 취하면서 소규모지만 폐쇄적으로 운영하는 기업 형태이다. 마지막으로 주식회사는 대규모 자금이 필요한 공개적 기업으로 영리성, 사단성, 법인성 이외에도 많은 특징을 갖고 있다[5].

[표-4] 개인기업과 법인기업 비교

개인기업	비교 항목	법인기업
사업자등록만으로 가능	설립 절차	개인보다 복잡
대표가 바뀌면 신규사업자	기업 영속성	대표가 바뀌어도 계속성 유지
무한책임	대표자 책임	유한책임(지분한도 내)
대체로 낮음	대외 신인도	대체로 높음
거의 없음	설립비용	일정 비용 필요
자금조달 한계, 대자본 불가능	자금조달	자금조달 용이, 대자본 가능
개인 자금 사용	이익금 사용	개인적 유용 금지
비교적 적음	관리비용	비교적 많음
소득세, 대표 급여 비용 불인정	과세체계	법인세, 대표 급여 비용 인정

출처: 신용보증기금 창업가이드(2012) p54에서 일부 인용

---

4 신용보증기금 기업지원부, 창업가이드, ㈜신보에이드, 2012, p54
5 김성탁, 회사법 입문, 법문사, 2017, p34

[표-5] 법인설립 형태

구분	주식회사	유한회사	유한책임 회사	합자회사	합명회사	협동조합
법적 근거	상법	상법	상법	상법	상법	협동조합 기본법
책임	유한책임	유한책임	유한책임	유/무한책임	무한책임	유한책임
발기인 수/ 사원 수	제한 없음	제한 없음	제한 없음	2인 이상	2인 이상	5인 이상
출자 종류	금전, 현금(주식)	금전, 현물	금전, 현물	금전, 현물, 노무, 신용	금전, 현물, 노무, 신용	금전, 현물
정관인증	10억 이상 발기 설립 모집설립	필요	불필요	불필요	불필요	필요
출자단위	1주에 100원이상 자본금 자본금 기준없음	1주에 100원 이상 자본금 기준없음	출자 한도 없음, 자본금 기준 없음	출자 한도 없음, 등기시 명시	출자 한도 없음, 등기 시 명시	출자 한도 없음
관선 검사인 선임	변태 설립 시 필요	불필요	불필요	불필요	불필요	불필요
의결기관	주주총회(1주1 의결권)	사원총회	사원총회	무한책임 사원 동의	무한책임 사원동의	조합원 총회
주주와 사원 이동	원칙상 자유 정관에 양도 제한가능	좌동	다른사원 동의필요 업무 진행 사원 외 업무집행사원 동의	무한책임 사원 동의 필요	무한책임 사원 동의 필요	조합원 총회 의결
조직변경	유한회사, 유한책임회사 변경 가능	주식회사변경 가능	주식회사 변경 가능	합명회사 변경 가능	합자회사 변경 가능	조직변경 규정 없음
합병	주주총회 결의	유한, 주식회사합병 가능	전 사원 동의	전 사원 동의	전 사원 동의	전 조합원 동의 필요

출처: 중소벤처기업부, 창업상담 표준해설서(2018), p45

◼ 법인 설립 절차

창업자의 기업 설립은 개인 기업 또는 법인 기업으로 진행된다. 개인 기업은 특별한 절차가 필요하지 않으며 매우 간소하고 간단하다.

사업 인 · 허가 ▶ 사업자 등록 ▶ 개인기업 설립

반면에 법인 기업은 법에 의해 인격을 부여받았기 때문에 자연인처럼 권리와 의무를 가지고 있다. 그리고 법인 회사는 일반적으로 주식회사의 형태로 보편화되어 있으며 주식회사 설립에는 발기설립과 모집설립이 있다. 발기설립은 설립 시에 주식의 전부를 발기인이 인수하여 설립하는 것을 말하고 모집설립은 설립 시에 주식 일부를 발기인이 우선 인수하고 나머지는 주식청약(연고 모집, 공개 모집)을 통해 설립하는 방법이다[6].

[표-6] 발기설립과 모집설립

분류	발기설립	모집설립
기능	소규모 회사 설립에 용이	대규모 자본 조달에 유리
주식 인수	주식의 총수를 발기인이 인수	발기인과 모집 주주가 함께 주식 인수
인수 방식	단순한 서면주의	법정 기재 사항이 있는 주식청약서에 의함
주식 납입	발기인이 지정한 은행 그 밖의 금융기관에 납입	주식청약서에 기재한 은행 그 밖의 금융기관에 납입
납입 해태	민법의 일반 원칙에 따름	실권절차(「상법」 제307조)가 있음
창립총회	불필요	필요
기관 구성	발기인의 의결권 과반수로 선임	창립총회에 출석한 주식인수인의 의결권의 2/3 이상이고 인수된 주식 총수의 과반수에 해당하는 다수로 선임
설립 경과 조사	이사와 감사가 조사하여 발기인에게 보고	이사와 감사가 조사하여 창립총회에 보고
변태설립 사항	이사가 법원에 검사인 선임 청구, 검사인은 조사하여 법원에 보고	발기인은 법원에 검사인 선임 청구, 검사인은 조사하여 창립총회에 보고

---

6 찾기 쉬운 생활법령 정보(easylaw.go.kr)

② 사업자 등록

사업자 등록은 사업체의 주소지 관할 세무서에 직접 방문하여 신청하거나 국세청 인터넷망 '홈택스'에 회원 가입하여 신청서를 작성하고 신청하는 방법이 있다. 사업자 등록은 사업자가 사업 시작을 알리는 공식 문서 활동이며 어떤 제품을 어떻게 팔고 언제부터 어디에서 시작하겠다고 신고하는 것이다.

사업자 등록증에는 사업의 범위와 종류를 나타내는 업태와 종목이 있다. 업종은 업종과 종목을 합한 의미로서 어떤 특정 산업이나 분야를 의미하며 통계청의 한국표준 산업 분류표에 의해 분류된다. 업태는 사업자의 사업 범위로서 판매 방법을 의미하고 종목은 어떤 것을 판매하는가에 따라 분류한 것으로 업태를 더욱 세분화한 것이다.
업태는 소매업의 형태로서 판매 방법을 의미하며 상품의 종류보다는 소비자의 구매 행동과 관련된 판매 시스템과 관련이 깊다. 반면에 종목은 비즈니스에서 소매업의 종류로서 어떤 상품을 판매하는 것이다. 즉 상품 종류에 의한 분류 방법으로서 생산과 밀접한 관계를 맺고 있는 것이다[7].

[표-7] 업태와 종목의 비교

구분	업태(Types of Operation)	종목(Types of Business)
의미	어떤 방법으로 판매하는 가이다 (How to Sell)	무엇을 판매하고 있는가이다 (What to Sell)
종류	백화점, 전문점, 편의점, 슈퍼마켓 등	문구점, 가구점, 의류점, 정육점 등
관점	소비자 구매 활동과 관련된 판매 시스템의 관점	생산자적인 측면의 관점

또한 사업자 등록에는 업종에 따른 인허가 과정이 필요하다. 인허가의 내용으로는 자격 기준이나 시설 기준 그리고 자산 기준을 의미하며 인허가의 종류로는 면허 업종, 지정 업종, 허가 업종, 신고 업종, 등록 업종이 있다. 예를 들어 주류 판매업은 주세법에 의한 주류판매업 면허가 필요하며 담배 소매업은 담배 사업법에 의한 판매업체로 지정되어야 담배를 판매할 수 있다. 허가 업종은 특정한 법적 요건이나 규제를 충족해야만 허가를 취득하는 것이고 신고 업종은 관련 시설을 구축하고 신고하면 서류 검토 및 실사를 통해 이루어지고 등록 업종은 관련 법에 의한 시설을 구축하고 등록 신고한다. 업종의 인허가 정보는 국세청 홈택스(hometax.go.kr) 인허가 서류 조회에서 찾을 수 있다. 특히 인허가 점검 시기는 법인 사업자인 경우에는 등기 이전에 개인 사업자는 사업자 등록 이전에 점검해야 한다.

---

[7] 윤명길, 유통 창업론, 청목출판사, 2007, p199

③ 사회 보험[8]

1. 국민연금

국민연금제도는 소득이 있을 때 일정액의 보험료를 납부하고 일정한 사유(노령, 장애, 사망)로 소득이 줄거나 없어졌을 때 연금을 지급하여 최소한의 소득을 보장하는 사회보장제도로 대상은 근로자를 1명 이상 사용하는 사업장을 말한다.

2. 고용/산재보험

근로복지공단의 설립(산업재해보상보험제 제10조)에 근거하여 산재 근로자 요양, 보상 및 재활, 고용 및 산재보험 가입 지원, 도산 사업장 임금채권보장, 30인 이하 사업장 퇴직연금, 실업대책사업 및 저소득 근로자 복지 지원을 목적으로 적용은 다음과 같다.

산재보험(당연적용사업)		고용보험(당연적용사업)	
계속사업	노동자 사용하는 모든사업장	계속사업	노동자 사용하는 모든사업장
건설업	모든 건설공사(2018.7월 적용)	건설업	건설업자가 시공하는 원도급
농업, 임업, 어업,수렵업	법인이 아닌자의 사업으로 상시 5인 이상인 사업		건설업자가 아닌자가 시공하는 공사로서 조건에 따라 상이

3. 건강보험

국민건강보험은 인간다운 생활을 위한 국민의 의료 욕구(Needs) 충족을 목적으로 대상은 국내에 거주하는 국민은 건강보험의 가입자 또는 피부양자가 된다(건강보험법 제5조). 다음은 4대 사회보험 적용 요율이다.

※ 4대 보험요율(2024.1월 기준)

구분	보험요율	근로자	사용자(사업주)
국민연금	기준소득원액의 9%	4.5%	4.5%
건강보험 (장기요양보험)	보수월액의 7.09%	3.545%	3.545%
	건강보험료의 0.9182%	근로자 50%	사업주 50%
고용보험	실업급여 1.8% 고용안정사업 등은 전액 사업주 부담	0.9%	보수월액의 0.9% 고용안정사업 등은 사업장 규모에 따라 차이 있음
산재보험	업종에 따라 차이가 있으며 사업주 전액 부담		

---

8 2024년 4대 사회보험정보연계센터 자료집을 요약함(www.4insure.or.kr/pbiz/gdne/onlineEdu.do)

４ 창업자라면 반드시 알아야 할 7가지 핵심 노동법[9]

1. 근로계약서 작성
- **작성 시기:** 근로계약서는 업무 시작 전에 작성하여 사업주와 근로자가 각각 한 부씩 보관해야 하며 보관 기간은 근로자가 퇴사 후에도 3년간 보관해야 한다.
- **필수 기재 사항:** 근무 장소, 업무 내용, 임금 구성 항목 및 계산 방법, 소정 근로시간, 휴게시간, 휴일 및 연차 유급휴가 등.

2. 임금
- **최저임금 준수:** 법정 최저임금을 준수해야 하며, 이를 위반할 경우 법적 제재를 받을 수 있다.
- **임금 명세서 교부:** 임금 지급 시 임금의 구성 항목, 계산 방법 등을 명시한 명세서를 근로자에게 교부해야 한다.

3. 근로 시간
- **법정 근로시간:** 1주일에 40시간, 1일 8시간을 초과할 수 없다.
- **연장·야간·휴일 근로:** 근로자의 동의를 받아야 하며 이에 대한 가산 수당을 지급해야 한다.

4. 직장 내 성희롱 예방
- **예방 교육:** 사업주는 직장 내 성희롱 예방을 위한 교육을 정기적으로 실시해야 한다.
- **고충 처리:** 성희롱 발생 시 적절한 조사와 조치를 통해 근로자를 보호해야 한다.

5. 모성보호
- **출산 전후 휴가:** 여성 근로자에게 출산 전후로 총 90일의 휴가를 부여해야 하며, 이 중 60일은 유급으로 처리해야 하고 육아휴직은 만 8세 이하 또는 초등학교 2학년 이하의 자녀를 둔 근로자는 최대 1년의 육아휴직을 신청할 수 있다.

6. 퇴직급여
- **지급 대상:** 1년 이상 근무한 근로자에게는 퇴직금을 지급해야 하고 계산 방법은 퇴직금은 '평균임금 × (재직 일수 ÷ 365일)'로 산정된다.

7. 해고 절차
- **해고:** 근로기준법에서 정한 정당한 사유가 있어야 하고 해고를 통보할 때는 서면으로 통지해야 하며 30일 전에 예고하거나 30일분 이상의 통상임금을 지급해야 한다.

---

9 고용노동부, 2022년 소규모사업장을 위한 7가지 노른자 노동법, https://www.moel.go.kr/v2024/search.do

③ 창업 세무

창업자는 사업을 안정적으로 운영하고 불필요한 세금을 줄이기 위해서는 기본적인 회계 개념, 개인 사업자와 법인 사업자의 세금 구조를 이해하여 최적의 기업 형태를 선택하고 절세를 위한 세무 전문가의 도움을 활용하면서 세무신고 일정(부가세, 종합 소득세, 법인세 등)을 놓치지 않도록 관리해야 한다. 특히 세무는 기업이 납부해야 할 세금을 관리하는 과정으로 창업자는 법적 의무를 준수하면서도 불필요한 세금 부담을 줄이는 전략이 필요하다.

[표-8] 사업자 세무개요

구분	부가가치세	소득세	법인세
대상 주제	사업자, 재화 수입자	개인 주민등록번호	법인등록번호
과세대상	부가가치	개인소득	법인소득
과세소득	매출세액-매입세엑	총수입금액-필요경비	익금총액-손금총액
과세기간	1기(1월~6월) 2기(7월~12월)	1월 1일부터~12월31일	회계연도 기간
신고납부 기간	각 과세기간 종료일부터 25일 이내	5월1일~5월31일	결산 후 3월 이내
세율	10%(단일 세율, 영세율 제외)	6%~45% (초과 누진세율)	9%~24% (초과 누진세율)
관련법률	부가가치세법	소득세법	법인세법

출처: 황보윤 외(2019), 창업실무론 p247 일부 수정

1. 부가가치세

부가가치세는 재화나 용역을 대상으로 생산이나 유통 단계마다 사업자가 획득한 부가가치에 대하여 부과하는 세금으로 조세 부담은 최종 소비자가 부담하는 일반 소비세이다.

[표-9] 신고납부기간

과세기간	과세 대상 기간		신고납부 기간	신고 대상자
제1기 1.1~6.30	예정신고	1.1~3.31	4.1~4.25	법인사업자
	확정신고	4.1~6.30	7.1~7.25	법인사업자
		1.1~6.30	7.1~7.25	개인 일반사업자
제2기 7.1~12.31	예정신고	7.1~9.30	10.1~10.25	법인사업자
	확정신고	10.1~12.31	다음 해1.1~1.25	법인사업자
		7.1~12.31	다음 해1.1~1.25	개인 일반사업자

2. 소득세

개인 또는 개인사업자가 1년간 얻은 소득을 과세 대상으로 하는 조세이며 종합 소득세, 양도 소득세, 퇴직 소득세로 구분한다. 소득이 있는 창업자는 1월 1일부터 12월 31일까지 소득을 다음 연도 5월 1일부터 5월 31일까지 주소지 관할 세무서에 신고 납부한다.

[표-10] 소득세 구분

구분		과세 방식
종합소득	① 사업소득 ② 이자소득 ③ 배당소득 ④ 연금소득 ⑤ 근로소득 ⑥ 기타소득	종합과세
퇴직소득	퇴직으로 인한 소득	분류과세
양도소득	자산의 양도로 발생한 소득	분류과세

3. 법인세

법인이 경제활동을 통해 창출한 소득을 대상으로 부과하는 세금으로 각 사업 연도의 소득에 대하여 매년 신고 납부하며 종료일에 속하는 달의 말일부터 3개월 이내에 법인세를 관할 세무서장에게 신고한다.

[표-11] 법인세 세무조정

기업회계	세무조정	세무회계
수익	(+)익금산입	익금 총액
	(−)익금불산입	
(−)비용	(+)손금산입	(−)손금 총액
	(−)손금불산입	
(=)당기순이익 (회계상 소득)	(+)익금산입 및 손금불산입	(=)각 사업연도 소득금액 (세법상 과세소득)
	(−)손금산입 및 익금불산입	

④ 창업의 절세

창업의 세금은 준비 과정부터 시작하며 그 과정에서 일어나는 모든 활동이 세금과 관련이 있다. 예를 들어 창업 기업 형태를 결정할 때 개인 기업과 법인 기업 과세 체계가 다르기 때문에 창업 시 세금 문제를 고려한 기업 형태를 생각할 필요가 있다. 또한 창업 기업은 개업 전에 초기 매입이 매출보다 높게 나타나기 때문에 구입 비용에 대한 매입 세금계산서를 받아야 한다. 더구나 사업 개시일부터 20일이 지나 사업자 등록을 신청하면 불이익 처분을 받게 된다.

반면에 매년 정책에 따라 다르기는 하지만 창업 과정이나 창업 초기 과정에서 세금을 절약할 수 있는 조세 지원제도나 정부 지원 제도를 활용하며 필요할 경우에는 전문가 조언을 통해 절세 전략을 실행할 필요가 있다. 따라서 창업자는 준비과정부터 세금을 회피할 수 없기 때문에 세금에 대한 적극적인 관심과 대처가 필요하다[10]. 다음은 초기 창업자가 관심을 두고 세금을 절약할 수 있는 내용들이다.

[표-12] 창업 절세 기본 수칙

구분	실천 내용
신고 납부기일 지키기	· 각종 세무신고 기한을 준수하고 세금의 적기 납부를 실행하여 불필요한 비용을 차단
증빙 서류 수취	· 신용카드 사용이나 사소한 지출에도 증빙 서류에 세심한 관리
세제 혜택 활용	· 소득 공제를 받을 수 있는 노란우산 공제제도나 개인 연금 저축제도를 활용 · 초기 창업 기업의 세액 감면제도나 일자리 창출 제도에 대한 혜택
절세 방안 모색	· 시설투자에 대한 조세지원 제도 활용 · 합리적인 세법 숙지를 통한 절세방법 탐구
조세 전문가 조언	· 창업자에 맞는 기업의 재무적인 운용과 전문적인 지식을 요청 · 초기 매출이 적은 회사의 경우 사업자를 간이 과세자로 신청하거나 간편 장부를 활용 · 가족을 직원으로 입사시켜 급여를 통한 소득 분산(반드시 활동)

---

10 한국벤처창업학회, 창업론, 명경사, 2012, pp370~373

● 한 장으로 보는 개인사업자와 법인사업자의 세금

분류	구분	과세표준	부가가치세
개인사업자 (2024년 기준)	간이 과세자	종합소득세 (과세표준 6~45%)	업종에 따라 부가세 비율이 다름
	일반 사업자	1400만 원 이하 시 6% 1400~5000만 원 15%(공제 있음) 5000~8800만 원 24%(공제 있음) 8800~1억 5000만 원 35%(공제 있음) 1억 5000만 원~3억 원 38%(공제 있음) 3억~5억 원 40%(공제 있음)	10% (매입부가세 납부액만큼 공제 있음)
	면세 사업자	5억~10억 원 42%(공제 있음) 10억 원 초과 45%(공제있음) *지방세는 종합소득세의 10%	없음
법인사업자 (2024년 기준)	공통	법인세(과세표준의 9~24%) 2억 이하 9% 2억~200억 원 19% 200억~3,000억 21% 3,000억 초과 24% *지방세는 법인세의 10%	10% (매입부가세 납부액만큼 공제 있음)

13장_창업 재무 전략 :
재무전략과 자금 조달방법으로 자금 부족을 극복하라

13 창업 재무 전략

① 창업을 위한 재무 전략

① 시장 진입 전략

창업 기업이 시장 진입을 위해 시장에서 경쟁 개념을 도입한 앤소프(Ansoff)는 의사결정 대상을 전략(Strategy), 조직(Structure), 시스템(System)이라는 3S모델을 주장하였으며 그중에서 가장 중요한 것이 전략(Strategy)이라 했다[1]. 시장 진입에 대해 전략(Strategy) 매트릭스를 사용하면 진입 방향을 4가지 경우 수로 설명할 수 있다[표-1].

[표-1] Ansoff Matrix

		시장	
		기존 시장	신규 시장
제품	기존기술	①	②
	신규기술	④	①

① 기존 시장에 기존 상품으로 진입 ②기존 시장에 신규 상품으로 진입
② 신규 시장에 기존 상품으로 진입 ③신규 시장에 신규 상품으로 진입

시장진입에 대해 각 경우의 수를 이고르 앤소프(Igor Ansoff) 매트릭스로 정리하면 다음과 같은 전략적 선택이 가능하다[표-2].

[표-2] Ansoff Matrix 전략

유형	내용	전략	성공 가능성
신규 제품을 기존시장에 판매	소비자에게 만족을 주는 신제품을 개발하여 수요가 있는 기존시장에 판매하는 형태	제품 개발 전략	높음
기존 제품을 신규시장에 판매	기존 시장에서 수요가 검증된 기존 제품이 아직 공급되지 않은 신시장에 판매하는 형태	시장 개척 전략	높음
신규 제품을 신규시장에 판매	신제품을 개발하여 신시장을 개척하여 판매하는 형태	다각화 전략	낮음
기존 제품을 기존시장에 판매	기존 제품을 생산하여 기존시장에 판매하는 형태	시장 침투 전략	낮음

---

[1] 김수현, 중소기업 경영전략, 4차 산업혁명시대 중소기업 경영전략, 이모션미디어, 2018, p87

② 창업 초기 자금의 조달

창업에서 자금은 창업의 지속성과 성장성을 높이기 위해 반드시 필요하며 창업 자금의 조달 방법에는 자기 자본과 타인 자본으로 나눌 수 있다. 창업 초기에 사용하는 자기 자본은 제한된 자본과 초기 사업의 수익성의 확보가 어렵기 때문에 체계적인 재무 전략을 수립하지 않는다면 자금이나 손익 관리의 위기에 직면하게 된다. 특히 급격한 외부 환경과 불확실성에 대비하여 재무 리스크 관리를 통해 재무 안전성을 확보해야 한다.

창업 재무 전략 수립은 창업 필요 자금을 추정하고 그에 따른 자금을 산출해야 하는데 예산 편성을 창업 준비자금, 시설자금과 운영자금으로 구분하여 수립한다. 시설 자금은 사업장 구입비, 시설에 필요한 비품 등을 구입하는 비용을 말하며 자금 투입 후 상당 기간이 지나야 경영 성과로 나타나는 운전 자금은 임대료, 인건비나 시설 운영을 위한 비용, 회사 초기 홍보비나 마케팅 비용으로서 자금 투입 후 경영 성과가 시설자금보다 짧게 나타난다[표-3].

[표-3] 창업 초기 투자자금

구분	시설 자금	운전 자금
내용	· 제조업인 경우 공장 부지 보증금 · 서비스업인 경우 사무실 보증금 · 판매업인 경우 판매장 보증금 · 시설에 필요한 비품 구입 비용	· 인건비 · 시설 임대료 · 제품 개발비 · 회사 설립비 및 초기 홍보비

창업 투자비를 집계한 후에는 운전 자금을 산출하는데 운전 자금 산출 방법은 다음과 같이 이용할 수 있다. 운전 자금은 사업 운영을 지속하는 데 필요한 단기 자금으로 기업 운영 중 발생할 수 있는 지출에 대한 자금을 의미한다. 특히 창업 초기에는 매출보다 지출이 먼저 발생하기 때문에 운전자금이 기업의 생존을 좌우할 수 있다. 따라서 창업 초기부터 철저한 운전자금 관리 전략을 수립하여 자금 흐름을 안정적으로 유지하는 것이 매우 중요하다.

[표-4] 운전 자금 산출 공식

구분	내용
공식	운전 자금 = 사업 투자비 X 자산회전율 X 경비율 (P개월/12개월) * Q(보정계수)
비고	· 자산 회전율: 0.82(중소기업 2023년 기준, 한국은행 기업 경영분석) · 경비율 : 0.97(중소기업 2023년 기준, 한국은행 기업 경영분석) · Q : 보정계수(0.5〈Q〈1) · 손익분기점 달성 기간: 창업자가 예측

출처: 최중석, 이형곤(2013), 창업 실무, p227

③ 매출 추정을 위한 TAM - SAM - SOM

창업 초기에 시장진입을 위해서는 매출액 추정이 필요한데 추정방법으로는 하향식 방법 (Top down), 상향식 방법(Bottom up), 수평식 방법(Horizontal)이 있다. 특히 신규시장에 신규상품으로 진출하는 경우 비교대상이나 참고자료가 제한적이거나 부재한 상태에서 수요예측을 해야한다.

특히 여러 가지로 열위에 있는 창업 기업의 경우에는 더욱더 어려움을 겪게 된다. 이때 사용할 수 있는 방법 중에 하나가 TAM – SAM – SOM 기법이다[2]. 잠재적인 전체 시장 규모를 나타내는 TAM(Total Addressable Market), 서비스 가능한 목표시장 규모를 나타내는 SAM(Serviceable Available Market), SOM(Serviceable Obtainable Market)은 기업이 획득 가능한 시장 규모를 말한다[그림-1].

[그림-1] TAM-SAM-SOM

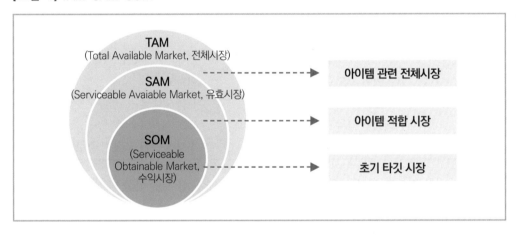

다시 말해서 전체시장 크기를 말하는 TAM은 자사의 제품이나 서비스와 관계된 전체 시장 규모를 말하며 SAM은 전체 시장 중에서 창업 기업이 추구하는 비즈니스 모델 시장 으로 유효 시장이라고 한다. SOM은 유효 시장 내에서 초기 단계에 확보가 가능한 수익 시장을 말한다. 예를 들어 모바일 부동산 APP 시장에 진출하려고 한다면 국내 스마트폰 사용자가 4,000만 명이면 전체 시장에 해당되고 이 중에 부동산 APP 이용하는 사용자가 1,000만 명이라면 이 시장을 유효 시장이라고 한다. 특히 유효 시장의 추정은 자사 제품이나 서비스의 특성이나 타겟 고객 특성에 대한 합리적인 추정이 필요하다. 유효 시장에서 20~30대 부동산 모바일 APP 사용자 가운데 1인 가구만을 초기 타깃으로 정한다면 이 시장이 수익 시장이다.

---

[2] 임성준, 스타트업 아이템 발굴부터 투자유치까지, 유노북스, 2021, p169

매출 원가는 제품 생산이나 서비스를 제공하는 데 투입되는 비용이지만 수요 예측이라는 관점에서 보면 기업의 수익성이나 경쟁력 그리고 경영 전략을 결정하는 핵심 요소이기도 하다. 그리고 모든 기업의 손익이 매출 원가로부터 시작되지만 창업 기업이 가격 전략을 수립하거나 영업비용으로 사용할 경우 제약 조건으로 작용할 수도 있다. 따라서 창업 기업은 수익성에 직접적인 관계가 있는 매출원가율을 전략적으로 중요하게 생각해야한다.[표-5].

[표-5] 2023년 업종별 매출 원가율

구분	매출 원가율(%)
중소기업 전체	72.85
제조업(중소기업)	80.84
식료품업(중소기업)	83.48
도소매업(중소기업)	80.17
일반 소매업	68.30
숙박 및 음식점업	39.95
음식점 및 주점업	57.14
정보 통신업	37.37
출판업	36.70
소프트웨어 개발 및 공급업	34.80
정보 서비스업	17.75
전문 과학 기술서비스업(중소기업)	26.33
전문 서비스업	21.37
법무, 회계 및 세무 관련 서비스업	0.60
사업시설 관리, 사업 지원 및 임대서비스업	30.03
고용 알선 및 인력 공급업	38.07
여행사 및 여행 보조 서비스업	13.16
경비, 경호 및 탐정업	47.55
교육 서비스업(중소기업)	8.94
통신판매업	62.25
예술, 스포츠 및 여가 관련 서비스업	29.29
기타 개인 서비스업	26.24
저기술 업종(제조업)	76.76

출처: 한국은행, 2023년 기업경영분석

4 판매비와 일반 관리비 추정

손익 계산서에서 매출 원가 다음으로 집계해야 할 항목이 비용이다. 판매비와 관리비는 제품, 상품, 용역 등의 판매 활동과 기업의 관리 활동에서 발생하는 비용으로서 매출원가에 속하지 않는 모든 영업비용을 포함한다. 판매비와 일반 관리비는 회사에 따라 약간 상이하게 분류하기도 하지만 판매비가 영업 활동을 위해 사용하는 비용이라면 일반 관리비는 회사 전체 관리를 위해서 사용하는 비용이다. 따라서 판매비는 쓸 수밖에 없는 돈이며 일반 관리비는 줄여야 할 돈으로 인식하게 된다.

기업은 이익의 극대화를 위해 최소의 비용으로 최대의 결과를 내는 것이다. 기업이 이익을 증대시키는 것은 비용을 줄이고 이익을 늘리는 것이다. 이익을 늘리는 것은 두 가지 방법으로 하나는 매출을 늘리거나 아니면 판매비와 일반 관리비를 줄이는 것이다. 그러나 기업이 매출을 늘리는 불확실성보다 자체적인 노력으로 비용을 줄여서 이익을 늘리는 방법을 손쉽게 선택한다. 그렇다면 비용을 줄이는 방법에는 무엇이 있을까? 비용 구조를 살펴보고 비용을 분해하는 것이다.

비용 구조는 비용이 고정비와 변동비가 어떻게 구성되어 있는지를 알아보고 비용 분해는 변동비와 고정비를 나누어 비용 내용을 세심하게 검토하는 것을 말한다. 변동비는 매출액의 증감에 비례하여 변동되는 비용이고 고정비는 매출액의 증감에 상관없이 발생하는 비용이다.

여기에 고정비와 변동비의 성격을 동시에 갖고 있는 비용을 준변동비 또는 준고정비라고 한다. 준고정비는 일정 수준까지는 고정비처럼 유지되다가 매출 증가나 사용량 증가 등이 넘어서면 추가 비용이 발생하는 비용을 말한다. 준변동비는 고정비 요소와 변동비 요소를 모두 포함한 비용으로 일정한 범위에서는 고정비이지만 일정 범위가 넘어서면 사용 금액이 증가하다가 다시 일정 금액으로 유지하다가 추가적인 사용이 또 발생하면 비용이 추가로 발생하는 단계적 형태를 보인다[표-6]. 준고정비와 준변동비는 회사의 업종과 사업 형태 및 특성에 따라 달라진다.

[표-6] 비용 분해표

분류	항목
고정비	급여, 임차료, 퇴직급여, 상여금, 보험료, 지급이자, 무형자산 상각비
변동비	구입 원가, 운송비, 재료비, 성과급, 판매 장려금, 포장비, 외주비, 지급 수수료
준고정비 준변동비	전기료, 통신비, 교통비, 접대비, 세금과공과, 광고 선전비, 차량 유지비 교육 훈련비, 수도 광열비, 복리 후생비, 도서 인쇄비, 소모품비

5 재무적 타당성 분석

창업 기업이 지속가능한 성장과 발전을 위해서는 재무적인 타당성 분석을 통한 검증이 필요하다. 특히 창업 초기에는 수익성이 가장 중요하며 수익의 발생이 없다면 기업이 생존할 수가 없다. 수익성 분석은 기업의 재무 건전성을 평가하고 경영진이 의사 결정을 내리는데 중요한 정보를 제공한다.

[표-7] 국내 기업의 업종별 자산 수익률 및 매출 수익률

구분	제조	음식/숙박	도소매	식료품	중소기업	대기업	전체
총자산 세전순이익률	4.10	1.46	4.39	3.75	2.09	2.09	2.78
매출액 세전 순이익률	4.81	2.59	2.86	3.22	2.55	2.55	3.79
매출액 순이익률	4.47	1.63	2.26	2.59	1.74	1.74	3.17
매출액 원가율	83.72	54.24	76.60	80.62	72.18	82.17	78.13

출처: 한국은행, 기업경영분석(2023)

여기에서 주목해야 할 점은 수익률이 판매 계획과 비용 계획에서 산출된 결과이기 때문에 실질적으로 현금 흐름이 감안되지 않은 지표이다. 따라서 현금 유동성에 일시적인 장애가 발생할 경우 흑자 도산의 위기가 도래할 수 있기 때문에 현금 흐름을 주시할 필요가 있다.

또한 창업 초기에 사업 투자비 대비 매출액을 살펴보는 것이 투자 회전율 분석이다. 기업이 가치를 극대화하기 위한 전략이 활동성 분석이며 회전율을 지표로 삼는다. 특히 회전율은 기업의 전략에 따라 그 수치가 달라질 수 있다.

[표-8] 국내 기업의 업종별 활동성 분석

구분	제조	음식/숙박	도소매	식료품	중소기업	대기업	전체
총자산회전율	0.92	0.56	1.53	1.17	0.82	0.69	0.73
매출채권회전율	6.30	18.73	9.43	9.75	7.38	7.87	7.29
매입채무회전율	12.36	25.12	12.73	15.85	16.16	12.57	12.81
재고자산회전율	7.51	17.72	11.22	8.24	5.40	6.65	5.52

출처: 한국은행, 기업경영분석(2023)

재무 분석의 마지막에서는 손익 분기점(BEP: Break Even Point) 분석이다. 손익 분기점은 일정 기간 수익과 비용이 일치하여 이익도 손실도 발생하지 않은 상태이다. 다시 말해서 손익 분기점은 비용(Cost), 매출액(Volume), 이익(Profit)의 관계를 나타내는 CVP 분석으로서 가동률과 원가의 변화가 이익에 어떤 영향을 주는가를 분석하는 기법이다[3].

손익 분기점 분석은 모든 비용을 고정비와 변동비로 구분하고 활용은 제품의 판매량, 목표 이익을 위한 매출액, 고정비와 변동비의 비율, 수익성과 안전성을 파악하는 등 다목적 용도로서 단기적인 의사 결정에 매우 유용하게 사용할 수 있다.

[그림-1] 손익 분기점 그래프

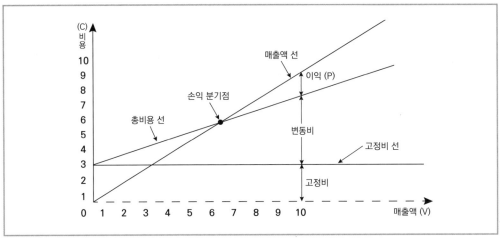

다음은 다양하게 활용되고 있는 손익 분기점 분석의 산출 공식을 알아보면 다음과 같다.

[표-9] 손익분기점 용도별 공식

용도	산출 방법	설명
손익분기점 매출액	고정비 / (1-변동비/매출액)	이익도 손실도 나지 않은 기본 공식
손익 분기점 목표이익 매출액	(목표이익+고정비) / (1-변동비/매출액)	목표 이익 달성을 위한 공식
손익분기점 비율(%)	(손익분기점/실제 매출액) X 100	손익분기점 비율이 낮을수록 안전성이 높다

3 시바타 타카유키, 김숙이 역, 회사 숫자, 아카데미 북, 2001, p114

❷ 재무 분석

재무 분석은 기업이 재무제표를 통하여 수익성, 활동성, 안전성, 성장성, 생산성 등을 분석 평가하여 이해관계자들이 의사 결정을 하는 데 도움이 되도록 유용한 정보를 제공하는 것이다. 그러한 재무 분석은 기업의 현재 문제점을 파악하고 분석하여 기업의 내부, 외부, 정보 이용자가 기업 관련 의사 결정을 올바르게 하는 데 그 목적이 있다. 또한 재무 비율에 대한 지표는 수익성, 안정성, 활동성, 성장성, 생산성 등 5가지로 분류하며 5가지 비율분석 지표는 다시 세부 영역으로 구분한다.

▌ 수익성 지표

수익성 지표는 회사의 수익 창출에 대한 능력을 나타내는 지표로서 매출액 수익성, 투자 수익성, 기타 수익성으로 구분한다.

1) 매출액 수익성

매출액 대비 순이익의 크기를 나타내는 비율로서 기업이 판매하는 제품이나 서비스와 이윤(Margin) 크기를 말한다.

① 매출액 순이익률

매출액 순이익률은 매출액에서 모든 비용을 차감한 당기순이익과의 관계를 측정한 지표로서 매출액 대비 당기순이익 비율로 산출한다.

> 매출액 순이익률 = 당기순이익 / 매출액 X 100

② 매출액 영업 이익률

매출액 영업 이익률은 매출 총이익에서 판매 관리비를 차감한 영업 이익과 관계를 측정하는 지표로서 매출액 대비 영업 이익의 비율로 산출한다.

> 매출액 영업이익률 = 영업이익 / 매출액 X 100

2) 투자 수익성

기업이 투자한 자산이나 자본 대비 창출된 이익의 크기를 나타낸다.

① 총자산 순이익률

총자산 순이익률은 총자산을 얼마나 효율적으로 투자하여 순이익을 창출하였는지를 측정하는 지표로서 총자산 대비 당기 순이익의 비율로 산출한다.

> 총자산 순이익률 = 당기 순이익 / 총자산 X 100

② 자기 자본 순이익률

자기자본 순이익률은 자기자본으로 순이익이 어느 정도 발생하였는지를 측정하는 지표로서 자기 자본 대비 당기 순이익의 비율로 산출한다.

> 자기자본 순이익률 = 당기순 이익 / 자기자본 X 100

3) 기타 수익성

기타 수익성은 금융이자 부담 능력, 손익 분기점이 있다.

① 금융비용대 매출액

금융비용대 매출액 비율은 이자 비용이 매출액에 비하여 얼마나 되는지를 나타내는 지표로서 이자 비용 대비 매출액 비율로 산출한다.

> 금융비용 대 매출액 = 이자 비용 / 매출액 X 100

② 안정성 지표

안정성 분석은 재무상태표 분석이라고 하며 유동성 분석, 레버리지 분석, 자본 배분의 안정성 분석으로 구분한다. 유동성 분석은 기업의 단기 부채 상환 능력을 말하며 레버리지 분석은 타인자본 의존도를 나타내고 자원배분 안정성은 비유동성 자산이 장기성 자본에 얼마나 안정적으로 투자되었는지를 분석하는 지표이다.

1) 유동성 분석

① 유동성 비율

유동 비율은 기업의 단기 지급 능력을 평가하는 지표로 유동부채 대비 유동자산 비율로 산출한다.

> 유동 비율 = 유동 자산 / 유동 부채 X 100

2) 레버리지 분석

외부의 차입금 의존도를 나타내며 차입금 대비 자산 총액 비율로 산출한다.

> 차입금 의존도 = 차입금 / 자산 총액 X 100

3) 자산 배분의 안정성

① 비유동 비율

비유동 비율은 비유동 자산 대비 자기자본 비율로 산출한다.

> 비유동 비율 = 비유동 자산 / 자기 자산 X 100

3 생산성 지표

생산은 노동과 자본이 결합하여 생산된 가치를 말하며 생산성 지표에서는 부가가치 개념을 대입한다. 생산성은 사람과 설비와 자금을 투입하여 얻은 결과물을 말한다. 생산성 비율은 노동과 자본 투입에 대한 산출 비율로 측정하며 부가가치율, 노동 생산성, 자본 생산성이 있다. 즉 생산성=생산물/투입생산 제요소이고 노동 생산성=부가가치/노동 그리고 자본 생산성=부가가치/자본으로 설명할 수 있다.

1) 부가가치율

부가가치는 기업 자체의 노동과 생산에서 창출한 가치로서 일정 기간 창출된 부가가치를 매출액으로 나눈 지표로서 생산 활동의 효율성을 나타낸다.

$$
부가가치율 = 부가가치 / 매출액 \times 100
$$

2) 노동 생산성

종업원이 인당 부가가치를 생산성으로 나타내는 지표로서 부가가치를 종업원 수로 나눈 지표이다.

$$
노동 생산성 = 부가가치 / 평균 종업원 수
$$

3) 자본 생산성

자본의 투자 효율을 나타내는 지표로서 부가가치를 총자본으로 나눈 지표이다.

$$
자본 생산성 = 부가가치 / 총자본 \times 100
$$

4 성장성 지표

성장성은 기업이 전년도 보다 매출이나 자산이 얼마만큼 증가 혹은 감소했는가를 측정하는 지표로서 외형적인 성장률과 실질적인 성장률로 구분한다. 성장성의 판단은 자산, 매출액, 이익을 이용하여 기업의 미래 잠재력을 측정하는 중요한 재무비율이다.

1) 총자산 증가율

기업의 전형적인 외형적 성장 규모를 나타내며 일정 기간 총자산이 어느 정도 증가 하였는지 측정하는 지표이다.

> 총자산 증가율 = 당기말 총자산 – 전기말 총자산 / 전기말 총자산 X 100

2) 매출액 증가율

기업 성과의 변화나 기업 경쟁력 변화를 파악할 수 있는 대표적 자료이며 일정 기간 매출액의 증감 정도를 측정하는 지표이다.

> 매출액 증가율 = 당기 매출액 – 전기 매출액 / 전기 매출액 X 100

3) 순이익 증가율

기업의 실질적 성장세를 나타내는 자료로서 일정 기간 순이익 증가 정도를 측정하는 지표이다.

> 순이익 증가율 = 당기 순이익 – 전기 순이익 / 전기 순이익 X 100

5 활동성 지표

활동성 지표는 회사 소유의 자산 활용도를 측정하는 지표로서 매출액에 대한 보유 자산 회전율이 몇 번 회전했는지를 측정한다.

1) 총자산 회전율

회사가 보유하고 있는 전체 자산의 효율적인 이용도를 측정하는 지표로서 매출액을 총자산으로 나누어 산출한다.

총자산 회전율 = 매출액 / 총자산

2) 자기 자본 회전율

회사가 보유하고 있는 자기자본의 효율적 이용도를 측정하는 지표로서 매출액을 자기 자본으로 나누어 산출한다.

자기자본 회전율 = 매출액 / 자기 자본

3) 매입 채무 회전율

매입액을 평균매입채무로 나누어 계산하는데 매입 채무의 양적 수준을 평가하는 지표로 사용한다.

매입채무 회전율 = 매출액 / 매입 채무

③ 창업 지원 제도

① 정부지원금 제도의 이해와 활용 전략

대한민국 정부는 창업을 적극적으로 지원하며 다양한 지원금과 보조금을 통해 창업을 돕고 있다. 그러나 많은 창업자들이 이러한 기회를 잘 알지 못하거나 복잡한 절차와 치열한 경쟁으로 인해 신청을 어려워한다. 성공적인 지원을 위해서는 지원 대상 요건을 이해하고 철저한 준비 과정을 거치며 전략적으로 접근하는 것이 중요하다. 특히 성공한 많은 창업가들은 정부 지원금을 단순한 재정적 도움으로 여기지 않고 사업 계획을 점검하고 개선하는 기회로 활용하였다.

창업자를 위한 창업지원제도는 정부 및 지자체, 공공기관, 민간단체 등이 제공하는 다양한 프로그램을 포함한다. 특히 창업 단계(예비 창업, 초기 창업, 성장기 창업)에 따라 지원이 달라지며 지원 방식도 자금 지원, 공간 제공, 교육 및 컨설팅, 판로 개척 등 다양하다.

창업이 도전과 기회의 과정으로 이 과정에서 자금 확보는 성공의 핵심 요소이다. 그러나 대부분의 창업 기업은 경영활동이나 재무적 취약성으로 외부 자금의 활용이 불가피하다. 매년 창업 정책의 변화로 창업 자금 지원에 대한 내용의 변화가 있어 왔지만 큰 틀에서 바라볼 때 기업이 외부로부터 조달하는 창업 자금의 형태는 정책 자금과 투자 자금이 있다.

일반적으로 정책 자금은 보조 자금, 출연 자금, 융자 자금, 보증 자금으로 구분한다. 보조 자금은 창업자에게 재무적 부담 없이 사업을 추진할 수 있도록 도와주는 역할을 하는 지원자금이다. 출연 자금은 창업 기업에게 기술개발을 위한 자금을 지원하며 자기 부담금의 조건을 갖고 있다. 융자 자금은 기업이 보유하고 있는 담보를 대상으로 금융기관으로부터 시중은행보다 저렴한 금리와 유리한 상환 조건으로 대출해 주는 방식이다.

정부의 창업 지원금은 예비 창업자에서 창업 7년 이내 기업을 대상으로 하며 창업 초기부터 자신에게 적합한 지원금을 파악하고 철저한 사업 계획을 수립하는 것이 필수적이다. 현재를 기준으로 다양한 정부 지원 프로그램을 소개하고 각 사업의 요건 및 신청 절차, 실질적인 활용 전략을 자세히 소개함으로써 창업자들은 필요한 자금을 확보할 뿐만 아니라 사업 기획 및 실행 능력을 한층 강화할 수 있다.

다시 한번 언급하지만 정부지원금을 받는 과정은 단순한 신청이 아니라 철저한 준비와 전략이 필요한 과정이다. 특히 창업자들은 사업 계획서를 지속적으로 수정하고 보완해야 하며 탈락하더라도 이를 통해 사업 역량을 키운다면 향후 성공 가능성을 높일 수 있다.

② 한눈에 볼 수 있는 기업 성장단계별 창업 및 정부지원금

[표1]은 일반적인 기업의 성장을 단계별로 정리한 것이다.

[표-1] 창업 및 성장 단계

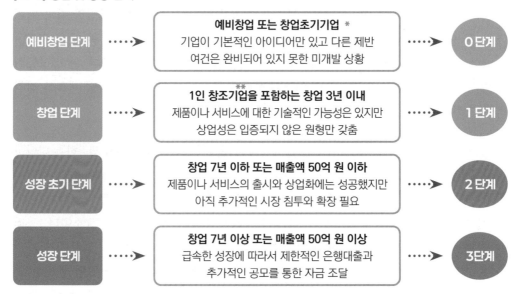

예비창업 단계	┄┄▶	**예비창업 또는 창업초기기업** * 기업이 기본적인 아이디어만 있고 다른 제반 여건은 완비되어 있지 못한 미개발 상황	┄┄▶	0단계
창업 단계	┄┄▶	**1인 창조기업을 포함하는 창업 3년 이내**** 제품이나 서비스에 대한 기술적인 가능성은 있지만 상업성은 입증되지 않은 원형만 갖춤	┄┄▶	1 단계
성장 초기 단계	┄┄▶	**창업 7년 이하 또는 매출액 50억 원 이하** 제품이나 서비스의 출시와 상업화에는 성공했지만 아직 추가적인 시장 침투와 확장 필요	┄┄▶	2 단계
성장 단계	┄┄▶	**창업 7년 이상 또는 매출액 50억 원 이상** 급속한 성장에 따라서 제한적인 은행대출과 추가적인 공모를 통한 자금 조달	┄┄▶	3단계

* 창업초기기업은 창업한 지 1년 이내 혹은 1인창조기업까지 포함한다.
** 1인 창조기업이란 회사의 근로자가 대표자를 포함하여 단 1명으로 된 기업을 말한다.

[표-2] 사업 주기별 정부 지원 사업

사업 주기별	정부 지원사업 (대표사업)
예비 창업자	예비창업패키지 신사업 창업사관학교 창업중심대학 (예비 창업자)
초기 창업자 **(3년 이내)**	초기창업패키지 창업성공패키지 (청년창업사관학교)
중기 창업자 **(3년~7년)**	창업도약패키지 창업성공패키지 (글로벌창업사관학교) 민관협력 오픈이노베이션 지원 글로벌 기업 협업 프로그램
재창업자	재도전성공패키지 희망리턴패키지

1) 예비 창업자

(1) 예비창업패키지

> 기술창업 아이디어를 보유한 예비창업자의 성공 창업을 위해 사업화자금, 비즈니스모델 고도화 및 시제품 제작 등을 지원

1. 사업개요

- 지원예산　('25)490억 원
- 지원규모　748명 내외
- 지원내용　(사업화 자금) 시제품 제작, 지식재산권 취득 등에 소요되는 사업화 자금 최대
　　　　　　1억원 지원(평균 5천만 원)
　　　　　　(창업프로그램) BM 고도화, MVP 제작, 후속 연계 등 창업 프로그램 운영
　　　　　　(멘토링) 멘토링을 통한 예비 창업자 사업계획 고도화, 경영·자문 서비스 제공
- 지원대상　예비 창업자
- 운영기관

부처	전담 기관	주관기관	최종 수혜자
중소벤처기업부	창업진흥원	대학·공공기관 등	예비 창업자

2. 참가자 모집 및 사업 절차

- 사업공고　'25년 2월
- 신청방법　K-스타트업 홈페이지(www.k-startup.go.kr)를 통한 온라인 신청·접수
- 제출서류　사업계획서 및 각종 첨부서류
- 사업절차

사업공고 ('25.2월) ➡ 신청·접수 ('25.2~3월) ➡ 선정평가 및 협약 ('25.4월) ➡ 사업비 지원 ('25.5월)

문의
- 중소벤처기업부 신산업기술창업과　　☎ 044-204-7648, 7666
- 창업진흥원 예비초기팀　　　　　　　☎ 044-410-1806, 1802~4
- 중소기업통합콜센터　　　　　　　　☎ 국번없이 1357

(2) 신사업 창업사관학교

> 창업거점 기능 극대화 및 창업 수준별 맞춤형 지원을 통해 혁신하고 성장하는 강한 소상공인
> 육성 기반 마련

1. 사업개요

- **지원규모** 510명 내외
- **지원내용** - 사업화 자금(최대 4천만 원 이내, 평균 2천만 원)
  - 예비창업자의 창업아이템 유형 * 에 따른 지원 프로그램 및 사업화 자금
    지원(2회 분할 지급, 자부담금 없음)
    * 신청유형(2) : ① 로컬크리에이터형 ② 라이프스타일형 (중복신청 불가)
- **지원대상** 예비창업자
- **운영기관**

부처	전담 기관	주관기관	최종 수혜자
중소벤처기업부	소상공인시장진흥공단	–	예비 창업자

2. 참가자 모집 및 사업 절차

- **사업공고** (공고) '25. 2. 4.(화) ~ 2. 28(금)
  (신청) '25. 2. 17.(월) ~ 2. 28(금)
- **신청방법** 소상공인24 홈페이지(http://www.sbiz24.or.kr) 통한 온라인 신청
- **제출서류** 사업신청서, 개인정보 수집·이용 및 제공 동의서, 사업계획서, 가점 증빙서류
- **사업절차**

서류평가 ('25.3월 중순) ▶ 발표평가 ('25.3월 말) ▶ 최종 선정 ('25.4월 초) ▶ 결과 통보 ('25.4월 초)

문의 • 소상공인시장진흥공단 로컬크리에이터육성팀
☎ 042-363-7726, 7738, 7769

(3) 창업중심대학

권역별 창업중심대학을 통해 우수한 사업모델을 보유한 지역 창업 기업과 대학생·교수 등 대학발 창업 기업에 사업화를 위한 자금과 수요에 기반한 성장 촉진 프로그램을 지원

1. 사업개요

- 지원예산　('25)774.75억 원
- 지원규모　(예비)창업자 및 창업 기업 800개사 내외
- 지원내용　사업화자금, 민간연계, 투자유치, 글로벌 진출 등 역량 강화 프로그램 지원
  - 창업기업 대상 성장단계별* 창업사업화 자금 지원
  *(예비창업자) 사업자 등록 전, (초기) 업력 3년 이내, (도약기) 업력 3~7년
  (사업화자금) 시제품제작, 마케팅, 멘토링 등에 소요되는 사업화 비용 지원
  (프로그램) 창업중심대학의 역량을 활용한 창업 기업 역량 강화 프로그램 제공
- 지원대상　예비창업자 및 창업기업(업력 7년 이내)
- 지원특징　대학이 보유한 창업 인프라 및 권역별 협력기관 협업 네트워크를 활용하여
  (예비)창업자 대상 다양성·연속성을 갖춘 프로그램 지원
- 운영기관

부처	전담 기관	주관기관	최종 수혜자
중소벤처기업부	창업진흥원	대학·공공기관 등	예비 창업자

2. 참가자 모집 및 사업 절차

- 사업공고　'25년 2~3월
- 신청방법　K-스타트업 홈페이지(www.k-startup.go.kr)를 통한 온라인 신청·접수
- 제출서류　사업계획서 및 각종 첨부서류
- 사업절차

사업공고 ('25.2~3월) → 신청·접수 ('25.2~3월) → 선정평가 및 협약 ('25.3월) → 사업비 지원 ('25.3월~)

문의	
• 중소벤처기업부 청년정책과	☎ 044-204-7953, 7954
• 창업진흥원 청년도전팀	☎ 044-410-1812~9
• 중소기업통합콜센터	☎ 국번없이 1357

2) 초기 창업자

(1) 초기창업패키지

> 유망 창업 아이템·기술을 보유한 초기창업기업(창업 3년 이내)의 사업화 지원을 통해 안정적인 시장진입 및 성장 도모

1. 사업개요

- 지원예산 ('25)455억 원
- 지원규모 490개사 내외
- 지원내용 사업화 자금 및 주관기관 전문역량을 활용한 창업 프로그램 등
  (사업화 자금) 시제품 제작, 마케팅, 지식재산권 출원·등록 등에 소요되는 사업화자금 최대 1억 원 지원(평균 7천만 원)
  (창업프로그램) 시장진입, 초기 투자유치, 실증검증 등의 주관기관별 특화 분야 및 전문성을 반영한 초기 창업기업 맞춤형 창업프로그램 제공
- 지원대상 업력 3년 이내 초기창업기업
- 운영기관

부처	전담 기관	주관기관	최종 수혜자
중소벤처기업부	창업진흥원	대학, 공공기관, 민간 등	업력 3년 이내 창업기업

2. 참가자 모집 및 사업 절차

- 사업공고 '25년 2월
- 신청방법 K-스타트업 홈페이지(www.k-startup.go.kr)를 통한 온라인 신청·접수
- 제출서류 사업계획서 및 각종 첨부서류
- 사업절차

사업공고 ('25.2월) ➡ 신청·접수 ('25.2~3월) ➡ 선정평가 및 협약 ('25.4월) ➡ 사업비 지원 ('25.4월~)

문의
- 중소벤처기업부 신산업기술창업과 ☎ 044-204-7648, 7666
- 창업진흥원 예비초기팀 ☎ 044-410-1830~2, 1834, 1836, 1802
- 중소기업통합콜센터 ☎ 국번없이 1357

(2) 창업성공패키지(청년창업사관학교)

유망 창업아이템 및 혁신 기술을 보유한 청년 창업자를 발굴하여 창업사업화 등 창업 全 단계를 패키지 방식으로 일괄 지원

1. 사업개요

- 지원예산 ('25)825.8억 원
- 지원규모 850명(개사) 내외
- 지원내용 창업 공간, 교육 및 코칭, 기술지원, 사업비지원, 정책사업 연계 등 종합 연계지원 방식으로 청년의 창업 사업화 One-Stop 패키지 지원시스템 운영
  (사업비 지원) 기술개발 및 시제품 제작비, 지재권 취득 및 인증비, 마케팅비 등 지원
  (창업교육) 기업가정신 및 창업실무역량 등 체계적 기술창업 교육 실시
  (창업코칭) 전문인력을 1대1 배치하여 창업 全 과정 집중지원
  (기술지원) 제품설계부터 시제품제작 등 제품개발 기술 및 장비지원
  (특성화 지원) 글로벌 진출 준비, 투자 역량 강화, 지역 특화 프로그램 등 지원
  (연계지원) 정책자금 연계, 국내·외 판로, 인력 지원 등
- 지원대상 만 39세 이하, 창업 3년 이내 기업
- 운영기관

부처	전담 기관	주관기관	최종 수혜자
중소벤처기업부	중소벤처기업진흥공단	–	만 39세 이하, 3년 이내 창업기업

2. 참가자 모집 및 사업 절차

- 사업공고 '25년 2월
- 신청방법 K-스타트업 홈페이지(www.k-startup.go.kr)를 통한 온라인 신청·접수
- 제출서류 사업계획서 및 각종 첨부서류
- 사업절차

사업공고 ('25.2월) ▶ 신청·접수 ('25.2~3월) ▶ 선정평가 및 협약 ('25.4월) ▶ 사업비 지원 ('25.4~12월)

문의

- 중소벤처기업부 청년정책과 ☎ 044-204-7951, 7955
- 중소벤처기업진흥공단 창업지원처 ☎ 055-751-9241, 9834
- 중소기업통합콜센터 ☎ 국번없이 1357

3) 중기 창업자

(1) 창업도약패키지

> 업력 3년 초과 7년 이내 창업기업에 대해 사업모델 및 제품 · 서비스 고도화에 필요한
> 사업화자금과 도약기 창업프로그램을 지원하여 스케일업 촉진

1. 사업개요

- 지원예산　('25)592.55억 원
- 지원규모　373개사 내외
- 지원내용　(사업화 지원) 사업모델 및 제품 · 서비스 고도화에 필요한 사업화 자금(최대
　　　　　　3억원), 도약기 창업프로그램(후속투자 연계, 글로벌 시장 확대 등) 지원
　　　　　　(대기업 협업) 사업화 자금(최대 2억 원), 대기업의 맞춤형 프로그램 (교육·
　　　　　　컨설팅, 인프라, 판로, 투자유치, 공동사업 등) 지원
　　　　　　(투자 병행) 일반사업화 지원 사항에 추가적으로 투자 병행 지원
- 지원대상　업력 3년 초과 7년 이내 창업기업
- 운영기관

부처	전담 기관	주관기관	최종 수혜자
중소벤처기업부	창업진흥원	대학, 공공기관, 민간 등	업력 3년 초과 7년 이내 창업기업

2. 참가자 모집 및 사업 절차

- 사업공고　'25년 2~3월
- 신청방법　K-스타트업 홈페이지(www.k-startup.go.kr)를 통한 온라인 신청·접수
- 제출서류　사업계획서 및 각종 첨부서류
- 사업절차

사업공고 ('25.2~3월) ▶ 신청·접수 ('25.3~4월) ▶ 선정평가 및 협약 ('25.4~5월) ▶ 사업비 지원 ('25.6월~)

문의
- 중소벤처기업부 신산업기술창업과　　☎ 044-204-7681, 7685
- 창업진흥원 예비초기팀　　　　　　　☎ 044-410-1860~2, 1864
- 중소기업통합콜센터　　　　　　　　☎ 국번없이 1357

(2) 창업성공패키지(청년창업사관학교)

창업기업의 글로벌화 준비부터 글로벌 혁신 성장까지 진출 단계별 패키지 지원을 통한
글로벌 유니콘기업 육성

1. 사업개요

- 지원예산 　('25)135.5억 원
- 지원규모 　60명(개사) 내외
- 지원내용 　(사업비 지원) 최대 1.5억 원 이내(총사업비의 70% 이하)
　　　　　　(글로벌 5G 프로그램) G멘토링(사전 진단), G-Lab(진출 준비), G-캠프(현지
　　　　　　진출), G-라운드(투자유치), G-써포트(정책 연계) 제공
- 지원대상 　만 39세 이하, 창업 7년 이내 기업
- 운영기관

부처	전담 기관	주관기관	최종 수혜자
중소벤처기업부	중소벤처기업진흥공단	-	만 39세 이하, 7년 이내 창업기업

2. 참가자 모집 및 사업 절차

- 사업공고 　'25년 5월
- 신청방법 　K-스타트업 홈페이지(www.k-startup.go.kr)를 통한 온라인 신청·접수
- 제출서류 　사업계획서 및 각종 첨부서류
- 사업절차

사업공고 ('25.2월) ➡ 신청·접수 ('25.2~3월) ➡ 선정평가 및 협약 ('25.3~4월) ➡ 사업비 지원 ('25.5~12월)

문의	
• 중소벤처기업부 청년정책과	☎ 044-204-7951, 7955
• 중소벤처기업진흥공단 창업지원처	☎ 02-6735-1332, 1334
• 중소기업통합콜센터	☎ 국번없이 1357

(3) 민관협력 오픈이노베이션 지원

수요기업(대 · 중견기업, 공공기관·등)과 혁신 스타트업을 연결하고 협업 사업화를 촉진하여 스타트업의 성장(Scale-up)을 지원

1. 사업개요

- 지원예산　('25)130억 원
- 지원규모　협업 스타트업 120개사 내외
- 지원내용　스타트업 대상 PoC, MVP 등을 위한 협업지원금 지원(최대 1억 원 이내) 및 R&D* 연계
　　　　　　* 중소벤처기업부 창업성장R&D 중 디딤돌과제(1년, 1.2억 원)
- 지원대상　창업 7년 이내 기업
- 운영기관

부처	전담 기관	주관기관	최종 수혜자
중소벤처기업부	창업진흥원	창조경제혁신센터, 민간	7년 이내 창업기업

2. 참가자 모집 및 사업 절차

- 사업공고　'25년 2~3월
- 신청방법　K-스타트업 홈페이지(www.k-startup.go.kr)를 통한 온라인 신청·접수
- 제출서류　사업계획서 및 각종 첨부서류
- 사업절차

사업공고 ('25.2~3월) ➡ 신청·접수 ('25.3~4월) ➡ 선정평가 및 협약 ('25.6~11월) ➡ 사업비 지원 ('25.6~11월)

문의
- 중소벤처기업부 신산업기술창업과　　☎ 044-204-7671, 7643
- 창업진흥원 민관협력팀　　　　　　　☎ 044-410-1715~8
- 중소기업통합콜센터　　　　　　　　☎ 국번없이 1357

(4) 글로벌 기업 협업 프로그램

글로벌 기업이 보유한 인프라와 기술·경영 역량을, 정부와 협업하여 창업기업의 스케일업과
글로벌 시장으로의 진입 기회 마련

1. 사업개요

- 지원예산 ('25)530억 원
- 지원규모 365개사 내외
- 지원내용 정부는 사업화 자금 및 특화 프로그램을 지원하고, 글로벌 기업은 분야별
전문 서비스, 해외 실증 등 제공
  (정부) 창업 사업화 자금 최대 2억 원 (평균 1.25억 원), 주관기관 창업지원 특화
  프로그램 (교육, 컨설팅, 홍보, 투자유치 등) 제공
  (글로벌 기업) 솔루션 무상/할인 제공, 관련 기술 및 비즈니스 컨설팅, 전문가
  매칭, 마케팅 지원, 현지 해외 실증 지원 등
- 지원대상 창업 후 7년(또는 10년)* 이내인 자
  * 신산업 분야, 초격차 분야 중 1개 이상의 분야에 해당하는 기업에 한하여
  업력 10년 이내까지 지원 가능
- 운영기관

부처	전담 기관	주관기관	최종 수혜자
중소벤처기업부	창업진흥공단	대학, 민간, 협회 등	7년 이내 창업기업

2. 참가자 모집 및 사업 절차

- 사업공고 '25년 2~3월
- 신청방법 K-스타트업 홈페이지(www.k-startup.go.kr)를 통한 온라인 신청·접수
- 제출서류 사업계획서 및 각종 첨부서류
- 사업절차

사업공고 ('25.2월) ➡ 신청·접수 ('25.2~3월) ➡ 선정평가 및 협약 ('25.3~4월) ➡ 사업비 지원 ('25.5~12월)

문의
- 중소벤처기업부 청년정책과 ☎ 044-204-7951, 7955
- 중소벤처기업진흥공단 창업지원처 ☎ 02-6735-1332, 1334
- 중소기업통합콜센터 ☎ 국번없이 1357

4) 재창업자

(1) 재도전성공패키지

> 사업 경험과 우수 아이템을 바탕으로 성장 가능성이 높은 (예비)재창업자 발굴 및 패키지식 지원을 통해 재창업 성공률 제고

1. 사업개요

- 지원예산   ('25)166.29억 원
- 지원규모   201명 내외
- 지원내용   사업화 자금, 교육 및 멘토링, 연계지원(중진공 재창업자금) 등 패키지식 지원
  (일반형) - 제품·서비스 개발에 필요한 시제품 제작, 마케팅비 등 사업화 자금 및 재창업 교육, 멘토링 등 지원
  - 사업화 자금 최대 100백만 원, 협약기간 약 8개월 내외
  (IP전략형) - 재도전성공패키지 사업화 지원 외 추가로 지식재산컨설팅 제공
  * (지식재산컨설팅) IP전략수립, 기술적 문제해결 등을 통한 IP 기술 제품화, 특허 권리확보 등 지원
- 지원대상   예비 또는 재창업 업력 7년 이내 재창업기업의 대표
- 운영기관

부처	전담 기관	주관기관	최종 수혜자
중소벤처기업부	창업진흥원	대학, 공공기관, 민간 등	예비 또는 업력 7년 이내 재창업자(기업)

2. 참가자 모집 및 사업 절차

- 사업공고   '25년 2월
- 신청방법   K-스타트업 홈페이지(www.k-startup.go.kr)를 통한 온라인 신청·접수
- 제출서류   사업계획서, 폐업사실증명원 등
- 사업절차

| 사업공고 ('25.2월) | ▶ | 신청·접수 ('25.2월) | ▶ | 선정평가 및 협약 ('25.3~4월) | ▶ | 사업비 지원 ('25.4월말) |

문의
- 중소벤처기업부 창업정책과   ☎ 044-204-7623, 7628
- 창업진흥원 리챌린지팀   ☎ 044-410-1992, 1984, 1983, 1763
- 중소기업통합콜센터   ☎ 국번없이 1357

(2) 희망 리턴 패키지

소상공인의 경영위기를 개선하고, 폐업부담 경감 및 신속한 재기를 위해 폐업에서 재취업·
재창업까지 패키지로 지원

1. 사업개요

- 지원예산　('25)2,450억 원
- 지원규모　8만건 내외
- 지원내용　(원스톱폐업지원) 폐업(예정) 소상공인을 대상으로 사업정리컨설팅, 점포철거지원, 법률자문, 채무조정 등을 통한 신속한 폐업 지원
  - 사업정리컨설팅 : 폐업 시 절세 및 신고사항, 집기·시설 처분 방법, 사업장 양수도 등 관련
  - 점포철거지원 : 점포 철거 및 원상복구 비용 지원(최대 400만 원)
  - 법률자문 : 임대차, 신용, 노무, 가맹, 세무 등에 대한 법률 자문
  - 채무조정 : 채무조정 설루션 제공 및 소송대리 지원 등
  (특화취업지원) 취업 교육, 전직장려수당 지급, 취업 정책 연계 지원
  - 취업교육 : (기초) 재취업 변화관리, 자아성찰 등 (심화) 1:1심층상담, 현장 교육 등
  - 전직장려수당 : 취업활동 시 60만 원 + 취업성공 시 40만 원 지급(총100만 원)
  ※ 고용부와 협업하여 취업활동 및 취업후 근속 시 수당을 연계하여 지급
  (재기사업화지원) 경영위기·폐업(예정) 소상공인을 대상으로 재기 진단 후 맞춤형 교육 및 컨설팅, 사업화 자금* 지원
  * 국비 최대 2천만원 지원(자부담비율 50%)
- 지원대상　경영위기 및 폐업(예정) 소상공인, 재창업 1년 이내 소상공인
- 운영기관

부처	전담 기관	주관기관	최종 수혜자
중소벤처기업부	소상공인시장진흥공단	–	경영 위기 및 폐업(예정) 소상공인, 재창업 1년 이내 소상공인

2. 참가자 모집 및 사업 절차

• **사업공고**   '25년 2월

• **신청방법**   희망리턴패키지 누리집(hope.sbiz.or.kr) 통한 온라인 신청

• **제출서류**   신청서 및 동의서, 소상공인 여부 등

• **사업절차**

사업공고 ('25.2월)	➡	신청·접수 ('25.2월)	➡	선정평가 및 협약 ('25.3~4월)	➡	사업비 지원 ('25.4월말)

문의	
• 중소벤처기업부 소상공인재도약과	☎ 044-204-7829, 7838, 7860
• 소상공인시장진흥공단 재기지원실	☎ 042-363-7701~7710, 7713~7716
• 중소기업통합콜센터	☎ 국번없이 1357

14강_창업 사업계획서
설득력 있는 사업계획서로
투자자와 파트너에게 신뢰를 준다

14 창업 사업계획서

① 사업계획서의 이해

사업계획서는 회사 발전을 위한 로드맵(Road Map)으로 사업에 관한 전체적인 내용과 계획을 체계적으로 요약하고 정리한 보고서이다. 특히 초기 창업자들이 생각하는 사업계획서에 대한 인식과 사업계획서가 지니고 있는 기능이나 목적과는 상당한 거리감이 있다. 그렇다면 사업계획서는 왜 작성하여야 할까? 그 질문에 대한 근본적인 대답은 현실적으로 돈과 관련이 있기 때문이다. 그리고 많은 창업자들이 자신의 머리속에 있는 멋진 사업 계획을 글로써 구체화하고 체계적으로 문서화하여 창업에 대한 리스크를 확연하게 줄일 수 있기 때문이다. 즉 창업에 대한 성공은 보장하지는 못하지만 실패에 대해서는 현격하게 줄일 수 있다. 이러한 사업 계획서는 다양한 목적이 있지만 전달하는 유형에 따라 내부 목적용, 외부 발표용, 요약 사업계획서로 나눌 수 있다[1].

1 내부 목적용

사업계획서를 내부 목적으로 작성하는 이유 중에 하나는 사업에 전략적인 방법을 수립하기 위해 막연한 생각이 아닌 구체적인 계획이 필요하기 때문이다. 특히 구체적인 계획은 여러 요소들을 작성하고 검토하면서 이루어진다. 예를 들어 나의 서비스와 제품을 누구에게 팔 것이며 그 제품을 어떻게 생산하고 제공하며 이를 통해 획득된 이익은 얼마이며 또한 비즈니스 활동을 위해 필요한 자금은 어떻게 준비하고 조달할 것인가에 대한 내용들이다. 이 과정들을 계획에 따라 작성을 하다 보면 창업자가 잘 아는 부분과 잘 알지 못하는 부분이 구분된다. 이 부족한 부분을 메우고 해결하기 위한 노력은 사업의 완성도를 높이는 기회로 활용할 수 있다.

2 외부 발표용

외부 목적용 사업계획서는 투자자, 협력사, 정부 지원기관 등 외부 이해 관계자의 요구에 초점을 맞춰 설계된 기업의 공식적인 발표용 보고서이다. 이 보고서의 목적은 단순한 정보 전달을 넘어 사업의 잠재력과 성장 가능성을 설득력 있게 전달하여 투자나 협력을 이끌어 내는 것을 목적으로 한다. 특히 외부 투자자에게는 수익 모델과 같은 재무적 성과를 강조하고 협력사일 경우 상호 보완적이며 시너지가 창출되는 협력 방안, 정부

---

[1] 신용보증기금 기업지원부, 창업가이드북, 신보에이드㈜, 2012, p35

기관을 대상으로 한다면 사업이 창출할 사회적 가치나 고용 창출 효과 및 지역 경제에 대한 기여도 등을 구체적으로 제시하여야 한다. 또한 외부 발표용의 문서는 일정한 형식과 구조를 갖추고 시각적인 요소(예 차트, 도표, 그림, 사진 등)를 활용해야 한다. 따라서 외부 발표용 사업계획서는 제한된 시간 내에 중요한 내용을 외부 이해 관계자에게 효과적으로 전달하기 위해서는 발표 내용뿐 아니라 정보의 가독성이나 전달력을 높이는 전문성의 설계가 핵심이다.

③ 요약 사업계획서

전체 사업계획서의 핵심을 축약한 형태로서 사업의 핵심 내용을 전달하기 위한 목적이기 때문에 간결성과 명확성이 중요하다. 다시 말해서 이해 관계자에게 핵심 메시지와 중요한 정보를 신속하게 전달하는데 중점을 두어야 하기 때문에 시각적 자료와 직관적인 레이아웃으로 설계하여 간결하고 함축적인 언어로 전달해야 한다.

좀더 구체적으로 설명하자면 중요한 내용만을 포함하고 불필요한 정보를 배제하여 핵심 메시지를 강조하거나 직관적인 전달을 위해 시각적인 자료를 활용하는 인포그래픽, 도표, 아이콘 등을 사용하며 특히 작성 목적에 맞추어 자연스러운 흐름을 유지하는 스토리텔링 방식에 관심을 가져야 할 필요가 있다.

[표-1] 용도별 사업계획서 작성 항목

주요작성항목	내부용	자금신청	투자유치	사업제휴	IR	입찰
회사개요		●	●	●	●	●
사업개요		○		●	●	
제품 / 기술현황		●	●	●	●	●
시장환경	●	○	●	○	●	
개발계획	●	●	●		○	●
투자계획	●	●	●		●	●
마케팅계획	●	●	○	●		○
생산계획	●					
조직 / 인원 계획	●	○		○		
이익 / 재무계획	●	●	●	●	●	●
투자제안			●			

출처: 신용보증기금 기업지원부(2012), 창업가이드북, p35

259

② 사업 계획서 작성의 2W1H 원칙과 PSST 기법

1 2W1H 원칙

사업계획서 작성은 사업 성공의 방향성을 제시하고 비즈니스 운영의 중요한 출발점으로써 실행 계획을 구체화하는 전략적 도구이다. 이러한 실행 계획이 효과적으로 전달되기 위해서는 접근적 원칙과 세부 계획의 구체적인 설명 그리고 각 항목별 목표 달성을 위한 논리적이고 분석적인 접근방법이 필요하다.

사업계획서의 작성은 3개의 큰 질문으로 시작하는 것으로부터 시작하여 작은 질문으로 세분화하여 질문의 해답을 획득하는 과정이다. 즉 어떤 기업인가? (What am I now?), 왜 하려는가?(Why to do it?), 그러면 어떻게 달성할 것인가(How to get there?)에 대한 3개의 큰 질문에 속해 있는 작은 질문들을 정의한다. 어떤 기업인가? (What am I now?)는 사업 계획을 위한 전제로서 회사 소개와 함께 환경 분석을 위한 내부·외부 환경 분석을 정리한다. 왜 하려는가?(Why to do it?)는 사업 목표 설정에 대한 질문으로서 사업의 방향 설정에 대한 질문이다. 어떻게 달성할 것인가(How to get there?)에 대한 질문의 대답은 목표 달성을 위한 사업 전략의 방법들을 구하는 것이다.

따라서 사업계획서는 큰 질문에서 시작하여 작은 질문에 대한 해답을 위해 정보를 수집하고 분석하며 정리한 과정으로 해답을 구하는 것이다. 여기서는 큰 3개의 질문에서 시작하여 작은 질문에 대한 과정을 정리한 김정식(2013)의 2W1H원칙를 재정의하여 제시한다.

[표-2] 2W1H 원칙

분류	What am I now?	Why to do it?	How to get there?

사업계획서 주요 구성부문	· 회사 소개
	· 환경 분석
	  – 내부환경
	  – 외부환경
	  – SWOT 분석
		· 비전, 미션
		· 사업 목표
		  – 경제적 목표
		  – 사회적 목표
		  – 정성적(정량적) 목표
			· 사업 전략
			· 마케팅 전략
			· 운영 계획
			· 위기 분석 및
			  대응 계획

기타 추가 부문	· 사업 개요 (Executive Summary)		· 추정 재무제표 · 기타 부속자료

---

2 김정식, CEO가 만든 사업계획서 작성, 북넷, 2013, p20

② PSST 기법

정부 지원사업을 위한 창업 사업계획서는 창업 진흥원(https://www.kised.or.kr)에서 제공하는 표준 양식으로서 작성은 PSST 기법(Problem-Solution-Scale_up-Team)에 의해 작성하며 스타트 업이 사업계획서를 작성할 때 효과적으로 활용할 수 있는 프레임워크이다. PSST 기법은 문제 인식(Problem), 실현 가능성(Solution), 성장 전략 (Scale_up), 팀 구성 (Team)의 영문 앞 글자를 따서 만든 단어이다. 이 양식은 평가위원들이 정부 사업에 지원하는 (예비)창업자들의 사업 핵심을 빠르게 파악할 수 있도록 구성되어 있으며 특히 초기 스타트 업이 명확한 방향성을 설정하는데 매우 유용하다[표-3].

PSST 기법의 특성은 핵심적인 4가지 요소로도 사업의 명확성을 전달할 수 있으며 평가위원들에게 문제 해결이나 시장 확장 가능성, 빠른 실행력을 강조하여 설득력을 높일 수 있다. 특히 창업 기업에 대한 즉각적인 비즈니스 모델의 피드백으로 빠른 보완이 가능하며 모든 산업 분야에서도 광범위하게 효과적으로 적용할 수 있는 특징이 있다.

[표-3] 정부지원용 창업 사업계획서 구성 내용 [별첨-1 양식 참조]

구조	구성 내용
1.문제 인식 (Problem)	창업 아이템 배경
	창업 아이템 목표시장(고객) 현황 분석
2.실현 가능성 (Solution)	창업 아이템 현황(준비 정도)
	창업 아이템 실현 및 구체화 방안
3.성장 전략 (Scale-up)	창업 아이템 비즈니스 모델
	창업 아이템 사업화 추진 전략
	사업 추진 일정 및 자금 운용 계획
4. 팀 구성 (Team)	대표자(팀)구성 및 보유 역량
	중장기 사회적 가치 도입 계획

❸ 창업사업 계획서 구성 샘플

[표-4] 창업 사업계획서의 기본 구성과 세부 내용

전체 구성	구성 내용	세부 내용
1. 창업계획의 전체 개요	① 창업을 위한 미션, 비전은 무엇인가?	· 창업자 프로필 · 창업 제안 배경 · 창업 미션과 비전
2. 시장 환경분석과 창업 기회	① 환경분석을 통한 창업 기회를 어떻게 포착하고 찾아가는가?	· 거시환경 분석 · 미시환경분석 · SWOT 분석
3. 창업 아이디어/ 아이템 선정	① 창업 아이디어/아이템 선정을 위한 프로세스는 무엇인가?	· 창업 아이템 도출 · 창업 아이템 평가 · 창업 아이템 선정
4. 비즈니스모델 작성	① 창업 솔루션을 위한 비즈니스 모델은 무엇인가?	· 비즈니스 모델 캔버스
5. 시장의 선택과 포지셔닝	① 시장에서 고객을 찾고 목표 고객의 니즈와 경쟁우위는 무엇인가?	· 시장 세분화 · 목표고객 선정 · 포지셔닝/차별화
6. 마케팅 전략	① 제품/서비스는 어떻게 제공할 것인가?	· 제품전략 · 가격전략 · 유통경로 전략 · 프로모션 전략
7. 창업 재무계획	① 창업의 필요자금과 자금을 어떻게 조달할 것인가?	· 창업자금 산출 · 자금조달 계획 · 융자금 상환계획
8. 창업 인사 노무	① 창업 구성원들의 관계설정은 어떻게 할 것인가?	· 인사 · 노무 · 세무
9. 창업 실행계획	① 창업 계획은 어떻게 실행할 것인가?	· 실행계획 · 리스크 관리 · EXIT 전략
10. 추진 일정표		
11. 첨부 자료	① 창업계획에 보충하는 추가자료	

예비창업패키지 예비창업자 사업계획서 작성 목차(안)

항목	세부 항목
□ 일반현황	- 창업아이템명, 산출물, 팀 구성 현황 등
□ 개요(요약)	- 창업아이템 소개, 문제인식, 실현가능성, 성장전략, 팀 구성 등

항목	세부 항목
1. 문제 인식 (Problem)	**1. 창업 아이템의 필요성** - 창업 아이템의 국내·외 시장 현황 및 문제점 - 문제 해결을 위한 창업 아이템의 개발 필요성 등
2. 실현 가능성 (Solution)	**2. 창업 아이템의 개발 계획** - 아이디어를 제품·서비스로 개발 또는 구체화 계획 - 창업 아이템의 차별성 및 경쟁력 확보 전략 - 정부지원사업비 집행 계획
3. 성장전략 (Scale-up)	**3. 사업화 추진 전략** - 경쟁사 분석, 목표 시장 진입 전략 - 창업 아이템의 비즈니스 모델(수익화 모델) - 사업 확장을 위한 투자유치(자금확보) 전략 - 사업 전체 로드맵(일정 등) 및 중장기 사회적 가치 도입계획
4. 팀 구성 (Team)	**4. 대표자 및 팀원 구성 계획** - 대표자의 보유 역량(개발/구체화/성과 창출 등) - 팀원 보유 역량, 업무파트너 현황 및 활용 방안 등

예비창업패키지 예비창업자 사업계획서

※ 사업계획서는 목차(1페이지)를 제외하고 15페이지 이내로 작성(증빙서류는 제한 없음)
※ 사업계획서 양식은 변경·삭제할 수 없으며, 추가설명을 위한 이미지(사진), 표 등은 삽입 가능
  (표 안의 행은 추가 가능하며, 해당 없을 시 공란을 유지)
※ 본문 내 '파란색 글씨로 작성된 안내 문구'는 삭제하고 검정 글씨로 작성하여 제출
※ 대표자·직원 성명, 성별, 생년월일, 대학교(원)명 및 소재지, 직장명 등의 개인정보(또는 유추 가능한 정보)는 반드시 제외하거나 'O', '*' 등으로 마스킹하여 작성
  [학력] (전문)학·석·박사, 학과·전공 등, [직장] 직업, 주요 수행업무 등만 작성 가능

□ 일반현황

창업아이템명	OO기술이 적용된 OO기능의(혜택을 제공하는) OO제품·서비스 등		
산출물 (협약기간 내 목표)	모바일 어플리케이션(O개), 웹사이트(O개)		
	※ 협약기간 내 제작·개발 완료할 최종 생산품의 형태, 수량 등 기재		
직업 (직장명 기재 불가)	교수 / 연구원 / 사무직 / 일반인 / 대학생 등	기업(예정)명	OOOOO

팀 구성 현황 (대표자 본인 제외)				
순번	직위	담당 업무	보유 역량 (경력 및 학력 등)	구성 상태
1	공동대표	S/W 개발 총괄	OO학 박사, OO학과 교수 재직(OO년)	완료
2	대리	홍보 및 마케팅	OO학 학사, OO 관련 경력(OO년 이상)	예정('00.0)
...				

□ 창업 아이템 개요(요약)

명 칭	※ 예시 1 : 게토레이 예시 2 : Windows 예시 3 : 알파고	범 주	※ 예시 1 : 스포츠음료 예시 2 : OS(운영체계) 예시 3 : 인공지능프로그램
창업 아이템 개요			※ 본 지원사업을 통해 개발 또는 구체화하고자 하는 제품·서비스 개요 (사용 용도, 사양, 가격 등), 핵심 기능·성능, 고객 제공 혜택 등 ※ 예시 : 가벼움(고객 제공 혜택)을 위해서 용량을 줄이는 재료(핵심 기능)를 사용
문제 인식 (Problem)			※ 개발하고자 하는 창업 아이템의 국내·외 시장 현황 및 문제점 등 문제 해결을 위한 창업 아이템의 개발 필요성 등
실현 가능성 (Solution)			※ 개발하고자 하는 창업 아이템을 사업기간 내 제품·서비스로 개발 또는 구체화 하고자 하는 계획(최종 산출물_형태, 수량 등) - 개발하고자 하는 창업 아이템의 차별성 및 경쟁력 확보 전략
성장전략 (Scale-up)			※ 경쟁사 분석, 목표 시장 진입 전략, 창업 아이템의 비즈니스 모델(수익화 모델), 사업 전체 로드맵, 투자유치(자금확보) 전략 등
팀 구성 (Team)			※ 대표자, 팀원, 업무파트너(협력기업) 등 역량 활용 계획 등
이미지	※ 제품·서비스 특징을 나타낼 수 있는 참고 사진(이미지)·설계도 등 삽입 (해당 시) 〈 사진(이미지) 또는 설계도 제목 〉		※ 제품·서비스 특징을 나타낼 수 있는 참고 사진(이미지)·설계도 등 삽입 (해당 시) 〈 사진(이미지) 또는 설계도 제목 〉

1. 문제 인식 (Problem)_창업 아이템의 필요성

> ※ 개발하고자 하는 창업 아이템의 국내·외 시장 현황 및 문제점 등의 제시
> 　문제 해결을 위한 창업 아이템의 개발 필요성 등 기재_개발 아이템 소개

○

　-

　-

○

　-

　-

2. 실현 가능성 (Solution)_창업 아이템의 개발 계획

○

　 -

　 -

　 -

○

< 사업추진 일정(협약기간 내) >

구분	추진 내용	추진 기간	세부 내용
1	필수 개발 인력 채용	00.00 ~ 00.00	OO 전공 경력 직원 00명 채용
2	제품 패키지 디자인	00.00 ~ 00.00	제품 패키지 디자인 용역 진행
3	홍보용 웹사이트 제작	00.00 ~ 00.00	웹사이트 자체 제작
4	시제품 완성	협약기간 말	협약기간 내 시제품 제작 완료
...			

< 1단계 정부지원사업비 집행 계획 >

※ 1단계 정부지원사업비는 20백만원 내외로 작성

비 목	산출 근거	정부지원사업비(원)
재료비	• DMD소켓 구입(00개×0000원)	3,000,000
	• 전원IC류 구입(00개×000원)	7,000,000
외주용역비	• 시금형제작 외주용역(OOO제품 …. 플라스틱금형제작)	10,000,000
지급수수료	• 국내 OO전시회 참가비(부스 임차 등 포함	1,000,000
…		
합 계		…

< 2단계 정부지원사업비 집행 계획 >

※ 2단계 정부지원사업비는 40백만원 내외로 작성

비 목	산출 근거	정부지원사업비(원)
재료비	• DMD소켓 구입(00개×0000원)	3,000,000
	• 전원IC류 구입(00개×000원)	7,000,000
외주용역비	• 시금형제작 외주용역(OOO제품 …. 플라스틱금형제작)	10,000,000
지급수수료	• 국내 OO전시회 참가비(부스 임차 등 포함	1,000,000
…		
합 계		…

3. 성장전략(Scale-up)_사업화 추진 전략

※ 경쟁제품·경쟁사 분석, 창업 아이템의 목표 시장 진입 전략 등 기재
  창업 아이템의 비즈니스 모델(수익화 모델), 사업 확장을 위한 투자유치(자금확보) 전략
  사업 전체 로드맵(일정)과 중장기적 사회적 가치 도입계획
- 환경 : 폐기물 배출 감소, 재활용 확대, 친환경 원료 개발, 에너지 절감 등 환경보호 노력
- 사회 : 지역사회 교류, 사회 환원, 인권, 평등, 다양성 존중 등 사회적 책임경영 노력
- 지배구조 : 윤리경영, 상호 존중 조직문화 구축, 근로 환경 개선 등의 투명 경영 노력

○

  -

  -

○

  -

  -

< 사업추진 일정(전체 사업단계) >

구분	추진 내용	추진 기간	세부 내용
1	시제품 설계	00년 상반기	시제품 설계 및 프로토타입 제작
2	시제품 제작	00.00 ~ 00.00	외주 용역을 통한 시제품 제작
3	정식 출시	00년 하반기	신제품 출시
4	신제품 홍보 프로모션 진행	00.00 ~ 00.00	OO, OO 프로모션 진행
...			

4. 팀 구성 (Team)_대표자 및 팀원 구성 계획

※ 성명, 성별, 생년월일, 출신학교, 소재지 등의 개인정보(유추 가능한 정보)는 삭제 또는 마스킹
　[학력] (전문)학·석·박사, 학과·전공 등, [직장] 직업, 주요 수행업무 등만 작성 가능

> ※ 대표자 보유 역량(경영 능력, 경력·학력, 기술력, 노하우, 인적 네트워크 등) 기재
> 　* 역량 : 창업 아이템을 개발 또는 구체화할 수 있는 능력
> 　* 유사 경험, 정부 지원사업 수행 이력, 관련 교육 이수 현황, 관련 수상 실적 등 포함
> ※ 팀에서 보유 또는 보유할 예정인 장비·시설, 직원 역량(경력·학력, 기술력, 노하우 등) 기재
> ※ 협약기간 내 채용 예정인 인력에 대해서 기재
> ※ 제품·서비스 개발 및 구체화 등과 관련하여 협력(또는 예정)인 파트너, 협력 기관(기업) 등
> 　역량과 주요 협업(협력) 내용 등 기재

　○

　-

　-

< 팀 구성(안) >

구분	직위	담당 업무	보유 역량(경력 및 학력 등)	구성 상태
1	공동대표	S/W 개발 총괄	OO학 박사, OO학과 교수 재직(00년)	완료('00.00)
2	대리	홍보 및 마케팅	OO학 학사, OO 관련 경력(00년 이상)	예정('00.00)
...				

< 협력 기관 현황 및 협업 방안 >

구분	파트너명	보유 역량	협업 방안	협력 시기
1	OO전자	시제품 관련 H/W 제작·개발	테스트 장비 지원	00.00
2	OO기업	S/W 제작·개발	웹사이트 제작 용역	00.00
...				

참고문헌

저자	역자	제목	출판사	연도	페이지	
1장						
김진수 외		4차 산업혁명시대의 기술창업론	탑북스	2017	p22	
William B & Andrew Z	이민화, 이현숙 역	기업가 정신	동서미디어	2013	p41	
(사)한국창업보육협회		기술창업가이드	(사)한국창업경영컨설팅협회	2015		
2장						사이트
Peter F. Drucker	이재규 역	미래사회를 이끌어가는 기업가 정신	한국경제신문	2015	p54	서울신용보증
성상기		기업가 정신의 개념 틀에 대한 탐색적 연구	숭실대학원 박사학위논문	2015		www.kodit.co.kr/kodit/na/ntt/selectNttInfo.do?mi=3253&nttSn=38763do?mi=3253&nttSn=38763
Joseph A Schumpeter	이종인 역	자본주의 사회주의 민주주의	북길드	2021	p126	창업 진흥원 www.kised.or.kr
Richard Poster, Sarah Kaplan	정성목 역	창조적 파괴	21세기 북스	2003	p159	서울특별시 소상공인 정보센타 golmok.seoul.go.kr
이종석, 김종오		중소기업 창업론	한국방송통신대학교 출판문화원	2014	pp49~50	
한유진		기업가정신의 이해	한국청년기업가정신재단(재)	2014	pp86~87	
3장						
임채완		경영전략 기획실무 강의노트	경제서적	2007	p35	
양백		전략 4.0	클라우드 나인	2017	p92	
김명기 외		미용 경영학	청구문화사	2004	p157	
Michael E. Porter	미래경제연구소 역	마이클 포터의 경쟁전략	프로제	2021	pp28~75	
오마에 겐이	홍을표 역	기업경영과 전략적 사고	생활 지혜사	1999	p87	
방용성 외		컨설팅 방법론	학현사	2015	p239	
4장						
Michael E. Porter	범어디자인연구소 역	경쟁우위	비즈니스 맵	2021	p70	
Jay B. Barney 외	신형덕 역	전략 경영과 경쟁우위	시그마프레스	2013	p86	
5장						
정재완 외		CCPI 코칭&컨설팅	매일경제신문사	2015	p99	
방용성 외		컨설팅 방법론	학현사	2015	p85	
김종빈 외		경영혁신 파워스킬북	디에스알아이	2007	p37	
6장						사이트
하버드경영대학원	송택순 역	위대한 비전의 탄생 기업 창업	웅진윙스	2008	pp43~49	현대자동차 홈페이지 hyundai.com
조병주 외		기회발견과 창업 메카닉스	청아출판사	1999	p137	문화연필 munhwapen.co.kr
마이클 미칼코	박종안 역	창의적 자유인	푸른솔	2003	p392	삼성전자 홈페이지 samsung.com
제이슨 리치	정명진 역	브레인스토밍 100배 잘하기	㈜북21	2003	pp68~71	모나리자 홈페이지 monalisa.co.kr
서기만		경쟁에서 승리하는 경영전략	청림출판	2002	p247	유한킴벌리 홈페이지 yuhan-kimberly.co.kr
김상수 외		창의적 문제해결과 의사결정	도서출판 청람	2017	p184	LG 홈페이지 www.lge.co.kr
나까무라 겐이치 외	박동준 역	전략경영 진단 매뉴얼	소프트전략경영연구원	1993	p214	
이춘우 외		기업가정신의 이해	(재)한국청년기업가정신재단	2014	pp243~247	
에드워드 드 보노	정대서 역	여섯 색깔 모자	㈜한언	2014	p201	
7장						
박주관 외		창업 베스트 셀러 81	타래	2019	p100	
Philip Kotler 외	김건하 외 역	Kotler의 마케팅 원리(18판)	시그마프레스	2021	p272	
한국산업기술진흥협회 교육자료		소비 트랜드 기반의 PMF 전략		2024		
송경모		사업 타당성 평가실무	㈜영화조세통람	2013	pp155~158	
이중석, 김종오		중소기업 창업론	한국방송통신대학교 출판문화원	2020	pp144~145	

저자	역자	제목	출판사	연도	페이지	
8장						
Mitani Koji	전경아 역	세상을 바꾼 비즈니스 모델 70	더난 출판	2015	p46	
박대순		비즈니스 모델 4.0	KMAC	2019	pp105~106	
Alexander Osterwalder 외	유효상 역	비즈니스 모델의 탄생	타임비즈	2011	p20	
이마즈 미키	김혜영 역	비즈니스 모델 제너레이션 워크북	스펙트럼 북스	2014	p37	
Aah Maurya	위선주 역	Running Lean	한빛 미디어	2014	pp58~59	
9장						사이트
한국 프랜차이즈 협회		프랜차이즈 입지 및 상권분석 연구	열린애드	2004	p13	소상공인시장진흥공단 소상공인 365 bigdata.sbiz.or.kr
김영갑		빅데이터 시대의 성공을 위한 상권 분석 4.0	교문사	2020	pp60~61	
김배한		상권조사와 전략	명지출판사	2001	pp41~42	서울시 상권분석서비스 golmok.seoul.go.kr
박경환		실전! 상권분석과 점포개발	상상예찬	2007	p44	
						나이스 비즈맵 상권분석서비스 m.nicebizmap.co.kr
10장						
서상혁		창업 마케팅	두남	2010	p37	
김수현		중소기업 경영전략	이모션미디어	2018	p192	
이학식		마케팅 조사(3판)	집현재	2013	p6	
이인호		핵심정리 경영학	새흐름	2021	p416	
우수명		마우스로 잡는 SPSS 20	인간과 복지	2013	pp25~26	
사이토 요시노리	이정훈 역	맥킨지식 사고와 기술	기획출판	2009	p78	
조명광		마케팅 무작정 따라하기	길벗	2020	pp96~97	
정무성 외		사회복지 마케팅	신정	2013	p151	
잭 트라우트, 알 리스	안진환 역	포지셔닝	을유문화사	2002	p19	블로그 주소
최용주		무엇을 어떻게 차별화 할 것인가	공감	2023	p21	m.blog.naver.com/ kkwwss1/223259288648
어윤선 외		외식 창업론	대왕사	2018	p370	blog.naver.com/ bhcenter2005/221432644817
유순근		중소기업 마케팅	북넷	2013	p364	brunch.co.kr/@ uxdaysseoul/10
채상균		마케팅 관리론	정평 경영컨설팅	2015	pp267~272	en.wikipedia.org/wiki/ AIDA_(marketing)
유순근		벤처창업과 경영	박영사	2018	p431	
삼성전자 유통연구소		삼성전자 고객 맞춤 세일즈	북21	2005	p109	
이유재		서비스 마케팅(2판)	학현사	2001	p292	
Paul R. Smith	최경남 역	마케팅이란 무엇인가	거름	2005	pp393~395	
채서일 외		Marketing(6판)	비엔엠북스	2017	p525	
12장						
박철주		성과지표를 활용한 프랜차이즈 경영	형설출판사	2022	p291	고용노동부, 2022년 소규모사업장을 위한 7가지 노른자 노동법 www.moel.go.kr/v2024/ search.do
신용보증기금 기업지원부		창업가이드	㈜신보에이드	2012	p54	
김성탁		회사법 입문	법문사	2017	p34	찾기 쉬운 생활법령 정보 https://easylaw.go.kr
중소벤처기업부		창업상담 표준해설서		2018	p45	
윤명길		유통 창업론	청목출판사	2007	p199	4대 사회보험 정보연계센터 자료집 www.4insure.or.kr/pbiz/ gdne/onlineEdu.do
한국벤처창업학회		창업론	명경사	2012	pp370~373	
13장						
최중석, 이형곤		창업실무	고즈넉	2013	p227	
임성준		스타트업 아이템 발굴부터 투자유치까지	유노북스	2021	p169	한국은행 기업경영 분석 www.bok.or.kr/
시바타 타카유키	김숙이 역	회사 숫자	아카데미 북	2001	p114	
14장						
김정식		CEO가 만든 사업계획서 작성	북넷	2013	P20	
(추가 자료) 누드김밥		www.youtube.com/watch?v=zIC1-ZeKXog				

창업, 일단 시작해라!
누구나 쉽게 따라 하는 창업 A to Z

초판 1쇄 발행 2025년 3월 28일

발행인	이종구
저자	이선협
펴낸 곳	(주)디지털콘텐츠그룹
주소	서울특별시 종로구 대학로12길 63 석마빌딩 3층
출판등록	2023년 8월 25일(제 2023-000094호)
홈페이지	**디지털콘텐츠그룹** ㅣ www.digitalcontentgroup.com
	SNS소통연구소 ㅣ blog.naver.com/urisesang71
	디지털콘텐츠플랫폼 ㅣ www.dcgplatform.com
책 문의	02-747-3265 / 010-9967-6654
팩스	0504-249-6654
이메일	snsforyou@gmail.com
디자인	김인란

ISBN 979-11-94642-02-2(13320)